Mijne Lotgevallen En Reizen in De Barbarijsche Roofstaten, Volume 2

Filippo Pananti

MIJNE LOTGEVALLEN

EN

REIZEN

IN DE

BARBARIJSCHE ROOFSTATEN.

UIT HET ITALIAANSCH

VAN

FILIPPO PANANTI.

IN TWEE DEELEN.

TWEEDE DEEL.

Quaeque ipse miserrima vidi!
VIRGILIUS.

Te LEEUWARDEN, bij
Steenbergen van Goor.

1830.

INHOUD

VAN HET TWEEDE DEEL.

I.

M IJ-

MIJNE LOTGEVALLEN

EN

REIZEN

IN DE BARBARIJSCHE ROOFSTATEN.

———

I.

*De Mooren. Hunne geftalte en hun karakter.
Kleeding. Onderfcheid daarvan in Marokko en
Fez, in Tunis en Algiers. Kleeding der vrou-
wen. Woningen. Derzelver inwendige inrigtin-
gen. Levenswijs, zeden en gewoonten. Bedelaars.
Voorbeeld van de onbefchaamdheid eens bedelaars.
Huwelijken. Plegtigheden vóór en bij de brui-
loft. Betrekkingen van het kind tot de ouders.
Echtfcheidingen. Nadeelige invloed der veelwijj-
verij. Gewoonten bij het begraven. Rouw over
geftorvenen. Maaltijden. Coscusfowe. Voedfel der
Mooren en Bedouïnen op hunne reizen door de*

II.   A   *Woes-*

Woestijn. Koffij, de lievelingsdrank der Mooren,
Uitfpanningen, rijden, jagen, fpelen, 'gezel-
fchappelijke verkeering. Kaffijhuizen. Barbiers-
winkels. Baden. Danfen. Vertellers. Stokflagen.
Levensmanier der rijke Mooren. Eigenfchappen
en vereifchten eener Afrikaanfche fchoonheid.
Treurig lot der vrouwen.

Over het algemeen hebben de Mooren een zoo
ftuursch en onaangenaam voorkomen, dat men
hen niet zonder tegenzin en afkeer kan aanzien.
Het wellustige leven, hetwelk zij leiden, ontzenuwt
hun ligchaam en maakt hen loom en vadfig; want
een door buitenfporigheden van levenskracht beroofd
bloed kan aan het ligchaam geen vuur, geen leven
meer bijzetten. Voorts zijn zij welgemaakt, maar
meer vlug, dan fterk, meer tot ligchaamsoefeningen,
tot welke vaardigheid vereischt wordt, dan tot
zwaren arbeid, gefchikt. Ook hebben zij fchoone
oogen, fraaije tanden en vrij regelmatige gelaatstrekken: doch de uitdrukking van hun gelaat wordt
nooit door eenige edele gedachte, nooit door eenige
zachte aandoening, maar altijd door het vuur van
hevige hartstogten verlevendigd. Wel is waar, hun
hun oog drukt foms zachtheid en goedheid uit,
maar daaruit moet men vooral niet tot hun gemoeds-
beftaan befluiten. De beweging hunner lippen geeft
ten minste verachting en valschheid te kennen, terwijl hun lagchen dood en verderf voorfpelt; en daar

het

het lagchen, meer dan iets anders, de diepste ge-
waarwordingen der ziel uitdrukt, kan men zich
van hun karakter juist geen gunstig denkbeeld vormen.

Pijn en smart lijden zij met geduld en gedragen zich
onder de zwaarste lijfstraffen, ik zal niet zeggen, met
eene Stoïcijnsche standvastigheid, maar veeleer met
de koelbloedigheid en norsche hardvochtigheid van
eenen wilde. Zoo ziet men er, die met de ooren
of voeten ergens aan vastgenageld zijn, en evenwel
zeer bedaard de handen naar eene pijp, om te rooken, uitsteken; terwijl andere de hun zoo even afgehouwene hand oprapen en daarmede wegloopen,
alsof hen niets deerde. Ook zijn zij met een gelukkig geheugen begaafd; maar maken van hetzelve
alleen gebruik, om beleedigingen en verongelijkin-
gen niet te vergeten. Zij zijn verstandig en scherp-
zinnig, maar bezigen beide deze zielsvermogens tot
trouwelooze bedriegerijen en snoode verraderijen.
Hunne heerschende hartstogten zijn drift voor de
schoone sekse, eerzucht en geldgierigheid. Dewijl
zij geene schouwspelen en gezelschappen, of iets
anders van dien aard, tot hunne uitspanning hebben,
en geenen smaak in letteroefeningen of iets dergelijks vinden, vieren zij den ruimen teugel aan allerlei soorten van wellustig genot. Hunne hebzucht
is ongelooflijk groot: van daar ook zekere spreek-
woorden, die hunne denkwijs volkomen aanduiden.
Zoo zeggen zij, b. v. *dzijn, dien men ten geschenk*

A 2 *ont-*

*ontvangt is zoeter, dan honig, dien men koopen
moet. — Een Moor zoude zich gereedelijk een oog
laten uitſteken, als hij verzekerd was, dat men
hem naderhand een ſtuk zilvergeld in de plaats
wilde leggen.* — Hoe minder zij hunne rijkdommen
durven vertoonen, of ze genieten kunnen, des te
gretiger zijn zij, om geld bij een te ſchrapen. Van
daar dan ook, dat er geen huisvader is, of hij tracht,
bij zijnen dood, zijnen zoon eenen ſpaarpot na te
laten. Doch hierin zijn zij eenigermate te ver-
ontſchuldigen; want zij leiden een zeer onrustig
en kommervol leven, naardien zij dagelijks in gevaar zijn, om of have en goed, of het leven, of
beide te gelijk, te verliezen. Om die reden tracht
de Moor altijd eene ſom gelds, met welke hij, des
noods, de vlugt nemen, of welke hij zijnen kinderen tot hun levensonderhoud nalaten kan, bijeen te
vergaêren; en met dit oogmerk begraaft hij zijn geld,
zoodat de rijkſte goud- en zilvermijnen in dit land
uit gemunt metaal beſtaan. De geest der hebzucht
maakt deze menschen tot doortrapte bedriegers,
ſnoode huichelaars en onbeſchaamde eedbrekers.
Als nakomelingen der uit *Spanje* verdrevene Mooren,
hebben zij eenen innigen afkeer van alle vreemdelingen, en deze afkeer is van geſlacht tot geſlacht
voortgeplant. Doch niet minder benijden en vervolgen zij elkander, ſtoken het vuur van twist
en tweedragt in de familien en verwekken onrust
en ſtorenis in de maatſchappelijke zamenleving.

Dewijl

Dewijl zij weinig met elkander verkeeren, zijn zij wantrouwend en eigenbatig, en, dewijl zij onder eene willekeurige regering ftaan, tevens laag- en lafhartig. Wanneer zij er iets door verkrijgen of bewerken kunnen, dat met hun eigenbelang ftrookt en hetzelve bevordert, dan achten zij geene vernedering te diep, geen kruipen te laag, terwijl zij, ter zelfder tijd, huns gelijken met eene gemeene vertrouwelijkheid behandelen. Dapperheid en edelmoedigheid zijn hun vreemd; want zij hebben eene ruwheid van inborst, waarmede geene heldhaftige gezindheden zich vereenigen kunnen. Voorts handelen zij fteeds geheel naar den drang der onftuimige opwellingen van hun driftig karakter, welke zij invallen noemen: maar wanneer zij zoodanige invallen hebben, zijn zij tot de grootfte buitenfporigheden in ftaat. Brandende toorn en gloeijende haat zijn de hoofddriften, die eenen onbepaalden invloed op hunnen handel en wandel uitoefenen (*).

De Mooren zijn van eenen hoogen trap van befchaafdheid tot eenen lagen trap van ruwheid nedergezonken, en, om zoo te fpreken, gelijk aan verlegen wijn,

─────────────────

(*) Deze aanmerkingen zijn uit de *Brieven over Indië* van den heer PAPI ontleend. Overigens mogen de Mooren flechts flavinnen tot bijwijven nemen, dat is, zij moeten haar of ten gefchenk ontvangen, of gekocht, of in den oorlog gevangen gemaakt hebben.

A 3

wijn, waarvan flechts de droesfem is overgebleven.
Zij bezitten al de gebreken der Arabieren, en niet
ééne van derzelver deugden; en in hun karakter is het
blind bijgeloof der Zwarten met de fombere driften
der Sarracenen vereenigd.

Zonderling is het, dat de Mooren, in weerwil
van hun zittend, wellustig en vadfig leven, in weerwil van hunne oogenfchijnlijke traagheid en gevoel-
loosheid, zoo vatbaar voor de fnoodfte hartstogten
zijn, en dat deze hartstogten tevens gepaard gaan
met eene onverfchilligheid, die zich zelfs tot de
onregtvaardigheden en dwaasheden van hun gouvernement uitftrekt. Maar zij kunnen vergeleken worden
met eenen volkaan, die in zijne verborgene holen,
eenen fmeulenden vuurftroom verbergt. Wanneer zij
deze of gene deugd bezitten, is dezelve meer een uitwerkfel van een welgeplaatst hoofd, dan van een welgeplaatst hart. Zij verrigten, wel is waar, eenige
goede werken; dat is, zij deelen vele aalmoezen
uit; doch zij doen zulks geenszins uit een regt ge-
aard medelijden; want zij zullen eenen luien bedelaar onderftand geven, maar zelden of nooit een
gebogen hart opbeuren, zelden of nooit weenen met
den ongelukkigen; naardien de affchuwelijke leer
van een voorbefchikt noodlot hunne harten ongevoelig en de droefheid over een ongeval, of de
tranen, om het lijden van anderen, in hunne oogen
tot eene zwakheid, ja tot eene misdaad maakt.

Met een blijkbaar valsch en bedriegelijk hart kun-

nen

nen zij echter eene, uitwendige opregtheid en open-
hartigheid paren: en beftendig den toon van welmee-
nendheid en waarheid aannemen. „ *Ik ga regt door*
„*zee*," zeggen zij dan : *maar gij niet: ik fpreek*
zoo als ik denk; het hart ligt mij op de tong,"
Over het algemeen laten de menfchen zich aan klei-
nigheden kennen. Sommigen beweren, dat men
iemands karakter uit zijn fchrift, uit zijnen gang, of
uit zekere kleine handelingen en gebaren kan beoor-
deelen; anderen willen iemand naar de letters van
het *a b c*, welke hij, onder het lagchen hooren
laat, beoordeeld hebben; doch de fraaifte waarne-
ming is die, welke NECKER omtrent zekere woorden opgeeft, welke hij *fmarotfers* noemde; dat is,
zulke, welke iemand geftadig in den mond heeft
en altijd tusfchen zijne gefprekken lascht. NECKER,
namelijk, heeft aangemerkt, dat iemands karakter
fteeds het tegengeftelde is van zijne lievelingsuit-
drukkingen; dewijl diegene, welke zijne eigene gebreken of zwakheden kent, zich dikwijls daarvan
bedient, om er anderen, of misfchien ook zich
zelven, mede te misleiden: even als men ook gewoon is te doen, ten einde ligchamelijke gebreken
te bedekken. — De ondervinding heeft de waarheid
dezer aanmerking bij vele menfchen van een flecht
of zwak karakter geftaafd. De bedrieger zegt gemeenlijk bij elke voorkomende gelegenheid : „ *ik*
ben, God zij dank! een eerlijk man," de valsch-
aard : „ *ik meen het goed: ik fpreek met mijne ge-*

A 4 *wone*

wone rondborstigheid;" de eeuwige kakelaar begint
zijn vervelend gerabbel meestentijds aldus: „ *in*
weinige woorden , of , *om kort te gaan* ;" de gie-
rigaard , die zich om eenen penning eene dragt flagen zoude getroosten, zal telkens zeggen: „ *heb ik*
iets , *dan krijgt een ander ook wat* ;" de trotsch-
aard zegt telkens: „ *zonder komplimenten.* " De blood-
aard is een grootfpreker, enz. Terwijl de Moor
iemand zoekt te bedriegen of op te ligten, drukt
hij hem op het vriendelijkfte de hand en fpreekt
fuikerzoete woorden: maar wacht u voor het masker
van dengeen, die u een te openhartig gelaat toont !

  Velen zijn van gevoelen, dat men de zedelijke
befchaving van een volk naar deszelfs zindelijkheid
moet afmeten. Bijaldien de Mooren zich ftipt aan
de voorfchriften van MAHOMED hielden, zouden zij
het befchaafdfte volk der wereld zijn. Maar zulks
doen zij geenszins; althans niet met opzigt tot de
zindelijkheid van hun ligchaam en van hunne kleeding. Zij fcheren hun hoofd, maar hechten eene
groote waarde aan hunnen baard, welken zij met
veel zorgvuldigheid en grooten ernst onophoudelijk
ftrijken en met de vingers kammen. Op het hoofd
laten zij een klein bosje haar ftaan. De kleeding
der aanzienlijken beftaat in een' *kaftan* , zijnde eene
foort van lang gewaad, dat tot over de kuiten hangt,
en waaronder zij een met zilver of goud geftikt
vest dragen; voorts uit eene zeer lange broek, eenen
witten of zwarten *bornos* en eenen gordel, die her-
                                                      haalde

haalde keeren om het lijf loopt. Zij dragen gele
of roode pantoffels en zeer zelden koufen. Zij winden om het hoofd vele ellen fijn linnen, inzonderheid, wanneer zij zich een deftig en geleerd voorkomen willen geven. Naarmate zij aanzienlijker posten
bekleeden, is het getal van de ellen linnen en van de
kleedingftukken, waarin zij zich gewikkeld hebben,
des te grooter; en hoe meer zij daarvan aan het lijf
hebben, des te meer achting en eerbied worden hun
betoond. Wegens de menigte kleedingftukken, waarmede zij zich belásten en beladen, is hunne geftalte
meer breed dan lang: ook hindert deze last hen in
het gebruik der armen. Misfchien moeten aan deze
wanftallige kleeding de fombere ernst en gedachte-
looze flaperigheid, alsmede de loome gang en groote
traagheid, waardoor zij zich inzonderheid kenmerken, toegefchreven worden. Misfchien befchouwen
zij zulks ook wel als een onderfcheidingsteeken van
rijkdom en aanzien. De Mooren, die eene bedevaart naar *Mekka* gedaan hebben, heeten *El Hatech*
en hebben het regt, om eenen tulband te dragen,
terwijl de overige het hoofd met roode mutfen
dekken.

In de ftaten van *Marokko* en *Fez* heerscht in de
kleeding nog veel eenvoudigheid; maar te *Tunis* en
Algiers ziet men veel pracht. Hier zijn de vrouwen met goud en met allerlei opfchik als beladen.
In landen, waar willekeur en dwingelandij den ijzeren fcepter zwaaijen, waar eene omwenteling, of

A 5 de

de val van eenen grooten, niets zeldzaams is, en
waar een despoot de magt heeft, om zich ál de
eigendommen der onderdanen naar goeddunken toe
te eigenen, is het wezenlijk verftandig gehandeld,
dat men de vrouwen op allerlei mogelijke wijzen
verrijkt; dewijl haar eigendom een heiligdom is,
dat niet mag worden aangetast. Hare kleeding is
des winters van linnen en des zomers van zijde;
hare zoogenaamde *jubas* of bovenkleeden, die veel
naar monnikskielen gelijken, zijn zeer netjes geftikt
en met edelgefteenten bezet. Tot deze *jubas* kiezen zij de meest verfchillende kleuren uit, zoodat
dikwijls de eene zijde van het kleed geel en de
andere blaauw is; eene zonderlingheid, welke zeer
in haren fmaak valt. Zij dragen gele geftikte pantoffels en op het hoofd eene muts, die zij *konfil*
noemen en welke zij, tot fieraad en ftevigheid tevens, omwoelen met eenen doek, dien zij, even
als wij onze halsdoeken', opvouwen. Om de armen
hebben zij kostbare braceletten, om de beenen dikke
gouden of zilveren ringen en in de ooren veel parels
en andere verfierfels. Hare oorringen zijn van
fatfoen als eene halve maan, en zoo dik als een
pink, met eenen omtrek van vijf duim breedte.
Ten einde nu het oor aan zoodanig eenen last te
gewennen, fteekt men er, zoodra de gaten er in
gemaakt zijn, een klein rolletje papier door en maakt
dit elken dag wat dikker, tot het gat eindelijk wijd
tgenoeg is, om er een dadelpit, die ongeveer de dikte

van

van den oorring heeft, in te kunnen ſteken. Onder
den *kaftan* dragen zij eenen gordel van karmeſijn
rood fluweel, met eenen gouden of zilveren ring
vastgemaakt. Wanneer zij op reis zijn, hebben zij
ſtroohoeden op, om de hitte der zon af te keeren.
Eenen dag in de week, wanneer zij naar de openbare
baden gaan, kleeden zij zich met groote pracht.
Dan dragen zij een ruim, fraai en met goud geſtikt gewaad en over de borst eenen kostbaren van achteren
toegebonden *kaftan*, waarvan de uiterſte einden
tegelijk met de haarvlechten op den gordel neder-
hangen en eene bekoorlijke werking doen. Eenigen hebben ook lange ſtrooken lint, die met goud
geſtikt en met parels bezet zijn, om het voorhoofd
gewonden, hetwelk haar het voorkomen geeft, alsof
zij een diadeem droegen. Wanneer zij op hare
altanes frisſche lucht ſcheppen, vertoonen zij
aan hare vriendinnen haren prachtigen opſchik en
laten de geſchenken zien, welke hare mannen haar
vereerd hebben. Haar opſchik houdt haar den geheelen
dag bezig. Wanneer eene rijke vrouw aan haar toilet
zit, is zij omringd van eene menigte Negerinnen,
die alle te gelijk aan het werk zijn, maar die ook hare
afzonderlijke taak hebben. De eene kleurt haar
de wenkbraauwen, de andere legt haar het haar in
krullen, eene derde maakt den ſluijer te regt en een
vierde beſprengt haar met welriekende waters. Inzonderheid is het opmaken van het haar eene zaak
van het hoogſte gewigt. Dit wordt in twee vlech-

ten

ten gefcheiden, welke, met welriekende waters befproeid en met poeijer van kruidnagels beftrooid, foms zoo dik en zwaar worden, dat, wanneer er goude kettingjes en meer andere fieraden doorgevlochten zijn, de Moorfche dame naauwelijks het hoofd kan bewegen. Wanneer zij bezoek afleggen, hullen zij zich in eenen fraaijen, fijnen fluijer, *haik* genoemd, welke tot boven op het hoofd derwijze over en weder geflagen is, dat zij dien, naar goedvinden, kunnen laten vallen en opnemen en alles kunnen zien, zonder zelve gezien te worden. Terwijl zij op de *altanes* frisfche lucht fcheppen, kan men haar vrij naauwkeurig, offchoon flechts fteelswijze, befchouwen; want op ftraat gelijken zij naar wandelende wanftallige vleeschklompen.

De huizen der Mooren zijn uitwendig zonder de minfte pracht, maar inwendig fraai en bijna alle vierkant. In het midden is eene binnenplaats, die met zuilen omringd is en vier ingangen heeft, welke naar even zoo vele vertrekken leiden. Op deze zuilen rust de *altane*, waar men regenwater opvangt, de wasch droogt en frisfche lucht fchept. De fraaifte vertrekken komen op de binnenplaats uit; want de jaloerschheid van derzelver bewoners duldt geene vensters, die op de ftraat uitzien, met uitzondering van een balkon, waarvan echter de deur nooit geopend wordt, dan bij gelegenheid van een *zeenak*, of groot feest. De huizen zijn niet hoog, maar hebben ruime vertrekken, welke

foms

foms met marmer. gevloerd zijn en meestal eene
fontein bevatten; hoedanige inrigting voor dit heete
klimaat zeer doeltreffend is. Aan de eene zijde is
de *harem* of onfchendbare woonplaats der vrouwen, aan de andere zijde de *falemik* of het verblijf
der mansperfonen. De heer des huizes, benevens
de zoons en de bedienden, hebben ieder hun afzonderlijk vertrek: de keuken, waar het eten in
ovens van gebakken aarde gereed gemaakt wordt,
bevindt zich in den hof. De zindelijke, witte
fchoorfteenen, die als kleine koepels op de vier
hoeken van het huis ftaan, maken eene aardige vertooning, en in het oogloopend is de groote overeenkomst tusfchen de Barbarijfche huizen en die der
aloude fteden *Pompeji* en *Herculanum.*

Op alle huizen bevindt zich eene *altane,* waar
men frisfche lucht fchept. Daar komt men bijeen,
daar rigt men gastmalen aan, en door middel van
houten trappen kan men van de eene *altane* op
de andere komen. Daar nu de Algierfche wetten
iederen burger opleggen, zijn woning en derzelver
vertrekken eenmaal 's jaars te laten witten en fchoon-
maken, zien de huizen er altijd nieuw en zindelijk
uit. Het is inderdaad iets zonderlings, dat menfchen, die hun eigen ligchaam zoo zeer verwaarloozen, evenwel zoo zindelijk op hunne huizen
zijn, en dat zij nooit in een vertrek treden, zonder
alvorens hun fchoeifel af te doen. Prachtige meu-
belen moet men hier in de huizen niet zoeken.

Eeni-

Eenige kostbare tapijten en eenige rustbedden of
fofa's, benevens eene foort van kusfens, die op
biezen matten liggen, en foms eenige venstergordijnen,
maken zelfs bij rijke Mooren het ganfche huisraad
van een vertrek uit. Aan de muren ziet men echter fraaije kroonlijsten met fierlijk beeldwerk en
netjes door elkander geflingerde *arabesken*, terwijl
de vloerfteenen, naar de Moorfche manier, met
vernis overtrokken zijn; eene mode, die, zoo ik
meen, vandaar naar *Europa* is overgebragt. Zij
hebben geene andere bedden dan kleine matrasfen,
welke, van kusfens voorzien, des nachts, op eene
ftelling uitgefpreid en des morgens weder weggenomen worden. Zelfs zitten eenigen daags op dezelfde fofa, waarop zij des nachts in eenen hoek
van het vertrek en digt bij een linnen gordijn flapen, waar achter het huisraad, dat zij bij dag niet
noodig hebben, wordt geborgen. Hier zijn ook de
kleederrekken. De vreemde bezoekers ontvangt men
in een kamertje aan den ingang van het huis, waar
de heer des huizes gewoonlijk zijne bezigheden verrigt. Doch zij gaan buiten de deur zitten; want
de jaloezij duldt niet, dat een vreemdeling in een
vertrek komt, hetwelk digt bij den *haren* is. Men
fchijnt hun daarmede te willen zeggen: „*gaat ver
van hier, gij ongewijden!*"

Bij den veldarbeid bedienen de Mooren zich van
eenen ploeg, hoedanigen men in het zuiden van *Spanje*
gebruikt: ook hebben zij dezelfde wagens met zware

rade-

raderen uit een enkel ftuk hout, lomp vervaardigd.
Vruchten, groenten en ftroo brengen zij in eene
foort van netten naar de ftad ter markt, welke netten zij den lastdieren op den rug leggen. Met één
woord, in meer dan één opzigt fchijnen de Barbarijers Spanjaarden, en de Spanjaarden Afrikanen
te zijn. Wanneer de vrouwen naar haar landverblijf
gaan, zitten zij in eene van teenen gevlochtene en
met zeer fijn linnen bekleede foort van kouw of
toegeflotene tent, welke op den rug van het door
eenen flaaf te voet geleide paard wordt vastgemaakt.
In iedere dezer kouwen of tenten kunnen twee
vrouwen zitten.

Bedelaars ziet men hier weinig. Trouwens, zoowel de verpligting der Muzelmannen, als ook eene
natuurlijke neiging, om aalmoezen te geven, gevoegd
bij den overvloed van de noodwendigfte levensbehoeften, verminderen hier de armoede en ellende
zeer veel. Offchoon het nu anderzins edel is, hulp
te bewijzen, moet men echter hier te land niets
beloven, of men heeft geene rust; want ontvangene weldaden worden er niet gerekend, dewijl men
nooit met verzoeken ophoudt. Is iemand eenmaal
in een huis ter maaltijd geweest, dan gaat hij er
dagelijks weder heen, om gezelfchap te houden.
Heeft iemand eenmaal een gefchenk ontvangen, dan
maakt hij er eene gewoonte van, waaraan de kinderen en kindskinderen van den eersten gever ook
voldoen moeten. Heeft men eenen bedelaar eenmaal

eene

eene aalmoes gegeven, dan vordert hij dezelve telkens weder. Zoo gaf eens een Griek aan eenen
kreupelen eene goede aalmoes: deze fprong zijnen
weldoener op krukken na en overlaadde hem met
zegenwenfchen. Van dat oogenblik af posteerde
de bedelaar zich dagelijks op eene plaats, waar de
Griek gewoonlijk voorbijging, en ontving ook telkens eene aalmoes. Het gerucht van de weldadigheid van den Griek verfpreidde zich fpoedig, en
dewijl zijne zaken goed gingen, zeide men openlijk,
dat de Hemel hem, wegens zijne milddadigheid en
barmhartigheid, onder zijne bijzondere befcherming
had genomen. Intusfchen moest de Griekfche koopman eene reis naar *Egypte* doen, terwijl de bedelaar zich nog dagelijks op dezelfde plek liet vinden.
Zoodra hij nu den bediende des koopmans zag, vroeg
hij hem naar zijnen heer, en diens vertrek verno-
men hebbende, bad hij voor deszelfs behoudene terugkomst. Deze had, na verloop van eenige maanden, plaats, en de bedelaar betuigde hem daarover
zijne vreugde. Uit erkentenis voor zijne deelneming,
wilde de koopman hem weder eene aalmoes geven,
maar de bedelaar floeg zulks af en zeide: *„ het is
't best, dat gij mij op eenmaal geeft, wat gij mij
fchuldig zijt."* Met niet weinig bevreemding riep
de Griek uit: *„ Ik begrijp u niet !" „ Dewijl gij,"*
gaf de bedelaar hem ten antwoord, *„ dagelijks gewoon waart, mij eenen reäal te geven, en zes
maanden afwezig zijt geweest, zijt gij mij* 180 *reä-
len*

len fchuldig." — De Griek ftond in twijfel, of hij om
zulk eene onbefchaamdheid lagchen, of den dom-
driesten karel daarvoor tuchtigen moest: maar deze
verklaagde hem bij den *Dey* en bragt in, dat de
koopman hem, eene geheele maand lang, eenen reäal
had gegeven; dat deze daarvoor rijkelijk door God
was gezegend geworden; dat hij, bedelaar, op dit
dagelijkfche inkomen gerekend en dus niet meer, ge-
arbeid had; dat de koopman vervolgens uit de ftad
vertrokken was, zonder hem kennis te geven, dat
deze dagelijkfche gift voortaan zoude ophouden; dat hij
dus dagelijks naar dezelfde plek gehompeld was en
aldaar naar den koopman gevraagd had; dat hij voor
diens behoudene terugkomst gebeden en, in vertrouwen op de voortdurende mildheid van zijnen
weldoener, fchulden gemaakt had, om zich het
noodige levensonderhoud aan te fchaffen. De Griek
ontkende niets van dit alles, maar beweerde, dat
het geven van aalmoezen eene daad was, welke geheel van iemands vrijen wil en eigene verkiezing
afhing. De zaak werd in allen ernst onderzocht
en beoordeeld, met dien uitflag echter, dat de
koopman den bedelaar, voor den tijd zijner afwezigheid, de honderd en tachtig realen en bovendien
nog eenen piaster tot vergoeding der aan denzelven
gedane verwijten uitbetalen moest, maar dat het
hem alsdan vrij zoude ftaan, te verklaren, dat hij,
van dien dag af, geene aalmoezen meer wilde geven.

De grooten laten zich door hunne minderen de

H. B hand

hand kusfen, maar die van denzelfden stand zijn,
omhelzen elkander. Wanneer zij zweren, gefchiedt
zulks bij den *Koran*, of bij het hoofd van den
Grooten Heer, of bij hunnen baard. Op de afkomst
wordt, in landen, door despoten beheerscht, niet
gezien: het ambt- alleen, hetwelk men bekleedt, zet
waarde en glans bij: van het ambt- alleen ontleent
iemand zijn aanzien en zijnen rang. Zelfs gaat dit
zoo ver, dat de betoonde eerbied en het bewezen
ontzag niet den ambtenaar, maar het ambt zelven,
fchijnen te gelden, of althans zich 1er naauwernood
tot den eerften uit te ftrekken. Vandaar dan ook,
dat de alleraanzienlijkfte posten niets van den rang
of van de voorregten, welke zij dengenen, die ze bekleedt, geven, aan deszelfs familie mededeelen.
Onder een eigenmagtig en willekeurig gouvernement
kan het onderscheid van rang en stand bij de onderdanen niet veel beteekenend zijn, daar alles afhangt
van de vaak-kortftondige vorftengunst, die eensklaps
geeft, maar ook even zoo fpoedig weder ontneemt.
Deswege bekommeren zeer weinigen zich om hunne
afkomst, en, bijaldien het geene gewoonte ware,
dat de zoon den naam van den vader bij den zijnen
voegde, zoude menigeen niet eens weten, hoe
zijn vader geheeten had. Bij familieverbindtenisfen
wordt alleen op rijkdom, op aanzien of op'de gunst
gezien, waarin de vader ftaat. Zoo zal een *cadi*
foms geene zwarigheid maken, zijne dochter aan
eenen handwerksman te geven. Bij den eigennaam

wordt

wordt hier, behalve dien van den vader, dikwijls ook nog de naam der geboorteplaats gevoegd, b. v. *Abou*, *Salek*, *Ali*, *Muhamed el Basri*. Komen nu de titel en de waardigheden, welke iemand bekleedt, de kundigheden, welke hij bezit, ja zelfs de reuk van heiligheid, waarin hij staat, hier nog bij, dan is er, met opzigt tot de vele namen en titels, tusschen de Mooren en Spanjaarden volstrekt geen onderscheid. Van uitzonderingen valt niet veel te zeggen; want, wat het burgerlijke leven betreft, zoo verpligt de *Koran* al zijne belijders tot de volstrekte inachtneming en opvolging van dezelfde gebruiken.

De meisjes zijn in deze heete luchtstreek spoedig huwbaar en trouwen reeds in haar twaalfde en dertiende jaar; want in dezen ouderdom, zegt een Moorsch dichter, verbeidt de rozenknop den verlevendigenden straal der liefde, om zich te openen. Zijn de vaders der beide jonge lieden het eens, dan komen beider familien bijeen, en de voorwaarden worden bepaald. Bij de bergbewonende Mooren is het gebruik der oude Nafamoniers, dat de beide verloofden uit elkanders hand dronken en elkander het jawoord gaven, nog in zwang, en maakt nog bijna de eenigste trouwplegtigheid uit. Overigens gaat alles zonder veel omstandigheden toe. De vader geeft zijne dochter aan den bruidegom, genoegzaam als aan haren onbepaalden gebieder, over: van een uitzet, hetwelk bij ons niet zelden het beste van

het

geheele meisje is, wordt naauwelijks een woord gerept;
want de dochter brengt, behalve hare kleederen,
flechts eenige diamanten en matrasfen mede. Dit uitzet
wordt op eenen kameel geladen en, met veel ftaatfie,
door de ftad en voorts naar het huis van den bruidegom gebragt. Zelden worden de jonge lieden bij
de keus geraadpleegd; zelden hebben zij elkander
vóór den trouwdag gezien. Wil de bruidegom iets
naders van fchoonheid en hoedanigheden zijner bruid
weten, dan moet hij tot de boodfchaploopfters, die
bloemen en galanteriewaren aan de jonge meisjes
brengen, de toevlugt nemen, of haar in het bad
trachten te zien. Ook geeft de bruidegom naauwkeurig acht, wanneer zij naar de moskée gaat, ten
einde uit hare houding en haren gang over hare overige begaafdheden te kunnen oordeelen.

Liefde, die, op het eerfte gezigt en bijna ter
loops, ontftaat en toeneemt, is dikwijls zeer hevig.
„De liefde," zegt een Afrikaansch dichter: „die
trapswijze ontftaat en toeneemt, fluipt door de oogen
in het hart, even als het water uit bronnen tot
rivieren aangroeit; maar de liefde, welke op het
eerfte gezigt ontftaat, gelijkt naar ftroomen, die
van de bergen afftorten, zonder dat het geregend
heeft." —

Weinige dagen vóór de bruiloft, rijdt de bruidegom, van trommelflagers en pijpers vergezeld en
door zijne vrienden begeleid, die van tijd tot tijd
met hunne geweren een falvo fchieten, de ftad rond.

Maar

Maar op den bruiloftsdag zelven wordt hij met een talrijker gevolg en grootere ftaatfie, rondgevoerd en heeft dan een rood onderkleed aan, eene fabel op zijde en eene foort van vaandel in de hand, terwijl zijn gezigt bijna geheel met eenen fluijer bedekt is, om zich tegen de magt van booze betooveraars en hekfen te beveiligen. Van haren kant moet de bruid, gedurende de drie laatfte dagen vóór de bruiloft, dagelijks een bad nemen.

Op den dag der bruiloft zelven komen al de aanverwanten en vrienden bijeen. De bruidegom verrigt dan eerst zijn gebed en begeeft zich vervolgens naar de bruid, die hem in hare kamer afwacht. Hier worden beiden, na het doen van eenige gebeden, welke de bruidegom en de *imans* opzeggen, plegtig voor echtelieden verklaard: dan gaan de getuigen heen, en nú laat zich de bruid, in de tegenwoordigheid harer moeder of der naaste verwanten, voor de eerfte maal ongefluijerd aan haren man zien, waarop de bruidegom naar zijn huis terugkeert. Te negen ure des avonds wordt de bruid door al de bruiloftsgasten naar de woning van haren man gebragt, terwijl de vader te huis blijft, dewijl hij het ongepast oordeelt, oor- en ooggetuige te zijn van eene plegtigheid, waarbij zijne dochter uit den ftaat van maagd in dien van vrouw overgaat. De bruid wordt in eene foort van tent opgefloten, daarmede op een paard gezet en met brandende fakkels begeleid. Hare verwanten

B 3   bren-

brengen haar nu naar des bruidegoms huis, maar
dragen wel zorg, dat zij, bij het intreden, den drem-
pel niet aanroert. De bruidegom ontvangt haar aan
de huisdeur, waarop allen, die haar begeleid hebben,
terugkeeren, behalve eene foort van bruidleifters,
die eene vrij ligtvaardige taal voeren en verzen op-
deunen, welke met de Fefcenninifche der Ouden veel
overeenkomst hebben. Vervolgens begeven de nieuw-
getrouwden zich naar het flaapvertrek, waar de evengemelde vrouwen voor de deur blijven wachten op het
bewijs der vrouwelijke kuischheid, hetwelk zij dan
in triomf naar de ouders der jonge echtgenoote en
van daar, met veel flaatfie, door de ftad dragen.

Zal het huwelijk zijn volle beflag hebben en van
eenige kracht zijn, dan is het bewijs van maagdom
dermate noodwendig, dat de man, in het tegenge-
flelde geval, regt heeft, om de jonge vrouw aan haren
vader terug te zenden, dewijl hij op het gedrag
zijner dochter zoo weinig acht heeft geflagen, dat
zij zijn huis met fchande bedekte.

Bijaldien de man eerst flerft, erft de meestgeliefde
zijner vrouwen het derde gedeelte van zijn vermogen: even zoo veel erft ook de man, wanneer de
vrouw eerst komt te overlijden. Gemeenfchap van
goederen vindt tusfchen echtelieden geene plaats.
De kinderen erven elk even veel, doch die uit bijwijven geteeld zijn, flechts een vierde gedeelte. De
vader zorgt voor de zonen; maar zij blijven tot het
zevende jaar bij de moeder, tenzij deze hen langer

bij

bij zich houden wille, en aanneme, de kosten hunner opvoeding te dragen. De dochters blijven bij
de moeder, tot zij uitgehuwd worden. Een man,
die zijne eerste vrouw verstooten heeft, kan, na
drie dagen, weder eene andere nemen, maar, de
vrouw mag eerst, na drie maanden, weder trouwen. De eerste heeft het regt, om zijne vrouw
te verstooten, wanneer hij zulks verkiest; maar,
in dat geval, moet hij haar den *faddok*, dat is,
het *uitzet*, of den *bruidschat*, vergoeden, en haar
bovendien eene kleine som gelds geven: doch hij
mag haar niet weder aannemen, tenzij zij vooraf
met eenen anderen is getrouwd geweest, die ook
wel in al de regten eens echtgenoots trad, maar
haar insgelijks verstooten heeft. In dat geval alleen
mag zij tot haren eersten man terugkeeren. De ge-
makkelijkheid, om, wegens beuzelingen, te schei-
den, is niet alleen de oorzaak, dat men huwt zonder elkander te kennen, maar heeft ook van het
huwelijk louter eene zaak van eigenbelang en een
ligtzinnig spel gemaakt. Gelijkheid van gemoeds-
bestaan en neigingen, overeenstemming van denk-
wijze en gevoelens, komen hier geheel niet in aanmerking. Is nu de echt geen zachte band, dan
wordt hij een knellende kluister, en zulks is het
huwelijk daar te lande voor de vrouwen wezenlijk;
terwijl het voor de mannen niets dan een band zonder vastheid is. De geringe achting, welke de
Afrikanen voor het vrouwelijke geslacht koesteren,

ge-

gevoegd bij de vrijheid, om zoo vele vrouwen te
nemen, als zij willen, verleiden hen tot de afschu-
welijkste ondeugden, en veroorzaken onder hen het
grootste zedebederf; hetgeen zij ook in geenen deele
bewimpelen, maar waarvoor zij, met even zooveel
schaamteloosheid, als boosaardigheid, openlijk uit-
komen.

De veelwijverij, welke hun Profeet hun als het
bekoorlijkste in het leven eens regtgeloovigen en als
het zekerste middel voor de gezondheid aangeraden
heeft, is voor de bevolking en het geluk der huwelijken evenzeer nadeelig: zij stoort de rust van het
huisselijke leven en sticht verwarring en tweespalt
onder de kinderen. MAHOMED was een slecht na-
tuurkenner, toen hij zeide, dat eene put des te
meer water geeft, hoe meer men er uit schept;
want de vrouwen worden spoedig gewaar, dat eene
put uitgeput kan worden!

Men heeft willen beweren, dat de vrijheid, om
vier vrouwen te nemen, welke de mannen daar te
lande genoten, geenszins streed tegen de orde der
natuur. Men heeft, om zulks te bewijzen, aangevoerd, vooreerst: dat men, bij de berekening van
de bevolking van *Afrika* en van de *Oostersche landen*, altijd vier vrouwen tegen éénen man kan aannemen: ten andere, dat de meisjes aldaar met haar
twaalfde jaar wel huwbaar zijn, maar dat hare geestvermogens zich nog in derzelver kinschheid bevinden, althans nog niet de behoorlijke rijpheid verkre-
                                                        gen

gen hebben; dat zij dus den mannen wel de zinnelijke vermaken der liefde, maar geenszins de ver-
standelijke genoegens van een gezelschappelijk onderhoud, kunnen schenken; dat zij in den ouderdom, waarin men zulks van haar zoude kunnen
verwachten, namelijk, in haar vier- of vijfentwin-
ste jaar, bereids hare schoonheid en hare vruchtbaarheid tevens verloren hebben; dat, eindelijk, in
Europa, waar eene vrouw, van den bloei haars
levens tot haar dertigste, ja soms tot haar veertig-
ste jaar, nog veel van hare bekoorlijkheden behoudt
en de beminnenswaardige hoedanigheden van geest
en hart zelfs meer en meer beschaafd en uitgebreid
heeft, zij misschien den verstandigen man meer behagen zal, dan een jong onbeschaafd meisje; maar
dat de man in *Afrika* en in het *Oosten* zijne beste
jaren slijten moet met eene vrouw, die niet alleen
niet meer beminnenswaardig, maar ook niet meer
in staat is, hem kinderen en der maatschappij leden
te schenken, en dus hem geene vreugde en der
laatste geen voordeel langer verschaffen kan; dat men
om die reden noodzakelijk acht, eene tweede vrouw
tot zijn vermaak te nemen, terwijl de eerste voor
de huishouding en de opvoeding der kinderen zorgt.
Meer echter, dan in al deze spitsvondige redenerin-
gen, is misschien de oorzaak der veelwijverij gelegen in het *despotimus* en in den trots der mannen,
alsmede in de weinige achting, welke zij voor de

zwak-

zwakkere fekfe koesteren. De hooghartige man wil eenen geheelen *harem* voor zich alleen hebben.

In weerwil echter van dit alles, zijn er maar zeer weinige mannen, die meer dan ééne vrouw hebben; dewijl aan dit voorregt tevens zoovele zwarigheden verknocht zijn, dat flechts weinige daarvan gebruik kunnen maken. Een man moet voor den *cadi* bewijzen afleggen, dat hij meer dan ééne vrouw fatfoenlijk onderhouden kan; weshalve de meeste bunner, die anderzins daartoe bemiddeld genoeg zijn, uit fpaarzaamheid, overleg en om den huisfelijken vrede te bewaren, niet ligt meer, dan ééne vrouw, nemen. Bijwijven kunnen zij echter houden, zoo vele zij willen; doch dan heeft de vrouw het regt, om deze te laten gaan; en, offchoon zij verftandig genoeg is, om van dat regt geen gebruik te maken, moeten zij toch bijna altijd onder haar oog en opzigt blijven: ook draagt zij wel zorg, dat zij geen' te grooten invloed op het hart van den man verkrijgen; en wanneer zij hem eene affaat, doet zij dit op eene wijze, die den fchijn heeft, dat zij hem een gefchenk geeft en eene beleefdheid bewijst.

Het is niet te befchrijven, hoezeer de Afrikaanfche vrouwen in vuur geraken, wanneer zij, nu en dan, van onze zeden en gewoonten eene befchrijving hooren; hoe zij, met luide ftem, de afgunst uitdrukken, die zij onzer vrouwen, wegens de teedere achting, welke zij van de mannen genieten, toedra-

dragen; hoe zij zich, wanneer zij van de echtge-
nooten der Europefche Confuls en kooplieden bezoek ontvangen, over de koele behandeling van
hare mannen en over het treurige leven in den *harem* beklagen. Maar niets roemen zij meer, dan
dat men bij ons te lande flechts ééne vrouw nemen,
flechts met ééne zijn lot verbinden kan. Zij achten
echter niet alleen onze vrouwen honderdmaal gelukkiger, dan zich zelve, maar houden tevens derzelver
mannen voor veel gelukkiger, dan de hunne.
En zij hebben juist geen ongelijk, maar ftemmen, in
dit opzigt, met eenen zekeren dichter overeen, volgens welken iemand, die eene gade bezit, wel gelukkig is, maar allergelukkigst, wanneer hij haar
alleen bezit.

Wat nu de begrafenisfen der Afrikanen betreft,
een opmerkzaam waarnemer heeft mij eene, waarvan hij te *Tunis* ooggetuige was geweest, in dezer
voege verhaald: vele vrouwen gingen met loshan-
gende haren en treurige gebaren in het vertrek, waar
de doode lag: hier floegen zij zich, onder een jam-
merend gefchreeuw, op de wangen en op de knien.
Vervolgens hield eene oude vrouw eene lange lofrede op de overledene, en het fnikken begon op
nieuw. Intusfchen bragten twee mannen eene ledige
kist, waarin alle vrouwen de hoofden ftaken en zware
zuchten loosden: vervolgens gingen twee van haar
uit het vertrek, en kwamen met twee brandende
lichten terug, terwijl zij tevens gras in de handen
had-

hadden, waarmede zij de kist beftrooiden. Daarna
werd het lijk in laken gewikkeld, in de kist gelegd
en naar de begraafplaats gedragen, gevolgd door de
vrouwen, die, even als de rouwklaagfters der Ouden, de lucht met haar rouwmisbaar vervulden.
Zoodra iemand geftorven is, roept het ganfche huisgezin: *wooliah, woo, woo!* Op het hooren daarvan,
komen de buurvrouwen toeloopen, omarmen degenen, welke het fterfgeval het meeste treft, en leu-
nen met het hoofd tegen derzelver fchouders, welk
betoon van deelneming foms zoo ver gaat, dat de
treurende naastbeftaanden van vermoeidheid en be-
dwelming in onmagt vallen. De doode wordt terftond gewasfen en de begrafenis gefchiedt met den
meest mogelijken fpoed; dewijl men gelooft, dat
de zaligheid van den geftorvenen eerst begint op
het oogenblik, dat de aarde hem bedekt. Van deze
overhaasting zijn reeds velen het flagtoffer geworden (*).

- Alvorens de dooden te begraven, vult men hun
de ooren met een mengfel van olie en kamfer. Op
het graf van eenen mansperfoon wordt een tulband
gezet en op dat eener vrouw een bloemkrans gelegd en onder het volk, dat bij hoopen langs den
weg,

(*) Als de Mooren hunne dooden willen begraven,
maken zij fteeds den meest mogelijken fpoed; dewijl de
rigtende engel de ziel des overledenen verbeidt.

weg, dien het lijk gepasfeerd is, zamengefchoold was, wordt vleesch uitgedeeld, en deze liefdegaaf heet het *begrafenismaal*. Hoe grooter nu iemands droefheid over den dood eens geliefden perfoons is, des te meer is zijne kleeding gefcheurd en verwaarloosd. Zoolang de rouw duurt, laat men elk fieraad, als overtollig, weg: men ziet dan behangfels, tapijten noch fpiegels, men draagt geenen opfchik en gebruikt ook geen welriekend water of eenige zalf. Sterft een gehuwd man van hoogen ftand, dan gaat de weduwe naar het ftrand, kamt aldaar het haar met eenen gouden kam, verwisfelt haren, met kostbare edelgefteenten bezetten hoofdband tegen eenen eenvoudigen witten fluijer en bemorst opzettelijk hare prachtige kleederen. Na verloop van vier maanden en tien dagen, gaat zij nog eens naar den zeeoever, heeft denzelfden gouden kam, maar nu tevens ook vier verfche eijeren bij zich, welke zij den eersten, die haar ontmoet, toereikt. Hoezeer men nu in den waan verkeert, dat deze eijeren alle bedenkelijke ongeluk veroorzaken, en dus dezelve niet gaarne aanneemt, mag men ze evenwel niet weigeren. Aan ftrand gekomen, kamt de weduwe weder het haar, maar werpt vervolgens den kam in zee en verkrijgt daardoor de vrijheid, om weder te huwen. Des vrijdags bezoeken nabeftaanden en vrienden de graven hunner afgeftorvenen; want zij gelooven, dat op dezen dag de dooden bij hunne graven wandelen, om zoowel met elkander, als met

de

de voormalige voorwerpen hunner liefde en geno-
genheid, te fpreken. Om die reden bekleeden de
Mooren hunne dooden ook niet karig, opdat zij in
die geestengezelfchap fatfoenlijk verfchijnen mogen.
De graven zelve worden telkens weder wit opge-
verwd, goed onderhouden, met bloemen omplant
en zorgvuldig van onkruid gezuiverd. Niet zelden
zweert men elkander op de graven onverbreekbare
vriendfchap en trouw, door elkanders bloed te vermengen; hetgeen op de volgende wijze gefchiedt:
men zweert elkander bij het altaar van den Profeet
en op de graven zijner vrienden trouw, terwijl men
zich met een fcherp mes eene wonde geeft en het
bloed in eene fchaal of een vat laat loopen, waar
het zich, als een teeken der vereeniging, vermengt.
Zoo kiezen de Wilden in *Canada* eenen ftormach-
tigen dag uit, waarop zij de gebeenten hunner dooden aan de boomen hangen, ten einde zij door den
hevigen wind bewogen en heen en weder gefchud
zullen worden: vervolgens fluiten zij, onder aan-
roeping der eerbiedwaardige fchimmen, verbonden,
of maken vrede, en gelooven, dat de Groote Geest
bij deze doodenfeesten tegenwoordig is. Zoo geven
ook de bewoners der Zuidzee-Eilanden elkander het
onderpand der vriendfchap op de grafheuvelen hunner eenzame *Morai*. De graven der Mooren, met
aangenaam lommer en liefelijke bloemen omgeven,
onder welker geurige fchaduw de godsdienstige vroomheid zich tot een hooger Wezen verheft, herinneren

ren de kerkhoven van *Zwitserland* en *Wales:* ja, het is een ftreelend, vroom en zedelijk geloof, dat de zielen der afgeftorvenen bij belangrijke gebeurteniffen zelve nog, als levend, tegenwoordig zijn en niet ophouden, in eene geheimvolle betrekking tot de levenden te ftaan, die het offer van ftille tranen op hunne graven plengen.

De Mooren kunnen weinig en ook veel eten: zij verdragen den honger met een bewonderenswaardig geduld; maar wanneer de gelegenheid zich aanbiedt, vreten zij ook als wolven. Hun gewone kost heet *coscusfowe* en beftaat uit gemalene rijst en koren, welke zij in een aarden pot, die van kleine gaatjes voorzien is, onder een mengfel en op eenen anderen pot zetten, waarin vleesch kookt, welks ftoom dan door de gaatjes dringt en de *coscusfowe* gaar maakt, die zij met gefmolten vet en klein gefneden vleesch vermengen en zoo opeten. Een meer zamengefteld en fmakelijker geregt zijn de *pilau* en de *bassmen*, eene foort van pudding, welke met ftukjes ingezouten vleesch belegd wordt. Hun gebrad en hunne *ragouts* zijn zeer lekker: over het geheel verbruiken zij, bij het bereideu hunner fpijzen, veel fpecerijen, fuiker en rozenwater.

Alvorens den maaltijd te beginnen, wasfchen zij de handen, zetten zich dan, met de beenen kruislings, rondom eenen lagen disch, of ook wel rondom eene biezen mat. Tafelkleeden of fervetten gebruiken zij niet, maar behelpen zich met eenen

ge-

gemeenfchappelijken handdoek. Het eenigfte tafelgoed, waarvan zij zich bedienen, zijn lepels van hout; doch rijke lieden hebben ze van ivoor. Mesfen en vorken zijn weinig in gebruik; omdat zij ze zelden behoeven, dewijl het vleesch week gekookt op tafel komt en of reeds gefneden is, of zich gemakkelijk in ftukken fcheiden laat. Zij hebben almede geene glazen, geene bekers of eenig ander drinkgereedfchap, maar florpen allen uit eenen grooten emmer. Wijn is hun verboden; deswege gaat het op hunne maaltijden ook zeer ftil en ftatig toe. Vele Turken en Mooren bezoeken intusfchen toch de wijnbuizen en koopen daar de *dwaasheid in flesfchen*. Voornamen en aanzienlijken maken insgelijks geene zwarigheid MAHOMED's wetten, bij nachtflemperijen, te overtreden en hun bloed door het edele druivenfap te verfrisfchen. Misfchien gelooven zij, daarmede geene zonde, maar veeleer een goed werk te doen. Wanneer de Mooren en Arabifche Bedoïnen door de dorre zandwoeftijn trekken, kaauwen zij bijna altijd iets, dat waarfchijnlijk tabaksbladen zijn, welke, men wil, dat voedfel en kracht bijzetten. Zoo reizen de Zuid-Amerikanen niet zelden zes tot zeven dagen te voet, zonder iets anders te nuttigen, dan eene foort van meel van gebrande mosfelfchelpen, welke fijn gewreven eenen fcherpen, kalkachtigen fmaak hebben, of zij zuigen ook wel op het beroemde kruid *koka*.

Wanneer de Mooren lange reizen gedaan en daarbij

bij

bij veel uitgeftaan hebben, dan is hunne meest geliefde en verfterkende verfrisfching eene fchaal koffij.
Van dezen dranken wordt, zoo wel in *Barba-*
rije, als in alle landen der Muzelmannen, buitengemeen veel verbruikt. De beste komt uit *Tmen*,
doch wordt niet, zoo als bij ons, gemalen, maar
flechts geftampt: ook niet gekookt, maar, even als
thee, met kokend water enkel afgetrokken. Deze
koffij is zoo fterk, als eene likeur; maar dat zij er
geene fuiker bij doen bevalt mij in het geheel
niet (*). Van zulke koffij fprekende, zeide de dichter REDI in grammen moede:

> *Liever dronk ik gif bij 't maal,*
> *Dan een boordevolle fchaal*
> *Van die zwarte bittre koffij!*

Bij ons geeft men immers aan al, wat lief en
aangenaam is, den bijnaam *zoet;* zoo heeft men
zoete gezangen, zoete woorden, zoete lippen, zoete
meisjes; en een *zoet briefje (billet doux)* is voor
de liefde een ware fchat.

Zoodra de Mooren met eten gedaan hebben, ftaan zij
oogenblikkelijk van tafel op en beginnen hunne pijp te
rooken. Zij kunnen volftrekt niet begrijpen, hoe de
Eu-

(*) Wanneer ik in *Barbarije* een ftukje fuiker in mijne
koffij deed, hield men mij voor een' onverftandig man.

Europeanen uren lang aan tafel kunnen zitten te
praten, te klinken en over ftaatszaken te fpreken:
zij achten het aangenamer en tevens gezonder, een
middagflaapje te doen, zoo als de Spanjaarden hnnne
fiesta houden. MAHOMED zegt, dat God den geloovigen in het paradijs een afzonderlijk vertrekje
zal inruimen, waar zij, na den maaltijd, zich door
een aangenaam flaapje zullen kunnen verkwikken.

Het eenvormige leven der Mooren wordt door
weinige uitfpanningen en verlustigingen afgewisfeld:
fóms echter fcheppen zij vermaak in éenige beweging te maken; ten welke einde zij zich uit de
ftad begeven en in het ruime veld op fnelle, wilde
paarden rondgalopperen. Sedert eenige jaren echter
beginnen zij meer, dan voorheen, van de jagt,
inzonderheid op gevederd wild, werk te maken.
Zij hebben eene manier van jagen, welke eene
zonderlinge vertooning oplevert. Zij verbergen zich,
namelijk, op eene plaats, waar zich het meefte
wild bevindt, onder een groot kakelbont ftuk *linnen*,
overzien, onder deze foort van tent verfcholen,
de geheele omftreek, leggen dan hun geweer aan
en fchieten bijna nooit mis. Het is zonderling,
dat de wachtels en pafrijzen, in plaats van weg te
vliegen, veeleer het bontgeverwde linnen naderen,
waarfchijnlijk, dewijl zij het voor eenen panter aanzien, rondom welken zij daar fladderen, even als,
op onze velden, de kleine vogels rondom osfen en
paarden, die in de weide loopen.

De

De daar gebruikelijke foorten van fpelen zijn trik. trak, alsmede het dam- en fchaakfpel, bij welk laatfte, gelijk bekend is, veel nadenken en berekening behoort. Het fpelen met kaarten en om geld is door den Mahomedaanfchen godsdienst verboden. Deswege verwonderen zich de naauwgezette belijders van denzelven, dat de Europeänen zich zoo lang en zoo ernftig bezig kunnen houden met eenige ftukken papier, welke toevallig en achteloos hier en daar nedergeworpen worden. Daarom zouden zij, naar alle waarfchijnlijkheid, de volgende daarvan door eenen Siamees gedane befchrijving zeer gepast en verftandig vinden. „De Franfchen zeggen," zoo fchrijft hij, „dat zij flechts éénen God aanbidden, wat ik niet kan gelooven; want, behalve de levende, door hen telkens gediend wordende Godheden, hebben zij nog vele andere levenlooze, aan welke zij in hunne gezelfchappen offeren. Daar ftaat een groot rond altaar, dat met een groen tapijt belegd is, en rondom hetwelk vele menfchen, even als wij bij onze huisfelijke offeranden, met een ernftig gelaat zitten. Op dit altaar fpreidt een hunner, waarfchijnlijk de eerfte offerpriefter, eenige losfe bladen van een boek uit, dat hij in de hand houdt. Op deze bladen zijn eenige leelijke gedaanten gefchilderd, die zekerlijk afbeeldfels van Godheden zijn moeten, dewijl men, bij derzelver uitdeeling, daarop, naarmate der meerdere of mindere vereering, een grooter of kleiner

C 2   of-

offer legt. Deze offers zijn aanzienlijker, dan die-
gene, welke deze menschen in de gewone tempels
brengen. Na deze ceremonie neemt de offer-
priester, met eene bevende hand, de overige bladen
van het vreeselijke boek op en blijft eenigen tijd,
met ftrakke oogen en bijna zonder beweging, zitten,
terwijl al de anderen even zoo opmerkzaam zijn
en met groot verlangen wachten op hetgeen hij
doen zal. Zoodra hij de bladen beweegt, geraken
allen door den geest, met welken zij nu bezeten
worden, op onderfcheidene wijzen in beweging; de
een vouwt de handen en dankt den Hemel, de
ander knarfetandt en mompelt vloeken, terwijl
een derde zich op de vingers bijt en met de
voeten op den grond ftampt. Naauwelijks echter
heeft de offerpriester een zeker blad omgekeerd,
of hij geraakt zelf in woede, verfcheurt het boek,
werpt het altaar om en vervloekt het offer. Men
hoort dan enkel uitboezemingen der vertwijfeling
en weeklagten. Deswege geloof ik, dat de door
hen aangebeden God zeer ijverzuchtig is en eenen
boozen geest zendt, die in hen vaart, om hen te
ftraffen voor de offers, welke zij aan zoo vele en
aardfche Godheden brengen."

Bij de Mooren is het geene gewoonte, dat mannen
elkander bezoeken, ten ware zij iets met elkander
te verrigten hebben. Een uur na zonsondergang,
bevindt zich ieder weder in zijn huis, en is er
bij dezen of genen gezelfchap, dan loopt zulks
meest-

meestentijds .op een zedelooze zuippartij uit. Zij brengen echter eenige uren van den dag in zekere koffijhuizen door, welke *kiosk* heeten en kleine gebouwen zijn, die een fraai {uitzigt naar alle kanten hebben, als zijnde flechts van boven gedekt, om de zonneftralen af te keeren. Hier zitten. de mannen tabak of rozenbladen te rooken, en drinken, terwijl zij de pijpen door welriekend water halen, eene fchaal goede koffij uit *Temen*. Hier laten zij ook zangeresfen en danferesfen komen, welker zedelooze liedjes en wellustige danfen zij zoo ernsthaftig en ftilzwijgend aanhooren en aanzien, als of zij bij eene godsdienftoefening tegenwoordig waren. Niet zelden zitten zij, in een groot aantal, bijeen, zonder in verfcheidene uren een enkel woord te fpreken; en zoo gaan zij ook weder heen, zonder te wenfchen, elkander weder te zien.

In de winkels der barbiers, die zich in alle landen het privilegie, om allerlei nieuwtjes rond te venten, fchijnen aangematigd te hebben, en aldaar ook in groot aanzien zijn, komen de Mooren in nog grooter aantal bijeen, dan in de *kioskan;* ja, blijven er ganfche uren, of op banken, of met de beenen kruifelings, op den grond zitten, terwijl zij, met open mond, naar der barbieren orakelfpreuken luisteren. Gemeenfchappelijke uitfpanningen en vrolijke gezelfchappen daarentegen moet men in dit land niet verwachten. De bijeenkomften zijn geheel toevallig, de gefprekken laf en

fma-

fmakeloos. Wanneer men nu hierbij voegt, dat in der mannen gezelfchappen nooit eene vrouw toegelaten en de geeft door haar aangenaam uitlokkend onderhoud nimmer opgefcherpt wordt, gelijk een fcheermes door de zachfte olie het best wordt aangezet, dan kan men zich nagenoeg voorftellen, hoe vervelend en droog de zamenleving aldaar zijn moet.

De baden zijn inzonderheid een voorwerp van weelde, en om deze aangenaam en genoegelijk te maken, worden geene koften gefpaard. Doch in een land, waar het zoo heet is, en waar men zoo fterk uitwafemt, wordt het bad eene dermate dringende en onmisbare behoefte, dat men daarvan eene zaak van Godsdienst maakt. Deswidge zijn de *hamand* of baden in *Barbarije* even zoo prachtig, als die van *Konftantinopel*, waarvan *lady* MONTAGUE eene zoo bekoorlijke befchrijving gegeven heeft, en als de oude baden van *Burfa*. Eerst treedt men in eene groote, rondgebouwde zaal, rondom voorzien van haken, waaraan men kleederen ophangt. Zoodra men deze heeft uitgetrokken, wordt men in eenen grooten handdoek gewikkeld en treedt in eenen gang, waar men de hitte begint te gevoelen, die bij elken ftap, welken men verder doet, toeneemt. Men vindt hier het *frigidarium*, *tepidarium* en *calidarium* der Ouden. Terwijl men op zachte kusfens rust, vermengt zich de damp, die onophoudelijk uit eene heete bron opftijgt, met den geurigen walm van reukwerk; zoo

dat

dat men door eene welriekende atmosfeer geheel
omgeven is. Na een weinig rustens, wordt men
zachtjes overeind geheven door eenen oppasser, die
de gewrigten der week en buigzaam gewordene
ledematen, even als deeg, kneedt en knijpt, dat zij
knappen. Door deze bewerking dringt uit de zweet-
gaten veel taaije vochtigheid, hetwelk eenige pijn
veroorzaakt, die echter aldra plaats maakt voor
eene gewaarwording, welke hoogst genoegelijk is.
De borst wordt ruimer, de ademhaling gemakkelijker, de omloop van het bloed sneller, een zware
last, die als ware het ligchaam drukte, schijnt van
hetzelve afgenomen te worden, en men ontwaart
eene, tot dusver onbekende vlugheid door lijf en
leden; met één woord, men wordt, om zoo te
spreken, tot een nieuw leven geboren.
De vrouwen inzonderheid zijn er hartstogtelijke
liefhebsters van de baden. Geen wonder! zij zijn
daar toch vrijer, dan te huis, en vinden er hare
vriendinnen, met welke zij den dag in vrolijkheid
en in vertrouwelijke gesprekken doorbrengen. In
hare fraaiste kleederen uitgedost, gaan zij derwaarts
en kunnen zich daar, naar welgevallen, met haren
tooi vermaken. Na het baden wasschen zij het
hoofd en gansche lijf met rozenwater en bestrijken
zich met welriekende zalven. Ook droppelen zij
welriekende oliën in heur lang haar, trekken
kleine, zwarte kringen rondom hare oogleden en bedekken zich met witte sluijers, die met aloëhout

C 4   be-

berookt zijn. Is haar toilet aldus voleindigd., dan
gaan zij in de binnenfte vertrekken, nuttigen daar
konfituren en andere verfnaperingen en laten *Almen*
en *Bajaderen* komen, die wellustige danfen beginnen en vrolijke liedjes zingen. Zoo leven zij ten
minfte éénen dag in de week gelukkig. Zij trekken
zich uit en weder aan, fnappen intusfchen onophoudelijk en rekken deze kleine bezigheden, welke
voor haar de gewigtigfte van haar eenvormig en vervelend leven zijn, zoo lang mogelijk uit. Misfchien
zou eene zoodanige levenswijs ook wel aan fommige
onzer Europefche fchoonen bevallen, ja misfchien
zou menige dame, die haren tijd dooden moet, om
niet door haren tijd gedood te worden, zulk een befteden harer uren, zoodanig uitrekken van kleine
aangename bezigheden, regt gelegen komen.

Het danfen is bijna overal een teeken van vreugde,
eene uitdrukking der hoogfte vergenoegdheid en wordt
ook onder de fraaije kunsten gerekend.

Maar in *Barbarije* wordt het danfen niet als eene
edele kunst befchouwd. Fatfoenlijke vrouwen danfen er nooit, maar laten zulks aan de flavinnen en
meisjes van pleizier over. De rijke Mooren doen,
wanneer zij lui en ledig in hunne *kiosken* zitten,
of met hunne vrienden nachtpartijen houden, *Almen*, of eene foort van *Bajaderen*, komen en betalen
haar goed, terwijl de heer des huizes haar gewoonlijk de goedheid bewijst, dat hij der geestigfte en
fchoonfte van haar eene zilveren munt, of een goud-

ftuk,

ſtuk, dikwijls wel eenen Spaanſchen *dubloen*, op de wang of op de kin drukt. Deze danſen te aanſchouwen, is eene der grootſte vermaken voor de rijke Mooren.

De Moorſche danſeresſen danſen nooit met de mannen zamen, maar altijd afzonderlijk eene alleen, of twee te gelijk. Zij hebben daarbij weinig plaats noodig; want de ganſche kunst harer bewegingen beſtaat daarin, dat zij nu den eenen, dan den anderen arm uitſtrekken, nu de eene, dan de andere zijde naar de toeſchouwers keeren; dat zij eenen ſluijer of eenen doek heen en weêr bewegen en deze bewegingen met een veelbeteekenend glimlachen, of met lonken, vergezellen. Hare grootſte kunſtvaardigheid beſtaat in de ongeloofelijke vlugheid, waarmede zij het onderſte gedeelte des ligchaams buigen en wenden, terwijl het bovenſte volkomen onbewegelijk blijft. Zulks doen zij zekerlijk met zeer veel kunst, maar ook op eene zeer onbetamelijke wijs. Ik begrijp evenwel niet, hoe men iets d a n ſ e n kan noemen, waarbij de voeten niets doen, waar men niets, dan zekere houdingen en nabootſende gebaren, ja ik mag wel zeggen, verdraaijingen en grimasſen, en niet éénen kunſtigen ſprong, niet ééne rasſche fraaije wending, ziet.

Er is hier eene ſoort van kwakzalvers, die niet met het uitventen van pillen en potjes, maar met het vertellen van ſprookjes en historietjes, den kost winnen. Zij reizen rond, even als de *mulla's* in

C 5   het

het Oosten en als eertijds de *Rhapfodisten* in *Grie-
kenland*. Zij treden in de koffijhuizen, in de *klos-
ken* en in de openbare winkels, klimmen daar op
eene tafel en vertellen iets*uit de oude gefchiedenis,
hetgeen zij met wonderbare bijvoegfels en dichterlijke fchilderingen opfmukken. Vervolgens gaan zij,
met de muts in de hand, rond, even als onze arme
improvifatori der geringfte klasfe op openbare plei-
nen doen. Daar zij nu door hunne verhalen de
voormalige roemvolle dagen niet zelden voor het
geheugen terugbrengen en voor geestige lieden
doorgaan, ontvangen zij van de achterdochtige *Beif's*
in *Lybie*, die voor allen, welke geest en vernuft
aan den dag leggen, bevreesd zijn, dikwijls eene
waarfchuwing, dat men hunne kundigheden niet
noodig heeft, en zoo worden zij, gewoonlijk
binnen vierentwintig uren, van het gelukkige grondgebied van zoodanigen *Beij* gebannen.

Ik kan intusfchen niet zien, dat men van zulke
vervelende vertellers iets te duchten zoude hebben;
want, in plaats van hen met vermaak aan te hooren,
gevoelt men veel meer trek, om de oogen te luiken,
dan om hun aandacht te fchenken.

Voor mij althans was het eene ware pijnbank, als
de eene of andere Turkfche officier mij in de *kiosk*
binnen noodigde, om van zulk eenen verhaler dezelfde gefchiedenis te vernemen, welke ik dikwijls
reeds tienmaal met verveling had aangehoord. Het
ergfte was nog, dat men niet met goeden fchik kon

weg-

weggaan, maar uren lang moest blijven zitten, dewijl de lastige verhaler zijne gefchiedenis zoo lang uitrekte (*).

Het zal menigeen zeer bevreemden, dat ik ftokflagen onder de Afrikaanfche vermaken en verlustigingen telle, en toch doe ik zulks niet zonder grond. Gewis fchenkt een vermaak van dien aard flechts genoegen aan dengeen, die daartoe order geeft en daarvan tevens de aanfchouwer is: maar zoo veel is zeker, dat er nooit eenig openbaar feest plaats heeft, hetwelk eenen zamenloop van menfchen veroorzaakt, waarbij niet een goed aantal flagen moet uitgedeeld worden, om orde te houden en de rust te bewaren. Trouwens, bij flavenfeesten vindt men nooit, wat bij elk feest het fchoonfte en het roerendfte is, namelijk, vrijheid en vrolijkheid. In rijken, die door despoten garegeerd worden, is de grondftelling aangenomen, het flaaffche fidderende volk met ge-
wel-

(*) Het is jammer, dat de fchrijver ons niet meldt, wat belang de vrouwen uit den *harem* in deze verhalen ftellen; welke dichterlijke voorftellingen en fchoonheden zij foms bevatten; hoeveel invloed zij, daar zij van de Mooren door overlevering tot de Spanjaarden, Franfchen, Italianen en Duitfchers overgekomen zijn, op de jeugdige fantafie van verfcheidene groote dichters, als ARIOSTO, TASSO, WIELAND, en meer andere gehad hebben, en dat zij veelligt nog zeer merkwaardige oudheidsbronnen voor den vlijtigen navorfcher bevatten. — VERT.

weldige zweepflagen te mishandelen, deels, om alle zamenrottingen te verftrooijen en aan elke voorgenomene ambtsverrigting meer ontzag bij te zetten, deels ook om den zwakkeren de tegenwoordigheid van den fterkeren en den grooten affland die tusfchen hen beiden is, te doen gevoelen. Men pasfeert er geen vlek, zonder dat de hoofdambtenaar der plaats een aantal ftokflagen onder het volk laat uitdeelen; wat eene foort van eer is, welke hij perfonen van aanzien bewijst. Er zijn daar knuppelknechten te voet en te paard: te *Algiers* is hun *aga* een man van gewigt in den ftaat en een der eerfte fteunen van den generalen ftaf. — „*Sla toe, maar hoor mij aan!*" zeide THEMISTOCLES tegen den veldheer EURYBIADES. Maar hier flaat men toe, zonder iemand aan te hooren; en wie er een enkel woord tegen durfde kikken, die zou eene dubbele dragt flagen te wachten hebben. Dit mag eerst heeten: den bevelhebbersftaf te voeren!

De Moor bemint evenmin groote gezelfchappen als luidruchtige openbare feesten: hij gelooft, dat verdoovend geraas aan de ziel geen genot fchenkt, en hij heeft misfchien niet geheel ongelijk. Zijn vermaak beftaat in een zittend, gemakkelijk en in alle foorten van wellust doorgebragt leven: hij kan niet begrijpen, waarom wij eene wandeling doen of zonder een bepaald doel, op- en nedergaan. Ontmoet hij toevallig iemand, wien hij over eene zaak van gewigt moet fpreken, dan zoekt hij aanftonds naar eene ge-

gefchikte plaats om te gaan zitten; zelfs is altijd zijn eerfte werk, wanneer hij ergens komt, naar eene zitplaats om te zien.

Het zoete leven van eenen rijken Moor beftaat in het volgende: het zitten op de weeke, zachte kusfens zijner *fofa* fchenkt hem het aangenaamfte genot: daar rookt hij tabak uit *Syrie*, of verhit zich door koffij van *Mokka*, terwijl hij de danfen zijner flavinnen, of der wellustige *Almen* aanfchouwt. Zijn eenige aanzienlijken in een *kiosk* bijeen, of geven zij elkander een bezoek, dan ftaan er terftond flaven gereed, die hun het voorhoofd en de handen met rozenwater befproeijen, hun vaten met reukwerk en welriekende dingen onder den neus houden en hun daarmede den baard berooken. Vervolgens neemt ieder zijne pijp in den mond, die met rozenbladen en aloëhout geftopt is. Zitten en liggen is hun eenigfte vermaak. Over ftaatszaken of Godsdienst fpreken zij nooit, en wisfelen over het geheel weinig woorden. Ieder oogenblik zeggen zij: „*hoe gaat het u?*" — „*God is goed!*" — *Algiers is eene fterke ftad!*" Deze en dergelijke korte zegswijzen hoort men hen gedurig herhalen. Zulk een gefprek is voor hen niet vervelend en ftelt hen ook niet aan verantwoording bloot. Ontvangt een perfoon van aanzien bezoek, dan ftaat hij niet op, hij verroert zich zelfs niet eens, doet den weggaanden ook geen uitgeleide, maar verzuimt nooit, den aankomeling ververfchingen en koffij te laten voorzetten.

De

De rijke Moor ftaat twee uren vóór het aanbreken van den dag op, niet, om het fraaije gezigt
der opgaande zon of der ontwakende natuur, maar
om de zachte koelte der morgen te genieten. Vervolgens gaat hij eenige oogenblikken naar zijne
kinderen zien en deelt eenige bevelen uit; voorts
rookt hij weder eene pijp en drinkt op nieuw eene
fchaal koffij, dan ftrekt hij zich wederom uit en
fluimert in. Bij zijn ontwaken is hij in eene wolk
van welriekende dampen gehuld, en vier dienaars
ftaan in de vier hoeken van het vertrek, met de
armen kruiselings op de borst en de oogen onafgewend op den gebieder gevestigd, gereed, om zijne
kleinfte wenfchen te radenen zijnen geringften wenk
oogenblikkelijk te gehoorzamen. Nu ftaat hij weder
vóor een poosje op en bezoekt zijne vrouwen in
den *harem*, dan neemt hij te tien ure het middag-
maal en drinkt vervolgens koffij, voorts neemt hij
een flaapje, gaat vervolgens in het bad en wandelt
daarna eenige oogenblikken op de *altane*. Na
zonsondergang gebruikt hij zijnen avondmaaltijd,
een half uur daarna begeeft hij zich te rust en
brengt den nacht met zijne meestgeliefde gemalin
door, om den volgenden dag volmaakt dezelfde
levenswijs te herhalen. Zoo leidt hij een weekelijk
plantenleven en geniet het vermaak van — niets te
doen. Wanneer hij zich aan tafel zetten en alle
zorgen verbannen wil, neemt hij vooraf eene goede
dofis opium in, omdat, volgens zijn zeggen, hetgeen

geen misschien vrij juist is, iemand, die zich een
vrolijk genot wil verschaffen, met vergeten moet
aanvangen. Deze *opium* schenkt hem, na het eten,
een of twee genoegelijke uren, alsmede eene soort
van begoochelenden droom, dien hij voor een wezenlijk genot van even zoo langen duur niet ver-
wisselen zoude. Het is verbazend, hoe snel en krach-
tig *opium* of het kruid *khaf* op de hersens werkt.
De Moor wordt daardoor, als ware het, tot in
den derden hemel opgetrokken: hij verbeeldt zich,
in eenen kring van onsterfelijke schoonen te zijn,
en wordt door een betooverend vermaak bedwelmd.
Vandaar ook, dat hij, van iemand sprekende, wien
het geluk met al deszelfs gaven overladen heeft,
gewoon is te zeggen, dat deze man zich louter
met *opium* voedt. Zoo sloot een van Sultan TIP-
po's gezanten aan het Fransche hof zijn berigt van
de wijs, waarop men hem daar ontvangen en van
al het bewonderenswaardige, dat hij te *Versailles*
gezien had, met de woorden: „om iets dergelijks
in andere landen te zien, moet men zijn toevligt
tot opium nemen."

Op de vraag, of deze menschen bij hunne levens-
wijze wel gelukkiger zijn zouden, dan wij, kan
men antwoorden, dat ledigheid onder een gema-
tigd klimaat inderdaad eene straf, maar dat onder
de verzengde luchtstreek de rust eene behoefte,
een genoegen is. De bewoners der gematigde lucht-
streken ontvangen ieder oogenblik nieuwe indruk-

ken-

ken, nieuwe begrippen; maar de Afrikaner fchept
zijn grootfte genoegen in eene vadfige rust, in uren
lang te zitten in eene peinzende, onbewegelijke
houding: hij zoekt naar een genot, waarbij zijne
ziel door geene hartstogten in beweging wordt gebragt, naar een vermaak, dat geene hevige aandoeningen opwekt, ook hij is geen beminnaar van
veel te praten. Zijne flaven nemen eigenlijk de
moeite, om in zijne plaats te handelen, op zich, en
hij is zeer tevreden, wanneer hij zijn gerijf heeft,
wanneer hij op zijn gemak zitten en liggen, uitrus-
ten en aangenaam droomen kan.

Deze weekelijke levenswijs, welke menigeen
veelligt aanlokkelijk zal toefchijnen, is evenwel,
gelijk een beroemd reiziger zeer juist aanmerkt,
de bron van al de ondeugden, die het karakter der
Mozelmannen overal, waar zij wonen, bevlekken.
Om tot die rust te geraken, zijn zij eigenbatig,
geldgierig, belangzuchtig, wreedaardig en dwinge-
landsch even als PYRRHUS, die eindelooze oorlogen
wilde aanvangen, om naderhand uit te rusten. Ik
twijfel echter zeer, of zij in hunnen koelbloedigen,
vadfigen en eentoonigen trant van leven wel gelukkig zijn. Zij moeten toch door verveling geplaagd
worden, en deze is het graf van alle vreugde.
Want gelijk de roest meer van het ijzer wegvreet,
dan de vijl daarvan afneemt, zoo verteren eene vadfige rust en ledigheid de levenskrachten meer, dan
vele bezigheden en eene voortdurende werkzaamheid.

Hoe

Hoe is het ook mogelijk, dat zij, onbekend met
de zoete neigingen en zachte aandoeningen van een
gevoelig hart, bij al hunne traagheid en loomheid,
bij al hunne koele eigenbaat en zelfbelangzucht,
eenige genoegens zouden kunnen fmaken! Men
zoude hen allezins d a a r i n gelukkig kunnen noemen,
dat het hun genoeg is, wanneer zij groeijen, dik
en vet worden, gezond zijn en in het leven blijyen
mogen. Misfchien kunnen de van alle gemoedsbe-
wegingen, van alle hartstogten ontbloote Mooren
langer leven, dan andere menfchen, die een teer-
gevoeliger en aandoenlijker geftel hebben: maar wat
is zulk een leven? —

De eerfte vraag, welke men gewoonlijk omtrent
ééne vrouw doet, is en blijft altijd: is zij fchoon?
Wij hebben ook de zwakkere fekfe met den teederen naam van het *fchoone* geflacht vereerd: minnaars en dichters noemen haar, voor welke hun hart
zucht, hunne *fchoone*. Men zal derhalve ook wel
willen weten, of de Moorfche vrouwen fchoon zijn.
Degene, die gelukkig genoeg waren, om haar ongefluijerd te zien, roemen hare regelmatige gelaatstrekken en het levendige rood van haar gezigt:
inzonderheid moeten hare oogen van een vuur
fchitteren, waarin zinnelijkheid en geest tevens
doorftralen; en dit is eigenlijk het vuur, waaruit elke teedere aandoening van het hart en ieder
fijn gevoel van de ziel als zachte vlammen op-
flikkeren. De Afrikaanfche vrouwen weten met

II.   D   ha-

hare oogen op eene geheel onnavolgbare wijze te
lonken, en deze fchitteren door den fluijer, die hun
bedekt, als zonneftralen door eene voorbijdrijvende
wolk.

Op het postuur en de geftalte zien de Mooren
minder, dan wij, of liever, zij hebben van eene
fraaije leest andere begrippen. Zij ftaan niet toe,
dat hunne vrouwen haar lijf ineenprangen en in-
rijgen, om eene dunne ranke geftalte te verkrijgen:
zij houden veel meer van den grootst mogelijken
omvang des ligchaams. Zwaarlijvigheid is bij de
Barbarijers een der eerfte fchoonheidsvereischten;
vleefchig en fchoon zijn bij hen woorden van gelijke
beteekenis. Hunne liefde vordert geest noch gevoel; het teedere of het levendige van dezen harts-
togt is hun onbekend. Eene vrouw, die het best
doorvoede ligchaam heeft, ftijgt het hoogst in waarde;
want men neemt de vrouwen aldaar naar het gewigt,
en de liefde is er, in den eigenlijken zin des woords
louter vleesfchelijk. Deswege wendt men aldaar ook
alle mogelijke moeite aan, om de vrouwen vet te
maken; de moeders gaan daarbij met hare dochters,
even als wij met jonge duiven, of ander gevederd
vee, te werk: zij ftoppen haar vol met spijs en
dwingen haar ook kleine kogeltjes, van deeg gemaakt
en in olie gedoopt, in te flikken en daarop een glas
water te drinken. Bijaldien de arme deernen niet,
tot berstens toe, eten willen, worden zij onbarmhartig geflagen. Eene volmaakte fchoonheid
heeft

heeft eenen kameel noodig, om haar te dragen, en eene vrouw, die zich zonder handreiking van twee flavinnen bewegen en roeren kan, moet zich aldaar niet inbeelden, dat zij zeer schoon is. Een arm, flank en vlug meisje vindt daar zelden eenen man; maar van eenen schoonen vleeschklomp spreken de mannen met geestdrift en zeggen, terwijl zij om den mond flikken: *melecht esferi: dezads goed!* Een ander schoonheidsvereischte is eene doorschijnende huid. (*) Hieraan hechten zulke mannen, wier liefde louter ligchamelijk en zinnelijk is, eene groote waarde. Intusschen hebben de Moorsche vrouwen met alle anderen gemeen, dat zij de kunst te baat nemen, om de natuur te verfraaijen. Zij bedienen zich echter daartoe van geen blanketsel, maar laten zich op den hals, den boezem en meer andere ligchaamsdeelen bloemen en meer dergelijke aardige afbeeldingen prikken: zij verwen heur haar, hare voeten, vingertoppen en nagels met het sap van een kruid, *honna* of *zenna* geheeten, dat eene saffraangele kleur geeft. Voorts trekken zij eenige zwarte kringen om de oogleden, hetgeen aan haar gelaat wel eenen zweem van strengheid, maar tevens meer

(*) De Moorsche vrouwen zijn, door haar weekelijk en zittend leven, zoo blank en hebben zulk eene doorschijnende huid, dat zij inderdaad wasfen beelden gelijken. De Jodinnen in *Barbarije* mag men wezenlijk schoon noemen.

D 2

meer leven en aan het oog meer vuur bijzet. Ten
einde zich nu deze bekoorlijkheden te verfchaffen,
verdragen zij de pijnlijke fteken der naald, waarmede zij beprikt worden, met geduld. Intusfchen
is deze foort van fieraad onverdelgbaar en befpaart
derhalve der dames ten minfte de moeite, om hare
kunstmatige en geleende bekoorlijkheden des avonds
op de nachttafel te leggen, of telkens iets nieuws
te verzinnen.

De Afrikaanfche vrouwen fchikken zich geenszins
op, om in de groote wereld; maar enkel om binnen den droevigen omtrek van den *harem* te fchitteren. Wanneer zij uitgaan, zijn zij dermate in
kleederen gehuld, dat ARGUS zelf niets van haar
zoude hebben kunnen zien. Slechts, wanneer zij
zich naar het bad begeven, of op de *altane* verfche
lucht fcheppen, kan men haar in al den glans van
haren opfchik en van hare fchoonheid zien. Wandelen zij voor pleizier naar de naburige *altanes*,
dan doen zij zulks alleen, om bij andere vrouwen
een bezoek af te leggen: gaan zij buiten 's huis,
dan gefchiedt dit enkel, om zich in de dampende baden
te dompelen. Eene Afrikaanfche vrouw tracht alleen
naar de beperkte vermaken, welke de enge kring
van zinnelijke genietingen kan opleveren, en befteedt
enkel uit ijdelheid de grootfte zorg aan haren opfchik, in welks pracht en kostbaarheid zij alleen
vergoeding vindt voor de akeligheid van haar verblijf, voor haar eentoonig leven en voor den dwang
der

der wetten, waaronder zij zuchten moet. Hare
mededingſters te verdonkeren, is het grootſte van al
de genoegens, met welke zij bekend is.

Geen fchepfel is ongelukkiger, dan eene vrouw
aan de Barbarijſche kust van *Afrika*. Binnen
den engen *harem* opgeſloten, tot het armzalige genot van eenige weinige zinnelijke vermaken beperkt,
door de jaloezij onophoudelijk beloerd en tevens,
op de laagſte wijze, gering geacht, wordt zij door
ijverzucht, wangunst en al het pijnlijke gevoel der
vernederde eigenliefde en der verſmade bekoorlijkheden gefolterd. Zij moet de liefde van haren
man met verſcheidene mededingſters deelen, allerlei
beleedigingen en eigenzinnige luimen van eenen
ruwen dwingelandſchen heer en meester verdragen,
die, om zijne eigene woorden te gebruiken, geene
vrouw, welke de regterhand bezit, lijden mag; dat
is, die geene achtenswaardige en geliefde levensge-
zellin, maar enkel fidderende ſlavinnen, begeert.
Zelfs in de uren der teederſte omhelzing legt hij de
geaardheid, welke hem van zijn dagelijkſch woest
bedrijf aankleeft, niet af, maar gedraagt zich
als een zeeroover en verwoest veel liever den
hof der liefde, dan dat hij dien vruchtbaar maken en beplanten zoude; want hem is aan eene
talrijke nakomelingſchap volſtrekt niets gelegen.
Eene vrouw heeft daar geen deel aan de voorregten van het ſterkere geſlacht en aan de genoegens der zamenleving: zij zit niet eens met haren

D 3 ge-

gebleder aan tafel, ja zelfs de vrouwen uit de geringe volksklasfe blijven, zoo lang als hare mannen eten, overend ftaan, reiken hun vervolgens waschwater toe en kusfen hun met denzelfden eerbied de voeten, waarmede men in *Europa* der vrouwen de hand kust. Geene wet, geene goede gewoonte fpreekt voor hare gekrenkte regten; en wanneer zij met eene aanklagt voor den *Cadi* komen, worden zij naauwelijks aangehoord. Verkrijgen zij de fcheiding van hare mannen, dan verliezen zij daarbij het medegebragte uitzet: komen zij bij hare ouders over de flechte behandeling harer mannen klagen, dan kan de vader, of niets daartegen doen, of wil er zich niet mede bemoeijen, of jaagt vergramd de dochter naar haren man terug. Zoo klaagde eens eene vrouw aan haren vader, dat zij eéne oorveeg van haren man had ontvangen: hierop ontving zij van den vader eene op de andere wang, terwijl hij haar toeduwde: „*zeg tegen uwen man, dat, daar hij mijne dochter eene oorveeg gaf, ik zijner vrouw eene gegeven heb, en dat wij dus effen zijn.*" — Niet alleen de Muzelmannen, maar ook hunne vrouwen zelve, gelooven, dat God haar alleen heeft gefchapen, om den mannen zinnelijk genot te verfchaffen, tot vermeerdering hunner vermaken, zoo veel mogelijk, bij te dragen en het menfchelijke geflacht voort te planten. Dewijl nu de mannen hunne vrouwen hooger of lager fchatten, naarmate van het meerder of minder zinnelijke genot,

het-

hetwelk zij van haar hebben kunnen, zoo vervallen zij ook in de diepfte verachting, wanneer die
bekoorlijkheden, welke de zinnelijke lusten der
mannen eenmaal opwekten, beginnen te verwelken.
Alsdan worden zij door hare onbarmhartige heeren
tot den zwaarften arbeid genoodzaakt: zij moeten
des avonds water uit de putten gaan halen, de tenten afbreken en de kameelen opladen, terwijl hare
mannen lui en ledig in eenen kring zitten te praten
en te rooken. Zijn zij op reis, dan zit de man
te paard, en de vrouw gaat te voet. Stapt zij niet
fnel genoeg, dan ontvangt zij zweepflagen. Zelfs
de natuur vereenigt zich, als ware het, met de on-
menschlievendfte gewoonten en de wreedaardigfte
wetgeving, om het lot der vrouwen aldaar hoogst
ongelukkig te maken; want in deze heete luchtftreek
is de fchoonheid flechts een fpoedig verwelkende
voorjaarsbloefem. Het zeer vroege huwen en kin-
derbaren, gepaard met de weinige zorg, welke de
vrouwen aldaar voor wezenlijke bevalligheid en jeugdige frischheid dragen; de koele en verwaarloo-
zende behandeling, welke zij van hare mannen moeten dulden, gevoegd bij het onmatige gebruik van
warme baden, inzonderheid echter het zittende en
eentoonige leven in den *harem* en de verveling,
welke haar in hare eenzaamheid onophoudelijk kwelt,
maken haar zoo vroeg oud, dat zij er, reeds in haar
vijfentwintigfte jaar, uitzien, alsof zij veertig waren.
Men aanfchouwt, op dien leeftijd, niets dan de ruïnen

D 4 van

van voormalige fchoonheid en ontdekt geen enkel
fpoor, dat de liefde eenmaal daarin haren zetel had.
Hoezeer nu de vrouwen der regtgeloovigen op aarde
hoogst ongelukkig zijn, mogen zij echter toch niet
in MAHOMED's paradijs ingaan, maar moeten buiten
voor de poort blijven; ja zelfs twijfelt men, of zij
wel eene ziel hebben! Trouwens; in *Europa* is
de fchoone fekfe ook niet altijd naar waarde gefchat
geworden. Zoo heeft althans een fchrijver uit de
middeneeuwen beweerd, dat God aan de vrouwen
niets gefchapen had dan enkel de oogen, wangen,
lippen en wat nog meer aan haar ligchaam bemin-
nelijk en bekoorlijk is; maar dat Hij zich met het
hoofd niet had willen bemoeijen, welks fchepping
Hij aan den duivel had overgelaten. Zotte invallen
waarlijk van ingebeelde vernuftelingen! Wilde men
den vernufteling uithangen, dan konde men, en misfchien met meer grond, zeggen, dat de vrouw een
hooger wezen is, dan de man: men konde zeggen:
God begon met de fchepping der wormen en infek-
ten; hierna fchiep hij de visfchen, toen de vogels,
voorts de viervoetige dieren; vervolgens for-
meerde Hij, telkens van het eene heerlijke gewrocht
zijner almagt tot een ander nog heerlijker opklim-
mende, den koning der levende wezens, den man
en eindelijk voltooide Hij het fcheppingswerk met
het pronkftuk van zijn alvermogen, de vrouw, als
het oorfpronkelijke beeld der fchoonheid, waardoor
zij zich tot beheerfcheres van den man verhief.

De

De vrouw is inderdaad een vriendelijke glimlach der Natuur: zij is de fteun des mans, zoo wel in den aanvang, als ook op het einde van zijn leven, en maakt in den middelbaren ouderdom al zijne vreugde uit. CACTAS zegt tegen de dochters der menfchen: *„ gij zijt het fieraad van den dag, en des nachts bemin ik u als den dauw, die in de ftille donkerheid op de bloemen droppelt. De mensch treedt uit uwen fchoot te voorfchijn, om zich aan uwen boezem te vlijen en aan uwe lippen te hangen: gij zijt voor de liefde gefchapen, en fpreekt eene taal, waarvan de tooverkracht elke fmart kan leenigen.”*

Offchoon in *Barbarije* de liefde geene huwelijken fluit en geene zachte banden aaneenknoopt, zijn deszelfs inwoners, hoezeer met de ware liefde ten eenemale onbekend, echter geheel door den boozen geest der jaloezij bezeten. Intusfchen laat deze fchijnbare tegenftrijdigheid zich zeer wel verklaren. Men kan jaloersch zijn zonder te beminnen: zulks is dan geene liefde, maar eigenliefde. Er is eene *lage* jaloezij: deze mistrouwt het geliefde voorwerp; doch er is ook eene teedere jaloezij, waardoor men zich zelven mistrouwt. De jaloezij der Barbarijers ontftaat uit een ergdenkend karakter, uit eenen aanleg tot heerschzucht en uit de groffte eigenbaat, die overal en altijd naar een onbepaald gezag ftaat, welke flechts blinde onderwerping vordert en maar al te dikwijls tot uiterften, ja tot gruweldaden, uitfpat.

De maatregelen, welke de jaloerfche Mooren in

D 5

het

het werk ftellen, om hun voorhoofd tegen een zeker iets te beveiligen, zijn ongeloofelijk veel en
verfcheiden.   Wanneer een vreemdeling hun huis
binnentreedt, moet hij zich wel in acht nemen,
dat hij niet terftond te ver ga; maar hij doet wel, te
wachten, tot de heer des huizes *tarik* d. i. *maakt
plaats!* geroepen heeft, waardoor de vrouwen tijd
winnen, om zich te verwijderen. Dit gaat zoo ver,
dat de eigen broeder der vrouw zijne zuster ter
naauwernood ongefluijerd zien mag.   In de *harems*
worden de vrouwen niet alleen door eene opzien-
fter, die *cadenhahia* heet, maar ook nog door
eenige ellendige wezens, de gefnedenen, namelijk,
ftreng bewaakt. Den laatften wordt niet zelden ook
nog het gelaat misvormd, ten einde de vrouwen
deze, op zich zelve reeds afzigtelijke, fchepfels niet
zonder affchuw zouden kunnen aanfchouwen. Zelfs
de bij eene vrouw ontboden geneesheer mag haar
niet zien: de zieke bedekt en verbergt zich dermate,
dat hij haar gezigt niet kan befchouwen. Dikwijls
flaat men over den arm, waaraan hij den pols zal
voelen, eenen fluijer of doek, opdat de vinger eens
mans de vrouwelijke hand niet aanrake. Scheppen
de vrouwen een koeltje op de *altanes*, dan is het
den mannen verboden, zich op plekken of plaatfen, die hooger zijn of liggen, dan gewoonlijk, op
te houden; dewijl zij van daar onheilige blikken in
het rond zouden kunnen werpen. Zelfs wil men,
dat men zich van blinde lieden bedient, om de

regt-

regtgeloovigen van de *minarets* tot het gebed te
roepen. Wat hiervan zij, weet ik niet; doch zoo
veel is zeker, dat de *fellahs* of roepers, bevel hebben
om hunne oogen te fluiten.

In hare wraakneming, bij de ontdekking van verboden minnehandel, is de aldaar heerfchende jaloezij
zeer vreesfelijk. Dit gaat zoo ver, dat zelfs eene
verftandhouding tusfchen eene getrouwde Moorin
en eenen Christen deszelfs onthoofding ten gevolge
heeft, terwijl de vrouw honderd ftokflagen op den
buik ontvangt en dan in zee gefmeten wordt. Is
de geliefde een Muzelman, dan mag de echtgenoot
hem dooden, zoo hij kan, maar de vrouw moet,
in allen geval, fterven. Nog niet lang geleden viel
te *Tunis* een fchrikkelijk geval van dien aard voor.
De dochter van eenen *doletrie* had eene hevige
liefde voor een' jongen Moor opgevat. Aan een
huwelijk was niet te denken, dewijl de vader haar
eenen fecretaris van den *Beij* had toegedacht. Zij
was eene der eerfte fchoonheden van geheel *Barbarije* en had, na haar huwelijk, de vroegere kennismaking met haren geliefden voortgezet, die, door
middel van een in den hof vastgemaakt touw, dikwijls in hare kamer klom. Het ongeluk wilde echter, dat, op zekeren avond, het touw brak, waardoor de jongman naar beneden viel en zich dermate
bezeerde, dat hij op de plek bleef liggen. Hier
vond hem de fecretaris, toen hij, op eenen avond
laat, uit den *bardo* terugkwam, en hoorde van den

min-

minnaar zelven de ganfche toedragt der zaak. De
fecretaris gaf hiervan kennis aan den *Beij* en vroeg
hem tevens, wat wraak hij wel over de fchending
zijner eer nemen zoude. De *Beij* oordeelde, dat
de minnaar door zijnen val en den dood, die daarvan waarfchijnlijk het gevolg zoude worden, genoeg
geftraft was, maar dat, wat zijne vrouw betrof,
hij met haar mogt handelen, zoo als hem goed
dacht. De fecretaris begaf zich hierop naar zijnen
fchoonvader en ontdekte hem den liefdehandel zijner
dochter. Beiden gingen toen naar het huis van den
fecretaris, lieten daar de jonge vrouw in haar klein
kleedvertrek komen, en haar een koord om den
hals gelegd hebbende, verworgden zij haar zamen.
Ja, de jaloezij der Barbarijers is zoo groot, dat men
zich aan eene onbeleefdheid zoude fchuldig maken,
wanneer men eenen man naar den welftand zijner
vrouw wilde vragen. Het is dus niet te verwonderen, dat zulke jaloerfche mannen hunne vrouwen
niet gelukkig maken, en dat eene zoo lage en dikwijls zoo ongegronde jaloezij menige vrouw den
wensch, om zich te wreken, moet inboezemen.

De verveling zoowel als de zwaarmoedigheid,
die van haar eenvormig leven en deszelfs betrekkingen onaffcheidelijk zijn, maakt haar zeer vatbaar en
toegankelijk voor liefde. De groote meester in de
minnekunst, OVIDIUS, zegt: „*Wacht u, met eene
jonge vrouw van liefde te fpreken, terwijl zij met
begeerige blikken het rennen der paarden en wa-*
gens

gens gadeflaat. Uit een teeder medelijden ontflaat
dikwijls de liefde ; en menig vrouwtje van Efeze
werd reeds over het verlies eens hartelijk beminden
mans getroost." — Vergeefs trachten de Mooren
hunner, als flavinnen behandelde vrouwen eenige
verftroöijingen te verfchaffen : vergeefs brengen zij
ze naar hunne landhuizen en vermaken haar aldaar
met muzijk, of ook wel met wat wijn: dit alles is
flechts eene nietsbeteekenende afwisfeling van de
akelige eentoonigheid harer droevige levensdagen.

Soms echter klimt de liefde over de driedubbele
muren, welke den *harem* van den *Deij* omringen ;
foms dringt zij in de afgelegene vertrekken, waar
jaloezij en trotfche heerschzucht defchoon heid hebben opgefloten : alsdan begint eene minnarij daarmede, waarmede zij bij ons gewoonlijk eindigt.
Trouwens, hoezeer de flaven aldaar zoo veracht
zijn, dat men ze flechts als huisdieren aanmerkt,
ontbreekt het hun echter niet aan gelegenheid, om
de vrouwen van hunnen heer en meester te zien,
en bijna ieder Christen heeft er zijn meisje, even
als bij ons ieder foldaat zijne vrijfter.

Is deze of gene flaaf van eenen rijken Moor een
gunsteling van zijnen heer en zeer getrouw aan zijnen meester, dan houden zoowel de echte vrouwen,
als de bijwijven, zich verpligt, hem met eene zekere
beleefdheid, en zelfs met achting, te behandelen.

Overigens zijn de huizen der Mooren zoo ge-
bbouwd, dat zij de ondernemingen der minnaars be-
vor-

vorderen. Men kan, door middel van ladders, aan
de *altanes* vastgemaakt, in alle huizen fluipen; men
kan ook door de deur ingaan en over de *altane* de
vlugt nemen, en omgekeerd. — De nacht is den
dieven en minnaars gunstig!

Bovendien verkrijgt eene vrouw ook wel verlof,
om zes tot zeven dagen bij eene vriendin te gaan
doorbrengen. Van dezen tijd nu trekt zij partij en
weet zich hare afwezigheid uit het huis van haren
echtgenoot, in menig opzigt, te veraangenamen.
Overigens behoeft eene vrouw, hetzij zij werkelijk
zwanger is, of zulks flechts voorgeeft, enkel te zeggen, dat zij lust heeft, om in het een of ander
huis, of naar deze of gene plaats, te gaan, dan zal
de man haar zulks nooit weigeren. Ik kan echter,
om de waarheid hulde te doen, niet ontkennen,
dat de Afrikaanfche fchoonen zich van hare voorregten niet dikwijls bedienen, en daarvan alleen gebruik maken, om eenige dagen met hare nabeftaanden
en vriendinnen in wat meer vrijheid door te brengen.
De Barbarijfche vrouwen zijn meestal niet uithuizig,
maar blijven gaarne in hare afgezonderde vertrekken,
ja zouden zich beleedigd achten, wanneer haar man
haar aan vreemde oogen bloot ftelde, en meenen,
dat zij zijne achting en liefde niet meer bezaten,
wanneer hij haar niet, als zijnen kostbaarften fchat,
achter dubbele muren bewaarde. Niets is ook zach-
ter en aangenamer dan hare infchikkelijkheid, teederheid en erkentelijkheid jegens het eenige voorwerp,

het-

hetwelk zij als haren heer befchouwen, en de geringfte goedheid harer mannen vervult haar met
vreugde. Wanneer de echtgenoot haar laat aanzeg-
gen, dat hij bij haar zal komen eten, dan trekken
zij hare fraaifte kleederen aan, en het vertrek wordt
van onder tot boven bewierookt. Zij laten voor
hem zijne meest geliefkoosde fpijzen bereiden, en
nemen in hare gefprekken den toon van hoogachting
en vleijende welwillendheid aan. Dewijl zij de ijdele
vermaken der 'wereld moeten ontberen, wijden zij
zich geheel en al aan de zorg harer kinderen. Niets
is fchooner dan een moederhart, en niets boezemt
meer achting in, dan eene deugdzame moeder met
haren teederen zuigeling aan de borst; geen man,
zelfs niet de ondeugendfte wellusteling, zal het dan
beproeven, haar te verleiden. Dan is de vrouw het
fchoonfte : hier oordeelen de oogen niet, maar het
hart wijzigt het oordeel der oogen. In *Afrika* vertoonen de vrouwen zich niet openlijk, maar bewaren hare ftille bekoorlijkheden voor den gelukkigen,
die zulk eenen fchat bezit. Zoo ziet men het tusfchen zijne bladeren verborgen viooltje niet, maar
zijn zachte geur ontdekt aldra zijne befcheidene
fchoonheid.

II. *Staats-*

II.

*Staatshuishoudkunde van het rijk Algiers. Akker-
bouw. Manufacturen. Handel. Kunsten en We-
tenschappen. Onderwijs der kinderen. Alfakihs
(Onderwijzers). Thibibs (Geneesheeren). Geringe vordering in kunsten. Muzijk. Islamismus.
Karavanen (bedevaarten) naar Mekka. Mara-
bous. Vailli of Santons. Muftis. Imans. Murzies. Biduren. Koran. Uitleggers daarvan.*

In weerwil van de vruchtbaarheid des bodems,
wordt de akkerbouw in dit rijk dermate verwaarloosd, dat de helft der landerijen, deels wegens de
schaarsche bevolking, deels wegens derzelver geringe
vlijt in al, wat de kultuur betreft, zoodat de inwoners naauwelijks de moeite doen, om het land te
ploegen, onbebouwd ligt. De weilanden liggen
vochtig genoeg en zijn ook, over het geheel, in
goeden staat; maar men draagt voor het hoornvee
de behoorlijke zorg niet. Offchoon de Algerijnen veel
olie perfen, weten zij aan dezelve echter geene
goede kwaliteit te geven: ook worden de olijfboo-
men nooit behoorlijk gesnoeid. De door Christenflaven gemaakte wijn is zoo goed als de Spaansche,
maar sedert de laatste verwoesting, welke de fprink-
hanen veroorzaakt hebben, is de wijnteelt telken
jare veel minder geslaagd. Boter wordt er insgelijks

ge-

gemaakt, maar zij heeft eenen walgelijken fmaak en
is met haren vermengd; want de bereiding gefchiedt
door de melk in een geitenvel te gieten, dit ge-
vulde vel vervolgens aan twee fpijkers op te hangen en dan daarop aan weerskanten, flag om flag,
met ftokken te kloppen. Het koren maalt men er
op molens, die ieder door drie kameelen omgedraaid
worden. De kunst van bemesten is er onbekend,
en men vergenoegt zich met ftoppels en ftruiken te
verbranden. Alsdan ftaan de wijduitgeftrekte velden
in vuur; de lucht gloeit en de hitte is ongemeen
groot: reizigers en dieren kunnen zich dan niet te
fpoedig door de vlugt tegen den fnel voortloopenden
vuurftroom beveiligen. Zulk een brand duurt dikwijls wel twee maanden en levert des nachts eene
verhevene, maar tevens fchrikbarende vertooning op.

De meest geachte handwerken zijn die der fchoen-
makers, fpecerijhandelaars en juweliers; doch vooral
die der mutfenmakers. Er wordt, namelijk, eene
ongeloofelijke menigte roode mutfen vervaardigd en naar de *Levant* uitgevoerd. Ieder ambacht
heeft zijnen opperfte, die *anin* heet en de kleine
twisten, welke er ontftaan mogten, beflist. Deze
inrigting heeft met de voormalige gilden te *Florence*
veel overeenkomst. Men fmeedt er de metalen koud(*),

waar-

(*) Naar men zegt, worden de Damascener klingen
insgelijks koud gefmeed: ook fchijnen zij te beftaan uit

II.   E   eenen

waardoor zij meer ftevigheid verkrijgen. Binnen
's lands bevinden zich ftaalfabrijken en pottebakke-
rijen. De Algierfche wol is inzonderheid gefchikt,
om alle mogelijke kleuren aan te nemen. De
zijde is er zeer glinfterend en wordt voor de
beste tot het maken van gordels en degendraag-
banden gehouden. De huiden bereidt men zeer goed
en het marokijn, de benaming van alle uit *Barbarije* komende huiden, is beroemd. Men maakt ook
goede tapijten, *hirum* genoemd, alsmede *fhawls*,
welke zeer fraai en goedkooper zijn, dan die uit het
Oosten komen. (*) Voorts worden van palmboom-
bladen groote en kleine korfjes vervaardigd, die er
zoo netjes uitzien, als of zij van zijde gevlochten
waren, terwijl men van de, als eene zeldzaamheid
befchouwde, biezen van *Labez* zeer fraaije matten
maakt.

                                                Maar

---

kling van ijzer, welke over eenen dergelijken van ftaal
is opgelegd.

  (*) In *Barbarije* worden de *fhawls* van kemelhaar gemaakt.
De beroemde *fhawls* van *Kachemire* zijn van de wol der
fchapen, welke dat gewest eigen en van het fraaifte ras
zijn, vervaardigd. In *Europa* komt flechts het uitfchot
dier *fhawls;* want de beste, welker vervaardiging foms
wel een jaar arbeids kost, gelden zelfs in het Oosten
2000 tot 3000 *piasters,* en worden enkel ten behoeve
van de meest geliefkoosde vrouwen der *Basfa's,* *Nabob's*
en *Zemindar's* gemaakt.

Maar het aangenaamfte en getirigfte kunstprodukt van *Afrika* is de rozenolie. De Barbarijfche rozen leveren tweemaal zoo veel uit als de Europefche, en uit de witte wordt de kostbare olie getrokken, welke men daar *nesfari* noemt. De Algerijnen moeten eene betere manier, of meer geduld en oplettendheid bij het overhalen der welriekende bladen bezitten, dan wij, en ziet men deze Mooren, met hunne lange baarden en lange mantels, de kostelijke olie zoo ernftig, zoo ftilzwijgend, zoo naauwkeurig, als ware het, afwegen en, met eene nooit misfende hand, droppel voor droppel ergens bij gieten, dan verbeeldt men zich, den tijd te zien, die ons het genoegen droppelswijze toedeelt en de vreugden des levens bij kleine gedeelten toetweegt.

De geringe handel, die in *Algiers* gedreven wordt, bevindt zich bijna geheel in de handen der Joden. Het koren is er goedkoop, maar de uitvoer is verboden, althans, men moet daartoe een bijzonder verlof hebben, dat *tifchara* heet en een door den *Dei* zelven met zijn zegel voorzien blad papier is. Even min mag de olie, waarvan *Barbarije* andeezins eenen zoo grooten overvloed heeft, buiten 's lands vervoerd worden: men verzendt ze flechts naar de Turkfche havens, inzonderheid naar *Rofette* en *Damiate* in *Egypte*. Zelfs tot het uitvoeren van een fchaap of eene geit moet men een bijzonder verlof hebben; en hoenders mogen niet naar buiten, tenware zij geflagt zijn.

Overigens beftaat de uitvoer van *Barbarije* in leder, linnen, boomwol, rozijnen, gedroogde vijgen, honig, was, dadels, brocade (goud- of zilvermoor) taf, muzelijn, tabak, fuiker, fpecerijen (deze beide artikelen zijn louter gemaakte buit), ftruisveders en ftofgoud, hetwelk uit de ftreken aan gene zijde der Woeftijn komt. De te *Algiers* en *Tunis*, alsmede de in *Turkije* vervaardigde *fhawls* zijn er ook voor mindere prijzen verkrijgbaar. Offchoon nu in *Algiers* verfcheidene vreemde waren zeer gezocht zijn, worden er echter weinige ingevoerd, zoowel wegens de regten en onwisfe betalingen, als ook wegens gebrek aan vracht voor de terugreis en de onbefchofte behandeling, welke men daar dikwijls verdragen moet. Vreemde wijnen zijn aan zwaren impost onderworpen. Vuurfteenen leveren een goed handelartikel op, dewijl deze zoowel, als het buskruid, zeer fchaarsch zijn: het laatfte wordt daar te lande nog wel gemaakt, maar het is te zwak en deugt dus niet veel. Timmerhout, waaraan *Barbarije* gebrek heeft, ijzerwerk en kleine gipfen beeldjes worden er goed betaald, en onder de laatfte vooral de katten met beweegbare of fchuddende koppen, voor welke ik zelf eenen *piaster* het ftuk heb zien geven. Onder betaling van een zeker regt of belasting mag men langs de kusten van *Barbarije* kralen visfchen, en de vangst is meestentijds ook niet gering, maar wordt te dikwijls bezwaarlijk en onaangenaam gemaakt door de gedurige mis-

han-

handelingen, waaraan men blootstaat. De Mooren
zelve koopen de kralen van de Italianen in en ver-
ruilen ze tegen stofgoud aan de inwoners van *San-*
sading, in *Afrika's* binnenlanden. Een der voor-
deeligste, maar tevens voor Europeanen schandelijkste handelstakken is het koopen van den, door
zeeroovers gemaakten buit. Doch er zijn onder
de kooplieden, welke dien naam onwaardig zijn en
de zeeroovers, even als een jakhals den leeuw,
naloopen.

Aan de grenzen van *Tunis* woont een volksstam,
die *Cadenfi* of *Gademis* heet. Deze doet, van tijd
tot tijd, reizen naar de binnenste deelen van *Afrika*
en brengt vandaar dadels, stofgoud en struisveders
mede, welke dit volk voor blaauw linnen, Turksche
dolken, kleine spiegels, tabak en inzonderheid
voor veel zout, waaraan de omstreken van *Soudan*
ten eenenmale gebrek hebben, inruilt. Aan den
voet van eenen berg in *Nigritie* gaat de handel
vrij zonderling toe. Van den eenen kant komen
de Mooren, namelijk, de reeds genoemde *Gademis*:
van den anderen kant de Negers uit *Bournou* en
uit meer andere omstreken der *Joliba.* De eerste
stallen hunne waren aan den berg uit en gaan vervolgens terug. Dan komen de Negers, nemen ze
in oogenschouw, leggen bij ieder artikel zoo veel
stofgoud, als zij daar voor willens zijn te geven,
en keeren vervolgens insgelijks terug. Nu komen
de Mooren weder, en bevinden zij, dat hunne wa-

E 3 ·　　　　　ren

ren genoeg gegolden hebben, dan nemen zij het
ftofgoud op en laten de waren liggen. In het tegengeftelde geval nemen zij dezelve ook weder mede;
maar wordt er bij het reeds nedergelegde goud
niets meer door de koopers gevoegd, dan is de handel
uit, en ieder gaat zijns wegs. Komt de koop
echter tot ftand, dan venzamelen zich Mooren en
Negers en reizen veertien dagen met elkander tot
op eene zekere hoogte, waar zij fcheiden, terwijl
de Negers naar den *Soudan* terugkeeren, en de Mooren weder over den berg *Atlas* trekken.

Geld ziet men in *Barbarije* weinig, althans het
vermeerdert door handel, omloop of krediet juist
niet veel. Hierbij komt, dat ieder het pot en begraaft, een gevolg van het wantrouwen en de
vrees, welke eene harde, willekeurige regering
altijd inboezemt. Daar nu de mannen zeer fpaar-
zaam zijn, potten zij onophoudelijk voort, en dan
gaat het met het geld, als met den tijd: wie beide
niet verfpilt, heeft aan beide nooit gebrek.

Dubloenen en andere Spaanfche munten is de meest
in omloop zijnde geldfpecie; deze gelden ook het
meeste; terwijl men op de *guinjes* verliezen moet.
De gouden *fultannen* van *Algiers*, welke in hare
foort iets kleiner zijn, dan dukaten, hebben de waarde
van twee *piasters*. De andere muntfpeciën zijn de
pataca gorda of de *courant-piaster*, welke drie
der onze geldt, en de *patacha chica*, welke tweehonderd en dertig *aspers* geldt, doch flechts eene

aan-

aangenomene of denkbeeldige munt is. Tot de kleinere
geldfpecien behooren: *moufona*, hebbende de waarde
van vier Italiaanfche *foldi*, de *maraboute*, welke de
kleinfte munt van alle is, voorts de *tomino*, een
achtfte van de *pataca chica* uitmakende, de *caroba*,
zijnde de helft van eenen *tomino*, en eindelijk de
faime, eene denkbeeldige munt ter waarde van
vijftig *aspers*. De *asper* is eene zilveren munt,
maar zoo klein, dat men dezelve naauwelijks voelen of zien kan. Vandaar dan ook, dat men, om eene
beuzeling te betalen, twee- tot driehonderd *aspers*
noodig heeft. De kooplieden hebben bijzondere
platen van koper, om deze *aspers* daarop neder te
tellen, hetwelk eene zoo langwijlige en vervelende
bezigheid is, dat er juist het geduld en de vele
ledige tijd der luije Afrikanen toe vereischt wordt.
Uren lang kunnen zij ftaan, om eene fom, die niet
meer dan zes of zeven ftuivers beloopt, wel tienmaal over te tellen. Maar wat zullen zij ook al bij
der hand nemen, als zij niet den ganfchen dag met
de beenen kruisfelings en de pijp in den mond zitten willen?

In elken hoek der ftad zijn wisfelkantoren, waar
men groot geld in *aspers* kan verwisfelen, zonder
dat de wisfelaar eenig ander voordeel daarbij heeft,
dan dat hij eenige flechte *aspers* onder de goede
mengt; want dewijl deze muntfpecie zoo uitermate
klein is, neemt niemand de moeite, om ieder afzonderlijk na te zien. Eenige Mooren fcheppen

E 4   ver-

vermaak in de gouden muntfpecien te befnoeijen en
worden maar zeer zelden daarvoor geftraft.

Nadat een handvol Turkfche avonturiers en zeefchuimers een vreedzaam volk te ondergebragt en
de Barbarijfche rijken *Algiers*, *Tunis* en *Tripoli*
geftecht had, verfpreidde zich zulk een volflagen
nacht van domheid en onkunde over de voormalige
woonplaatfen der Numidiers en Mauritaniers, dat
men thans bijna niet zoude gelooven, dat in deze
gewesten eertijds zulke beroemde mannen in elk
vak van wetenfchap bloeiden. En evenwel leefden
hier eenmaal de groote fterrekundige ABUMASAR,
alsmede GEBER, een der voornaamfte fcheikundigen
en ALFARABE AL ASCARI, die, offchoon hem de
roem naging van een der uitmuntendfte regtgeloovige geleerden te zijn, nogtans de filozofie van
ARISTOTELES op den *Islam* of de leer van MAHO-
MED toepaste (*): voorts ESEFEREZ ESONHALLI,
opfteller der voortreffelijke wereldbefchrijving: *Spa-
tium Locorum*, die, offchoon hij de oogen niet
uitftak, om des te ongeftoorder over gewigtige
waarheden te kunnen nadenken, evenwel overtuigd

was,

(*) Wie in *Afrika* en *Spanje* wagen durfde, den wijzen
ASCARI van eene dwaling of eene valfche ftelling te be-
fchuldigen, werd met den dood geftraft en onderging
dus een nog erger lot, dan een lafteraar van ARISTOTELES
en diens filozofie.

was, dat men zich aan het hof niet zeer op de
filozofie konde toeleggen, en dienvolgens het paleis
van den ficiliaanfchen koning, ROGIER, verliet en
zich een aangenaam, eenzaam verblijf in de fchoonfte
ftreek van *Mauritanie* uitzocht; IBNI ALCHATIL
RAISI, 'de eerfte redenaar van zijnen tijd, die de
rampfpoeden van ABOU HABDILLA, koning van *Gra-*
nada, in een gedicht zoo roerend te *Fez* fchilderde,
dat hij het hof en het volk bewoog, 's konings
partij te trekken en hem op den troon te herftellen (†); en eindelijk de geneesheer IZAÄK BEN
ERRAM, die zijnen heer SAID, toen deze nog eenen
anderen arts, met wien hij in onmin leefde, nevens
hem wilde aannemen, rondborftig verklaarde, dat
de verfchillende denkwijs van twee bekwame geneesheeren gevaarlijker was, dan de anderdaagfche
koorts. Met één woord, men kan in de tegenwoordige bevolking volftrekt geene afftammelingen
herkennen van die Mooren, welke eertijds de fieraad der befchaafde fchitterende hoven van *Cordova*
en *Granada* uitmaakten, welke al de gerijfelijkheden en aangenaamheden des levens tot eenen hoogen

---

(*) Deze zelfde koning was naderhand ondankbaar en
wreed genoeg, om zijnen weldoener IBNI ALCHATIL-
RAISI, die bij hem in ongenade was gevallen, van de
koning van *Fez* op te eischen en hem onder allerlei mar-
telingen te doen fterven.

E 5

gen trap van verfijning opvoerden en de ftichters
waren van het trotfche *Alhambra* en van het prachtige paleis van *Zera's* koningen.

De boekdrukkunst is bij de Barbarijers onbekend;
want uit vrees, dat eene ontelbare menigte affchrij-
vers van werk en levensonderhoud zouden verftoken
zijn, rigt men geene drukkerij op, weshalve alle
verlichting belet en de mededeeling van denkbeelden,
welke elders door de drukkunst zoo gemakkelijk
gemaakt is, hier bijna onmogelijk wordt; terwijl de
Afrikanen, welke voor knappe fchrijvers en geleerde
mannen doorgaan en *Alfakih* of ook *Talbi* genoemd
worden, nog niets meer zijn dan bedriegers, die
zich van de verworvene weinige kunde enkel bedienen, om ongerijmde meeningen te verfpreiden
en het volk te blindhokken. De *Imans* der Muzelmannen, uitfluitende aanklevers van den *Karan*,
een boek vol zotheden met eenige dichterlijke trekken tusfchenbeiden, en niet minder vol van onge-
rijmdheden, welke een halftarrig bijgeloof aankwee-
ken en voeden, ftremmen alle vorderingen in kunften en wetenfchappen; zelfs verklaren zij het aan-
leeren der Arabifche taal, of het aannemen van
het onderwijs eens vreemdelings, voor eene misdaad.
Trouwens, hun profeet MAHOMED was de grootfte
vijand, welke de menfchelijke rede ooit gehad heeft.
Vandaar dan ook, dat menfchen, die even zoo ruw
denken, als hij, fchreeuwen, dat God den *Kalif*
ALMAMOUN in het toekomende leven zal ftraffen,

dewijl

dewijl hij de wetenfchappen in zijne ftaten ingevoerd
en daardoor der heilige, den regtgeloovigen zoo zeer
aanbevolene onkunde fchade toegebragt heeft. Volgens hun zot gerabbel moest degene, die deszelfs
voorbeeld waagde te volgen, gefpiest en van den
eenen ftam naar den anderen ten toon gedragen worden, terwijl een heraut vóór hem moest uitroepen,
dat dit het loon was des goddeloozen, die der filozofie boven de oude heilige overleveringen, en der
trotfche rede boven de voorfchriften des goddelijken
Korans, den voorrang durfde toekennen.

Het geheele onderwijs, dat den kinderen gegeven
wordt, beftaat daarin, dat zij te fchool gaan en dat
zij het lezen, alsmede vijftig tot zeventig fpreuken
uit den *Koran*, leeren. Wanneer het kind dezen
hoogen trap van wijsheid, dit *non plus ultra* van
kennis, bereikt heeft, zet men den veelbelovenden
knaap te paard en geleidt hem aldus door de ftad.
Alle nabeftaanden wenfchen hem geluk; alle mede-
fcholieren zien hem met wangunst na. Ook de vader weent van vreugde, terwijl de onderwijzer geheel verrukt en trotsch op zijnen roem is.

Al het vernuft der Barbarijers beftaat enkel in
het opgeven van eenige raadfels en in het oplosfen
van dezelve door woorden, welke op diegene rij-
men, welke opgegeven zijn. Soms vindt men daarin
nog al eenigen geest, maar nooit ééne krachtvolle
uitdrukking, nooit een zacht gevoel. Men heeft
wel eens aangemerkt, dat de Muzelmannen geenen
                                        fmaak

fmaak bezitten, dewijl zij de vrouwen van hunne
gezelfchappen uitfluiten. Wat hiervan zij, laat ik
daar, maar zooveel is zeker, dat zij hunner altijd
regelloozen verbeeldingskracht ruimer den teugel
vieren, wanneer het vuur van dezelve niet geleid
wordt, even als de elektrieke vonken door den *conductor*. De taal der flavernij is zwellend, die der
vrijheid krachtvol: de waarlijk groote man fpreekt
eenvoudig, maar edel. Offchoon nu de Mooren
eene vrij levendige fantafie bezitten, hebben zij
echter niet éénen goeden dichter: zij bezingen wel
de gebeurtenisfen van den dag, maar zij hebben
geen gevoel voor het verhevene, en geene hunner
gedachten vloeit uit een aandoenlijk hart voort. De
Muzen haten alle kluisters, en een land, welks vadfige inwoners zich een fchandelijk flavenjuk getroosten, levert geene dichters op.

Door een beter onderwijs echter zouden de bewoners van *Afrika's* noordelijke kusten in hetzelfde
goede en edele volk, dat zij in vroegere gelukkigere
tijden waren, kunnen hervormd worden. — Wat
onderfcheid er thans tusfchen een dom bijgeloof en
eene verlichte filozofie is, bewees ALKINDI, die
onder den *kalif* AL MOTASSEM, of MOKTASSEM,
leefde, aan eenen wetgeleerde, die hem lasterde.
De filozoof had van de gunst en het aanzien, waarin
hij in *Bagdad* ten hove ftond, kunnen gebruik
maken, om den kwaadfpreker nadeel toe te brengen en hem te ftraffen; maar wel verre van eenen
vij-

vijand op deze wijs uit den weg te willen ruimen,
befloot hij veeleer, hem tot zijnen vriend te maken.
Deswege vergenoegde hij zich met hem zijn onbillijk gedrag, in zachte bewoordingen, onder het oog
te brengen en tegen hem te zeggen: „*uw godsdienst beveelt u, mij te lasteren; de mijne daarentegen gebiedt mij, alles aan te wenden, om u
tot betere gedachten te brengen. Komaan, ik zal
u onderwijzen, en verandert gij daardoor niet van
denkwijs, dan kunt gij mij immers nog vermoorden.*" En wat leerde de filozoof van *Basra* dezen
dweeper uit te ver gedreven godsdienstijver? Niets,
dan de landmeetkunde: deze wetenfchap was toereikend, om hem tot zachtere gevoelens te ftemmen en zijne woeste zeden geheel te veranderen.
Op deze wijs, merkt een geleerd fchrijver aan,
moest men altijd met ruwe en bijgeloovige volken
handelen. Wiskunftenaars moesten altijd de voor-
loopers van zendelingen of filozofen zijn. Men
leere een volk eerst eenige zekere, ligt te bevatten
denkbeelden aaneenfchakelen, en aldra zal het ook
zulke, welke moeijelijker te begrijpen zijn, aannemen. Maar deze waarheid ftrookt met de grondftellingen en gezindheden der Afrikaanfche heerfchers
in geenen deele. Zij behandelen het volk als een
paard, dat men eene blindkap voordoet, ten einde
het dier beftendig in de rondte gaan en den molen
omdraaijen kunne. Zal men nu hiertegen aanvoeren, dat het volk zich in al deszelfs onwetend-

heid

heid gelukkig bevindt? Meer verlicht zijnde zoude
het zekerlijk zijn knellend juk ook meer gevoelen.
Intusfchen is de weinige begeerte der Barbarijers
naar kennis toch een bijzonder verfchijnfel; dewijl
diegene hunner, welke zich door eenige kunde
van het gros hunner landgenooten onderfcheiden,
tot de hoogfte posten geraken, en dewijl de geleerden zoozeer vereerd worden, dat men hen zelfs
voor heiligen houdt; een geluk, dat den filozofen
en geleerden in *Europa* waarlijk niet ten deel valt!

De pen eens fchrijver heeft even zooveel kracht
als de knods van HERKULES en de fabel van SCAN-
DERBEG. De man met de pen in de hand bevindt
zich in eenen werkkring, waar hij met zijne vermogens veel, zeer veel, kan uitrigten. Met eenige
pennetrekken beloont de edele vorst de deugd en
ftraft hij de misdaad. Een fchrijver, die op eene,
zijn verheven beroep waardige wijze handelt, ver-
eenwigt door zijne pen de groote daden van edele
menfchen, troost, of redt dikwijls de verdrukte
onfchuld en bedekt de ondeugd met onuitwischbare
fchande.

MAHOMED plaatfte boven een der gewigtigfte
hoofdftukken van den *Koran* den titel: *de Pen.*
Hetzelve begint in dezer voege: „*ik zweer bij de
goddelijke pen,*" enz. En een weinig verder zegt
hij: „*het is een fondamentsartikel van den godsdienst, te gelooven, dat Gods vinger deze hemel-
fche pen heeft voortgebragt. Hare grondftof beftaat
uit*

uit parels, en een ruiter, die, in vollen ren, honderd jaren, zonder ophouden, voortjoeg, zoude nog haar einde niet bereikt hebben. De inkt, waarin zij gedoopt is, beftaat uit het fijnfte licht, dat uit de zon en fterren gehaald werd; en de engel RAPHAËL *alleen kan de letters, met deze fchitterende inkt gefchreven, lezen. — Onder de heerfchappij dezer pen ftaan honderd kleinere, en zij zullen, dag en nacht, tot den jongften dag niet ophouden, alles aan te teekenen, wat reeds gefchied is, wat thans gefchiedt en wat nog gefchieden zal."*

Ook in *Barbarije* noemt men de geleerden en wijzen: *mannen, die de pen voeren.* Den naam *Pennen* geeft men insgelijks aan dagboeken, waarin de Barbarijers hunne ernftige overdenkingen, de vruchten van hunne lectuur en verkeering met geleerden gewoon zijn aan te teekenen. Maar welke gedenkwaardige zaken bevatten nu deze dagboeken? Van de in vele landen gebruikelijke ftamboeken, waarin men, of uit vrijen wil, of op dringend verzoek, ftaaltjes van eigen of vreemden geest en vernuft, in onrijm of in verzen plaatst, heeft men wel eens gezegd, dat zij aan zindelijkheid verloren, wat zij aan geest wonnen; maar dit kan men op de dagboeken der Barbarijers niet toepaffen, dewijl deze van tijd tot tijd wel meer bemorst, maar niet geestiger worden; want zij bevatten meestal niets, dan de eene en andere weinig beteekenende plaats, of een klein vers uit den *Koran*, of eene

zeer

zeer alledaagfche fpreuk, die daar als eene belangrijke waarheid wakker wordt opgevijzeld.

Ik vroeg eens aan eenen *Ulema*, of zich in zijn dagboek ook het een of ander fraai vertoog, een vers, of ten minste een raadfel, van hem zelven bevond? — Hij gaf mij ten antwoord, dat er van dergelijke beuzelingen bereids zulk eene menigte gefchreven was, dat men ze liever doorftrijken, dan nog meer zoodanige lafheden uitbroeden mogt, en dat de ware ftudie in de naauwkeurige fchifting en zorgvuldige keus van het goede beftond. Hierin fcheen hij mij niet geheel ongelijk te hebben; doch hij gaf een niet gering bewijs zijner verregaande eigenliefde, toen hij er op liet volgen, dat hij zelf niet flechts dit kiezen volkomen verftond, maar ook een' ander daarin konde onderwijzen, en dat zijne voornaamfte bezigheid was, datgene, wat verdiende bewaard te worden, te bekrachtigen door er zijn zegel en zijnen naam onder te zetten, het mogt dan iets ouds of iets nieuws zijn. Was dat niet een zeer knap fchrijver?

Ik bezocht ook eens de fchool van eenen *alfakih* of onderwijzer. Deze man, door een groot aantal leerlingen omringd, fcheen mij toe een ware DIONYSIUS te *Korinthe* te zijn; ten minste bezat hij zoo veel eigenliefde, dat, wanneer hij zich zelven noemde, hij telkens eene foort van buiging met het hoofd maakte en het woordje *ik* bijna tot twee lettergrepen uitrekte. Ook geloof ik, dat hij

zich

zich zelven boven den krijgshaftigen wetgever der
Arabieren ftelde; want wanneer hij dezen noemde,
zeide hij enkel MAHOMED, of ABDALLAH'S zoon;
maar fprak hij van zich zelven, dan noemde hij zich:
ABU EBNER, IBNI BAKARI, BEN COCUBI, waardoor hij tegelijk zijnen naam, vaderland, ambt,
waardigheid, geleerdheid en heiligheid aanduidde.
Hij verftond ten minfte de kunst, om zijnen
fcholieren diets te maken, dat hij alle wetenfchappen
op zijn duimpje had en een allerbelangrijkst perfoon
was. Hierdoor hield hij zijne leerlingen in eene
beftendige gehoorzaamheid en wist in zijne fchool
zulk eene orde te handhaven, dat ik iets dergelijks in geen land der wereld ooit heb gezien.

Behalve dezen *Alfakih* leerde ik nog eenen anderen in de meest bezochte *kiosk* der ftad kennen.
Bij dezen was het echter niet: *fpreek, opdat ik u
kennen leere;* want ik deed vergeeffche moeite, om
hem tot fpreken te brengen. Misfchien was deze,
door het volk vereerde wijze een APOLLO, die zijne
orakels in een donker hol, waar nimmer een zon-
neftraal doordrong, uitdeelde; veelligt bezat hij wel
verftand, maar diep in zijn binnenfte, want het
was niet mogelijk, hem een enkel woord uit de keel
te halen. Misfchien was het ook wel enkel fluw-
heid, om zich niet bloot te geven; want zwijgen
is dikwijls eene groote kunst; ten minfte liet deze
Afrikaanfche geleerde nooit blijken, dat hij deze
of gene zaak niet verftond; maar door er weinig

II. F van

van 'te zeggen, had het den fchijn, alsof hij er
zeer veel van wist. Ook dit is eene kunst, welke
men niet verzuimen moet te leeren, dewijl men
daarvan foms veel partij kan trekken.

Dé Mooren hebben eenige geneesheeren, welke
zij *Thibib* noemen. Deze lezen echter geen ander
boek, dan de Spaanfche overzetting van DIOSCO-
RIDES, en de alchymie is hunne lievelingsftudie.
Zij hebben zonderlinge heelwijzen. Zoo ftrijken
zij op kwetfuren verfche boter; tegen zinkingpij-
nen verordenen zij lancetfteken: wonden genezen
zij door branding: op ontftokene deelen leggen
zij zekere, hun bekende, bladen, en op de door
flangen gebetene, of door fchorpioenen gefto-
kene plekken gekaauwde knoflook of uijen. De
plaatfelijke genees- en heelmiddelen zijn bij hen
't meest in gebruik; dewijl zij niet begrijpen kunnen,
dat eene artfenij, die in de maag komt, invloed op
de genezing van een ander deel hebben kunne.
Wanneer zij dus hoofdpijn hebben, leggen zij eene
Spaanfche vliegenpleifter op het hoofd: ook plegen
zij eenen zieken den mond zoo vol honig te ftoppen, dat menigeen daarin ftikt; en toch verdedigen
zij, even als doctor SANGRADO in *Gilblas*, hun
ftelfel tot den laatften droppel bloeds. Naar hun
oordeel, is niets noodiger, dan aderlaten, dewijl zij
gelooven, dat elke ziekte uit volbloedigheid, of
uit ontftoken bloed, haren oorfprong heeft. Hunne
wijs van behandeling is derhalve zeer eenvoudig.

Zij

Zij hebben voor de ziekten flechts eenige weinige benamingen en verfchillen dus, in vele opzigten, van die geneesheeren, van welke men zegt, dat zij zoo ver in hunne wetenfchap gevorderd zijn, dat zij zelfs geheel nieuwe ziekten hebben uitgevonden.

Wanneer het met den zieken naar het einde gaat, dan keert men hem met het aangezigt naar *Mekka*, en de aanverwanten heffen, in de ziekenkamer, zulk een jammergefchrei aan, dat zij den dood des armen lijders daardoor nog verhaasten. De Mooren zien alle Europeanen voor geneesheeren aan, even als de uitlanders alle Italianen voor zangers houden. Zij vertrouwen zich aan eenige kwakzalvers en marktfchreeuwers, die hen met fympatifche poeders en meer dergelijke knoeijerijen misleiden. Daar zij nu met een volflagen bijgeloof aan zoodanige middelen gehecht zijn, hebben zij met wezenlijke genees- en heelmiddelen niets op. Ook nemen zij geene maatregelen ter voorbehoeding, maar laten het blinde toeval voor hen zorgen en handelen. Eenige wijsneuzen zullen hun gedrag in dit opzigt prijzen, dewijl ook zij zeer weinig van geneesheeren houden, wier fouten maar al te dikwijls doodzonden worden en de zieken naar de andere wereld zenden; maar men kan toch niet wel ontkennen, dat een arts, offchoon hij dan ook zonder een volkomen duidelijk begrip van de ziekte te hebben, de genezing onderneemt, altijd echter veel zekerder in den

F 2   don-

donker rondtast, dan een ander, even als een blinde,
die in eene stad woonachtig is, altijd daarin beter
teregt kan geraken, dan een ander blinde, die uit
eene vreemde plaats derwaarts komt. Om die reden
was KAREL FOX gewoon te zeggen: „ *ik doe altijd,
wat de geneesheer verordent; en fterf ik dan, zoo
is het althans m ij n e fchuld niet.* ”

De Mooren hebben geen het minfte verftand van
fraaije fchilderijen en teekeningen: kakelbonte kleuren behagen hun 't meest. Zij verftaan de bouw-
kunst, maar zien daarbij meer op de duurzaamheid,
dan op het fchoone: deswege bouwen zij even zoo
hecht en fterk, als de oude volken. Hun cement,
hetwelk uit twee deelen houtasch, drie deelen kalk
en één deel zand beftaat, noemen zij *tabby*. Na deze
beftanddeelen zamengemengd te hebben, gieten zij
er eene goede hoeveelheid olie bij en roeren dit alles
drie dagen, zonder op houden, om, tot het de behoorlijke ftevigheid verkrijgt. Tot metfelen gebruikt,
wordt het op den duur zoo hard als marmer en volkomen waterdigt. Wanneer het langs de muren afloopt,
ziet het er uit, als of het in wijnfteen veranderd ware.
Zouden niet de Numidifche volken deze behandeling van de Romeinen geleerd hebben, en zou niet
deze wijs van metfelen het geheim van de duurzaamheid der aloude gebouwen bevatten? — De
Mooren weten insgelijks een zeer vast leem te bereiden, dat tegen de vochtigheid beftand is. Zij gebruiken daartoe verfche kaas, waaruit zij de melk
druk-

drukken en welke zij dan met den fijnsten kalk vermengen. Goed buskruid weten zij niet te maken, offchoon zij overvloed van beste falpeter hebben.

Andere uitvindingen en kunften, dan de volftrekt werktuigelijke, zijn bij de Barbarijers in geene de minfte achting of gebruik, zelfs niet bij de gemeenfte foort van ambachten. De opperfte van het Algierfche zeewezen zeide tegen den Engelfchen Conful en mij, toen het gefprek op den fchilder TERRENI viel, „*dat is eene goede vangst voor ons; want dewijl hij een groot fchilder is, kan hij onze fchepen verwen*."

In de taal der Barbarijers vindt men niet één fpoor meer der oude Punifche: ook heeft zij geene de minfte overeenkomst met de Arabifche, die toch de moeder van alle Aziatifche keeltalen is. De taal, welke de *Kabiles* met den naam van *fhavia* of *fhillah* beftempelen, heeft eigendommelijke letters, welke met de Hebreeuwfche overeenkomen. Het is ook opmerkenswaardig, dat er tufchen de taal der Barbarijers en die der Sinezen eene groote overeenkomst plaats heeft. ——

De gewone landtaal der Barbarijers is zeer arm en niets anders dan het koeterwaalsch van een half wild volk. Inzonderheid kenmerkt zij zich door gebrek aan uitdrukkingen voor afgetrokkene denkbeelden, aan voegwoorden en aan alle kunsttermen; om welk gemis eenigzins te vergoeden, zij tot de taal en

F 3

het

het schrift der Arabienen de toevlugt moeten nemen.
Trouwens, het is met de talen als met den handel; beide moeten door ruiling rijker en uitgebrei-
der worden. In de omstreken van den *Atlas* vindt
men eene taal, welke veel overeenkomst heeft
met die der *Chellu*, welke zacht en welluidend is.
De Bedouïnen meenen, dat zij zeer sierlijk Arabisch
spreken; maar hoe verder men zich van *Azie* ver-
wijdert, des te meer verliest deze taal van hare
zuiverheid: zij wordt echter in *Barbarije* beter,
dan in *Egypte* gesproken. Wanneer de grooten en
het volk met elkander spreken, verstaan zij elkander niet. In den *divan* en in den staatsraad wordt
Turksch gesproken; maar aan de kusten zijn diegene, welke daar in landsdienst zijn, alsmede
de kooplieden en Jooden, gewoon, Frankisch te
spreken, hetgeen een mengelmoes van Spaansch,
Italiaansch en Afrikaansch is en louter uit onbepaalde
wijzen, met weglating der voorzetsels, bestaat.
Doch de inboorlingen en vreemdelingen kunnen in
deze taal zeer goed met elkander te regt (*).

Etnige

(*) Wie derhalve de taal van de geringe volksklasse
te *Venetie* volkomen verstond, zoude ligt Frankisch leeren spreken, dewijl dezelve veel van het evengemelde
karakter en bovendien eene ongeloofelijk aangename naï-
viteit heeft. Misschien is de oorsprong dier taal wel te
zoeken in de heerschappij, welke *Venetie* voormaals ter
zee had, en die deszelfs inwoners noodzaakte, eene

taal

Eenige Afrikaanfche woorden zijn niet geheel zonder kracht en welluidendheid. B. v. *akfum*, *vleesch*; *fkum*, *tarwe*, *chamu*, *wijn*; *fiuf*, *eene hen*, *jubiutt*, *meisje*, *kalm*, *koffij*, *karamoe*, *eer*, *mara*, *vrouw*, *valaal*, *jongeling*, *arghez*, *man*, *thamurt*, *aarde*, *afarum*, *brood*. Ik zou hier nog wel meer woorden kunnen bijvoegen, maar ik heb geene moeite aan het leeren eener taal willen befteden, die mij toch niet te pas zoude, of konde komen. De *guardian-bachi* en de *rais Hamida* zeiden meer dan eens tegen mij, dat ik de Barbarijfche taal leeren moest; maar het eenigfte voordeel, dat mij zulks zoude hebben aangebragt, zou enkel in de vervelende lezing van den *Koran* en deszelfs drieduizend driehonderd en tachtig uitleggers beftaan hebben.

Niet tevreden met het fpelen en danfen te verbieden, ontzeide de Arabifche wetgever zijnen aanhangers; insgelijks elk zangvermaak en alle muzikale uitfpanningen. Maar offchoon de *Imans* tegen ieder, die gaarne muzijk hoort, den banvloek uitfpreken, kan dit ftrenge verbod echter niet beletten, dat de Muzelmannen hartstogtelijke beminnaars van de muzijk zijn. De grooten en aanzienlijken laten muzijkanten in hunne huizen komen; anderen

gaan

_____

taal aan te nemen, waarin zij met verfcheidene natien konden fpreken.

gaan met dezelve buiten de ftad, zetten zich daar
op eenen groenen heuvel neder en verliezen zich ,
bij den klank der muzijkinftrumenten, geheel in
wellustige droomen.

In de *moskeön* is de muzijk volftrekt verboden en
wordt als eene onheilige zaak befchouwd, waarvan
het gebruik flechts den ongewijden oogluikend is
toegeftaan.

De Mooren hooren echter liever de inftrumentale
dan de vokale muzijk. Ook bij hen wordt een
toonkunstenaar beter betaald, dan tien geleerden.
De aanzienlijken fpelen zelve ook wel gaarne, maar
zulks gefchiedt binnen 's huis; want zij zouden zich
fchamen, dit in het openbaar te doen, vermits zij
meenen, dat men zich alleen openlijk hooren laat,
om zijn brood te verdienen en geld te winnen.

Hunne muzijkinftrumenten zijn de *arabebbäh*,
eene blaas, die door middel van eene fnaar behandeld wordt, de *vebeb*, eene foort van viool met
twee fnaren, die zij, even als wij de violoncel,
met den ftrijkftok befpelen; de *gafaph*, een blaas-
inftrument, dat eenige overeenkomst met de *piccoli-*
fluit heeft, en eindelijk de *taun*, die de *tympanum*
der Ouden is. Ik heb ook eenige flechte violen
gezien, welke op dezelfde wijze befpeeld werden,
als bij ons de violoncel en de bas. Overigens
hebben de Barbarijers geen begrip van noten, maar
fpelen op het gehoor af: men kan nogtans niet
zeggen, dat zij in het wild fpelen; want zij houden
zich,

zich, bij de behandeling dier instrumenten, aan eene
zekere methode en weten de maat zeer juist met
de hand aan te geven.

Bijna al hunne gezangen zijn minneliederen. Bij
de gezangen, welke verhalenderwijze zijn ingerigt,
maakt men eene soort van *preludium*, en ieder
couplet begint met eene kleine *aria* op de *arabah*
of *arabebbah*; dan komt de vertelling (*), door
den *gafaph* verzeld; en, offchoon deze muzijk
eentoonig is, kan men haar echter niet onaangenaam
noemen. Zij komt met de karakteristieke muzijk
der Schotten en der inwoners van *Wales* overeen.
De Mooren geven aan eenvoudige, ligte en aan-
geename zangwijzen de voorkeur boven al de trem-
bleringen en de veelvuldige krullen, met één woord,
boven al de overtollige fier en zwier der nieuwere
bravourzangers; want, huns oordeels, mist juist
zulk zingen al hetgeen de ziel roeren en het hart
treffen kan.

De godsdienst der Barbarijers is de Mahomedaanfche, maar met vele bijgeloovige gebruiken vermengd, welke de *Koran* verwerpt. Zij behooren
tot de fekte *Milechie*, eene der vier groote fekten,
in welke de Muzelmannen zich afgedeeld hebben.
Het kwam mij voor, dat de Turken godsdienftiger
waren, dan de Mooren, ten minfte op het fregat

en

(*) Misfchien een *recitatief*.

F 5

namen zij alleen de gevorderde kniebuigingen in acht
en zeiden, altijd vier aan vier; de *mesfa* op: zóó
noemen zij hun hoofdgebed, hetwelk zij omſtreeks
het middaguur moeten uitſpreken. Ieder Muzelman
is verpligt, vijfmaal daags te bidden. Niemand, die
van een ander geloof is, mag in hunne *moskeën*
komen, zonder gevaar te loopen van met den dood
geſtraft, of tot het aannemen van hunnen godsdienst
gedwongen te worden. Zoo dikwijls ik, op eenen
afſtand, in hunne *moskeën* gluurde, heb ik er altijd
wel honderd lampen zien branden, en meermaals
hoorde ik de *murzies* van de *minarets*, of torens
der *moskëe*, roepen: *la illah Allah, Allah Mahomed veſul Allah*; d. i. *er is maar één God, en
MAHOMED is Gods profeet!* Op deze woorden zag
ik allen nederknielen, met het aangezigt gekeerd
naar den *kibah*, welke de zijde der *moskëe* is, die
naar *Mekka* ziet.

De Muzelmannen hebben altijd eenen rozenkrans
in de handen, maar niet, om daarbij gebeden te
prevelen, maar om, bij herhaling, de eigenſchap-
pen, welke zij het Hoogſte Wezen toekennen, bij
zich zelve op te zeggen; b. v.: „God is groot, God
is goed, God is wijs;” zoo ook: „God is lang, God
is rond, enz.” Zulks doen zij ſlechts fluiſterende,
zonder één woord uit te ſpreken, terwijl zij de handen op den rug en den rozenkrans aan de handen hebben hangen. Om kort te zijn, de rozenkrans dient
hun tot hetzelfde einde, waartoe de vrouwen den

waai-

waaijer en de ſaletjonkers een Spaanſch rietje gebruiken, namelijk, om er de ledige vingers mede te laten ſpelen.

Zij hebben vele kinderachtige gewoonten, welke zij echter met de grootſte zorgvuldigheid in acht nemen; zoo als, b. v. wanneer zij hun water tegen eenen muur lozen, moeten zij der zon den rug toekeeren: bij hunne reinigingen moeten zij altijd met den regterkant aanvangen en de linkerzijde waſſchen, alvorens de regter droog geworden is: ook mogen zij het waſchwater niet met de linkerhand aan het ligchaam brengen: zij mogen, gedurende deze gewigtige bezigheid, ook niet lagchen of zich den neus ſnuiten: bij het gebed moeten zij de handen omhoog heffen, doch ze eerst aan de oorlellen brengen, dan met de eene hand over den buik ſtrijken; hierop moeten zij eenige gebeden opzeggen en daarbij naar hunne vingers kijken: wanneer iemand zich buigt, moeten zij de handen op de knien leggen: zij moeten, zoo lang als zij zijn, op den grond gaan liggen, doch zoo, dat het ligchaam er niet op ruſte: zij moeten op den linkervoet nederhurken, met deszelfs punt naar het Ooſten gekeerd: zij mogen onder het gebed niet geeuwen of gapen, opdat de duivel niet in hun lijf vare: dit alles heet bij hen, den godsdienst met de grootſte ſtiptheid waarnemen.

Zij houden ook hunne groote vaſten, en ſommigen zelfs met zoo groote geſtrengheid, dat zij hun gezigt bedekken, om den reuk van vleesch niet in

te

te ademen. Op het kleine *bairamsfeest* moeten zij
veel aalmoezen geven, van welke verpligting dan
ook velen, die gaarne aalmoezen ontvangen, gebruik maken en uit verscheidene oorden zamenstroo-
men; terwijl diegene, welke geven moeten, zich
schuil trachten te houden, om niet in de noodzakelijkheid te zijn, milddadig te moeten worden. Wegens hun ongelukkig vast geloof aan een *fatalis-
mus* of onvermijdelijk noodlot, verwaarloozen zij
alle, ter voorbehoeding dienstige middelen; doch daarentegen zijn zij ook bij onvermijdelijke ongelukken
bedaard en onverschrokken, terwijl zij dan met een
neergebogen hoofd enkel zeggen: "het heeft zoo
moeten zijn!"

Zoowel de *moskeën*, als de kapellen en kleine
cellen der *Marabouts* zijn voor misdadigers eene
onschendbare vrijplaats. Zelfs in geval van maje-
steitschennis, mag de *Dey* geen geweld gebruiken,
weshalve de vrijplaats dan door eenen ringmuur
wordt ingesloten, ten einde den misdadiger door honger te dwingen, zich over te geven.

Het rijk *Tunis* bevat steden, die even zulke onschendbare vrijplaatsen zijn: eene derzelve, *Sidy
Busfad* genaamd, ligt op kaap *Carthago*. Volgens der
Mooren meening, zouden engelen de asch van hunnen Profeet, bijaldien *Mekka* mogt verwoest worden, naar die heilige stad overbrengen. Noch Christen, noch Jood, mag eenen voet daar in zetten,
maar zij mogen de wijk onder de muren nemen;

en

en hier ftaat men bun eene tent toe, waaronder
zij dan eene volftrekt onfchendbare vrijplaats vinden.
Het paradijs der Muzelmannen wordt *Corekham* genoemd. De aldaar gefmaakte zaligheid beftaat inzonderheid in het bezit der fchoone *houris*, die eeuwig
maagden blijven, zich in fonteinen van honig en
rozenwater baden en in paleizen wonen, welke van
diamanten en parels zijn gebouwd. De verwor-
pelingen en verdoemden daarentegen worden, naar
hun zeggen, alle dagen op nieuw geboren en moeten ook alle dagen op nieuw fterven. Volgens het
Turkfche geloof, namelijk, dalen twee zwarte engelen met den dooden, zoodra hij begraven wordt,
in het graf neder: van deze leelijke engelen heet de
eene *Gnarekir* of *Nekir* en is voorzien van eenen
geduchten hamer, waarmede hij den dooden, dien
zij beiden vooraf ondervraagd hebben, of hij fteeds
een goed Muzelman geweest is, telkens vele vade-
men dieper in de aarde flaat, wanneer hij in dat
geregtelijke onderzoek geene voldoende rekenfchap
van zijnen handel en wandel heeft kunnen afleggen.
De andere engel heet *Munkir* en heeft eenen ge-
weldig grooten ijzeren haak, waarmede hij zoodanigen dooden telkens weder om hoog haalt en de
ziel nog eens in het ligchaam terugbrengt. Heeft
hij echter deugdzaam geleefd, dan verdwijnen deze
nikkers, en er verfchijnen twee fchoone witte engelen, om, tot den dag des oordeels, bij het ligchaam te blijven. De Muzelmannen gelooven, dat

al-

alles aan een onvermijdelijk noodlot, door hen *nar-*
fip of *facter* geheeten, onderworpen is; maar zij
vertrouwen tevens op *charallah*, of de goddelijke
barmhartigheid. Voor dit woord koesteren zij den
grootsten eerbied, en is iemand, met bijvoeging van
het ontzagbarende woord *charallah*, voor het regt
gedaagd, dan waagt hij het nooit, weg te blijven.

Van al de godsdienstpligten der Muzelmannen
wordt de bedevaart naar *Mekka* als de voornaamste
en gewigtigste aangemerkt. Dit gaat zelfs zoo ver,
dat men den kinderen de voordeelen en den roem
dergenen, die het geluk hebben, de heilige reis te
volbrengen, of, gedurende eene zoo heilzame onderneming, hunne dagen te eindigen; van hunne
vroegste jeugd af aanprijst: ook worden de gelukkigen, die van deze bedevaart terugkomen, bij uitnemendheid en onderscheidshalve, met den titel
hagis, of *pelgrims*, vereerd. Om die reden spannen
de regtgeloovigen, gedurende hun gansche leven,
alles in, om zich in staat te stellen tot het doen
van zulk eene bedevaart, die des te verdienstelijker
wordt, hoe langer en hoe moeijelijker zij geweest
is. Wegens deze laatste omstandigheid, verwerven
de Barbarijsche volksstammen zich, bij het doen
daarvan, de meeste verdiensten. Het eigenbelang
echter, die zoo magtige drijfveer van menschelijke
daden en bedrijven, vereenigt zich ook hier met de
godsdienstigheid; want ieder pelgrim houdt zich met
de eene of andere handelspekulatie bezig, in de hoop,

dat

dat zich met den zegen van den hemel tevens een zegen op aarde zal paren.

Om der gemeenfchappelijke veiligheids wil, verzamelen zich de pelgrims in een groot aantal bij elkander en vormen de zoogenaamde karavanen; een woord, hetwelk afftamt van het Arabifche *caroue*, dat eenen overgang van de eene plaats naar de andere beteekent. De karavaan van *Barbarije*, of anders genoemd der *Mogrebinen*, vergadert te *Marokko*, waar de pelgrims uit al de drie rijken bijeenkomen. Na eenen gevaarvollen togt door ijsfelijke woeftijnen te *Caïro* gekomen, vinden zij daar de groote verzameling der pelgrims uit *Egypte* en *Konftantinopel*, en ondernemen dan met elkander de bedevaart naar de heilige ftad.

Wanneer de pelgrim uit zijne woning treedt, zegt hij het *fatcha* op, dat *aanvang* beteekent; en zoodra het gebed in de groote tent van het opperhoofd der *hagi*, of karavaan, verrigt is, begint de togt, onder het fpelen op fluiten en klarinetten, in deze orde: de kameelen en muilezels openen den trein, dan volgen de mannen, die te voet willen gaan, terwijl de ruiters denzelven fluiten. Met zulk eene karavaan mogen ook Christenen reizen, maar zij moeten van eenen Arabifchen vorst, of van den gouverneur eener ftad, verlof hebben, of zich onder de befcherming van den voornaamften *Souracjmini* ftellen. De karavaan breekt altijd vóór zonsopgang op, houdt in het middaguur halte, om te eten,

en

en betrekt haar nachtleger te vier ure. De pelgrims
uit *Barbarije*, die alle wel gewapend zijn, maken
gewoonlijk drieduizend man uit: deswege gelijkt hunne
legerplaats naar het kampement eener kleine armée,
en geene Arabifche rooverhorden onderftaan zich,
deze bedevaartgangers aan te tasten.

Deze karavaan brengt met de reis naar *Mekka*
honderd dagen toe: de legeringsplaatfen zijn reeds
vooraf bepaald, en zij legt daags zeven uren, dat
is, nagenoeg twintig mijlen, af. De te *Caïro* vereenigde karavaan bekomt een geleide van den Grooten Heer en reist gewoonlijk onder de aanvoering
van eenen *Beij*, die *Emir hagi*, of *vorst der pel-*
grims genoemd, (*) en voor wien de *feneich cherf*
of

(*) De Groote Heer benoemt eenen *Beij* tot aanvoerder der karavaan, en deze heeft over de pelgrims het
regt van leven en dood. Zoodra de laatften aan den
oever van den *Nijl* verzameld zijn, wordt, bij trompettengefchal, den naam van den tot aanvoerder benoemden *Beij*
bekend gemaakt en de vaan van den Profeet voor hem
uitgedragen. Zijn pligt is, voor de kosten der reis en
het onderhoud der karavanen te zorgen en de pelgrims
door een zeker getal troepen tegen allen aanval en over-
last te befchermen. Zulk een *Beij* wordt, bij zoodanig
eene reis, buitengemeen rijk; want, behalve de honderd
duizend *zechinen*, welke de Groote Heer hem toelegt,
ontvangt hij ook ook een zeker leengeld voor de kameel-
len, alsmede gefchenken van de [pelgrims: daarenboven
is

of heilige vaan des Profeets wordt uitgedragen. Een
groot aantal koks en pasteibakkers volgen de karavaan en venten, iederen avond, hunne waren uit,
zoodra zij zich op de beftemde plek heeft neder-
geflagen,

De rijken nemen hunne vrouwen mede, die de
reis- doen of in draagbaren, of op zittingen, welke van
de zijden der kameelen afhangen, terwijl de fluijers
haar tegen de ftralen der zon en de nieuwsgierige
blikken der mannen beveiligen. De rijken hebben
ook draagbaren bij zich, om, ingeval van ziekte,
te beter hun gemak te kunnen nemen. Bovendien
bevinden zich honderd draagbaren bij de karavaan,
welke de Sultan bekostigt, om er, des noods, gebruik van te maken. Soms zijn er bij eene zoodanige karavaan eenige vrouwen, die, door vromen
godsdienstijver gedreven, de bedevaart alleen, zonder het geleide en de befcherming van eenige mansperfonen ondernomen hebben. Het getal der pelgrims, die zich te *Caïro* verzamelen, beloopt
gewoonlijk meer of min vierduizend. Den dag vóór
de

---

is hij erfgenaam van allen, die, onder weg, zonder
erfgenamen fterven; zelfs in het tegengeftelde geval bekomt hij toch zijn aandeel, en reeds dit fonds-alleen,
brengt hem zeer veel op, dewijl er in menig jaar
meer dan tienduizend pelgrims onder weg fterven. Ook
is geen pelgrim zoo arm, of hij geeft dezen *Beij* ten
minfte een klein gefchenk.

II.   G

de afreis doen nabestaanden en vrienden hun uitgeleide en brengen den laatsten avond met hen
door. Deze dag is der vrouwen inzonderheid zeer
welkom; dewijl zij dan vrijheid hebben, om hare
mannen te vergezellen en aan de vrolijkheid, waarin
de laatste nacht doorgebragt wordt, deel te nemen.
Ziet men nu de uitgestrekte vlakten met vele duizende tenten bedekt, die, bij dag, door bonte
kleuren glinsteren en, bij nacht, door duizende
lichten schitteren, en aanschouwt men de ontelbare
menigte menschen, welke die wijde ruimte vult; .
voegt men daarbij *Egypte's* groote hoofdstad van
verre en den majestueuzen Nijlstroom van nabij gezien, benevens het vreugdegejuich, dat van alle
kanten door de lucht klinkt, dan heeft men een
der verhevenste en bewonderenswaardigste tooneelen,
welke de aarde ooit kan opleveren. In alle Oostersche reisbeschrijvingen vindt men melding van de
aankomst der pelgrims te *Mekka* en van het groote
driedaagsche offer op den berg *Arafat*, waar
ABRAHAM, zoo als de Oosterlingen gelooven, zijnen
zoon IZAäK offeren wilde; voorts van de aanbid-
ding in ABRAHAM's huis, dat, bij uitnemendheid, het
huis Gods heet, dewijl, volgens hun geloof, God
daar altijd tegenwoordig is (*) en van de bron *Zem-*
zem;

(*) Het huis van ABRAHAM te *Mekka* bestaat in een
klein vertrek van twaalf tot vijftien voet in het vierkant.

Wie

zem (*); alsmede van het prachtige tapijt, dat de Groote Heer jaarlijks zendt, om er de *Kaba* mede

te

Wie binnen gaan wil', moet een perfoon van aanzien zijn, anders moet hij buiten blijven. Het is geheel van marmer gebouwd; de deuren zijn van zilver en de dakgoten van goud. Rondom het gebouw loopt eene foort van ftelling, waarop dag en nacht honderd lampen branden: ook ziet men er bidftoelen voor de geestelijken van alle Mahomedaanfche fekten. In dit huis bevinden zich èchtèr zulke groote rijkdommen niet, als de gemeene man wel gelooft, offchoon het aantal der zilveren lampen en kandelaren zeer aanmerkelijk is. De kleine tempel, waarin MAHOMEDS asch ruft, is van kostbaar marmer opgetrokken, en heeft flechts eene kleine deur, benevens een driedubbel getralied venfter, opdat geen nieuwsgierige blik in de heilige donkerheid indringe. Over den tempel zelven hangt een kostbaar tentvormig kleed, hetwelk de Sultan, bij zijne troonbeklimming, zendt, om de grafftede des Profeets te bedekken. Dit graf is echter niet meer dan drie voet boven den grond verheven. De *Kislar-Aga*, of de opperfte der zwarte gefnedenen, heeft alleen het voorregt, om in dezen tempel te gaan, welks bewaring dan ook aan veertig dier zwarten is toevertrouwd. Overigens is de gewoonte der Muzelmannen, om de terugreis van de heilige bedevaartsftad over *Medina* te nemen; geene godsdienftige verpligting, maar enkel eene daad van vroomheid.

(*) De Muzelmannen houden deze bron voor dezelfde, welke de Engel aan de ongelukkige HAGAR wees, toen

G 2   haar

te bedekken, en van den beroemden *zwarten fteen* (*);
mitsgaders van de gebruiken, welke men, bij het aan-
trek-

---

haar zoon ISMAëL in de Woeftijn op het punt was, om
van dorst te verfmachten. Men ziet hier een kleine
ftreek gronds, waarop, naar der Muzelmannen zeggen,
HAGAR in wanhoop op en neder gegaan is: aan het eene
einde had zij zich hoogst bedroefd gevoeld, maar aan
het andere einde had haar hart eenen zachten troost ondervonden. Vandaar dan ook, dat de eene kant dezer plek
gronds *de kant van angst*, en de andere *de kant van troost*
wordt genoemd. (*)

(*) Vorften en andere hooge perfonaadjen onder de Muzelmannen zonden elkander water uit deze bron als een kostelijk gefchenk.
Ook befchouwde men het drinken van dit water als eene Gode
welbehagelijke handeling, dewijl zulks als eene foort van inwendige afwaffching der zonden en als een middel tegen zondige neigingen werd aangemerkt.   VBAT.

(*) Het graf, waarin de asch van den Profeet rust,
word *Kaba* genoemd. Om dit graf te bedekken, zendt
de Groote Heer jaarlijks een kostbaar tapijt, *mohamel*
geheeten, dat uit zwarte zijde beftaat, en waarop eenige
fpreuken uit den *Koran* met groote gouden letters geftikt
zijn. Zoodra de karavaan te *Mekka* komt, wordt de *mohamel*
in de *moskée* gebragt, waarna de pelgrims het tapijt des
vorigen jaars in ftukken fcheuren, welke ftukken zij
onder elkander verdeelen en als heilige reliquien mede
naar huis nemen. De beroemde zwarte fteen heet in
het Arabisch *aswad*. MAHOMED begroef dien onmiddellijk
aan den muur des tempels in den grond, waar hij flechts
een weinig boven uitfteekt. De leeraars der wet geven
voor,

trekken van den *ihram* in acht neemt (*), en van de
groote afwasfching onder de goude dakgoot; eindelijk van de *fajs* of zeven omgangen der pilaren (†)
en

---

voor, dat de aartsengel GABRIËL dezen fteen van den
hemel heeft gebragt. Voorts zeggen zij, dat hij eertijds wit en zoo glanzend geweest is, dat men zijn
licht vier dagreizen ver heeft kunnen zien; maar dat
hij om de zonden der menfchen zoo ongemeen bedroefd
is geworden, dat hij daardoor zijnen glans verloren
en zijne tegenwoordige zwarte kleur aangenomen heeft.
Geen levend of levenloos fchepfel in de wereld is misfchien zoo veel geliefkoosd en gekust geworden, als
deze fteen, welke door iederen pelgrim, die den omgang
rondom den tempel doet, aangeraakt en gekust wordt.
Vandaar ook, dat de Oosterfche dichters van eene
aangebedene fchoonheid zeggen: *gij wordt teederder ge-*
liefkoosd en hartelijker gekust dan de zwarte fteen te
Mekka." Onze poëten zouden den voorraad hunner
teedere vleitaal ook hiermede kunnen vermeerderen.

(*) Wanneer de pelgrims het heilige graf bezoeken,
trekken zij den *ihram*, dat is, de flechtfte Arabifche,
kleeding aan: wanneer zij echter naar *Mekka* zelve gaan,
fteken zij zich, naar al hun vermogen, in den dos.

(†) Nadat de groote afwasfching van het ganfche
ligchaam met water, of, bij voorkomend gebrek daarvan, met zand gefchied is, gaan de pelgrims naar het
dal der offerande, en wasfchen zich onder de gouden
dakgoot des tempels. Vervolgens gaan zij zevenmaal
rondom den tempel, hetgeen zij de *omgangen der pila-*

ren

en de terugreis door *Medina* en *Jeruzalem*. (*).
Overigens neemt de karavaan haar verblijf niet in
de ftad *Mekka* zelve, maar flaat buiten hare tenten
op, waar dan, met eene bewonderenswaardige
rust en orde, de voornaamfte markt der wereld wordt
gehouden.

Volgens de voorgefchrevene reisorde, moeten de
Mogrebinen, of westelijke bewoners van *Afrika*,
na de pelgrims uit andere ftreken van *Turkije* aan-
komen en ook de eerfte zijn, die weder afreizen.
Naar men zegt, gefchiedt zulks uit vrees, dat het
hun in het hoofd mogt komen, zich meester van
de heilige ftad te maken. Zoodra de karavaan zich
op de terugreis bevindt, worden haar, van tijd tot
tijd, eenige troepen te gemoet gezonden, welke
haar

ren of des *bezoeks* noemen: vóór hunne terugreis doen
zij hetzelfde nog eens, en noemen zulks *de omgangen
des affcheids.*

(*) De Mahomedaanfche pelgrims bezoeken, op hunne
terugreis, *Jeruzalem*, waar zij den graven van DAVID en
SALOMO hunnen eerbied bewijzen, dat van CHRISTUS bezoeken zij echter niet, wijl zij gelooven, dat niet CHRIS-
TUS zelf, maar een zijner discipelen in zijne plaats geftorven is. De tempel boven het graf des Verlosfers te
Jeruzalem kan nu door de geloovige Christenpelgrims
niet meer bezocht worden, omdat hij, vóór eenige
jaren, door eenen brand grootendeels is vernield geworden.

haar tot geleide moeten dienen. Voor de eerfte
maal vertrekt zulk een geleide uit *Cairo*, op denzelfden dag, dat de pelgrims van *Mekka* vertrekken:
een tweede geleide gaat veertien dagen daarna en
het derde na verloop van twee en twintig dagen.
Vrolijk keeren de pelgrims, in verwachting van
verfchen voorraad, terug, maar niets verheugt hen
meer, niets wekt hunne, aan dweepzucht grenzende geestdrift meer op, dan de aanblik van
de wateren des *Nyls*, als zijnde de fchoonfte
en zuiverfte, welke men op aarde vinden kan.
Vrienden en aanverwanten gaan den terugkomen-
den pelgrims te gemoet. De *hagi*, of een zoodanige, welke bereids eene bedevaart naar het heilige land heeft gedaan en die door de nabeftaanden wordt voorafgegaan, omarmt dan, onder trom-
melflag, allen, welke hij ontmoet; en offchoon
het geval meermaals wil, dat het flechts een arme
bedelaar is, neemt hij toch op dien dag eene trotfche en veelbeteekenende houding aan: de deur
van zijn huis wordt met velerlei fieraden opgepronkt:
men brengt hem een en ander gefchenk en deelt
onder het volk het vleesch van eenen os uit. Er
zijn zelfs voorbeelden, dat eenige der van *Mekka*
teruggekeerde pelgrims hunne godsdienftige dweepzucht zoo ver dreven, dat zij zich de oogen uitftaken,
dewijl er, volgens hun zeggen, nu zij de heilige
ftad aanfchouwd hadden, niets ter wereld meer be
ftond, wat daarmede in vergelijking konde komen,

G 4   en

en dus waardig was, om door hen gezien te
worden.

De naam *Marabout* beteekent iemand, die met
eene koord omgord is. Deze *Marabouts* zijn eene
soort van monniken en wonen in kleine bedehuizen
of cellen, die denzelfden naam voeren.

Eenige dezer lieden zijn brave, goede zielen, die
de behoeftigen, de zieken en ongelukkigen bijstaan
en niemand, die hen bezoekt, laten gaan zonder
hem, naar gelang van zijnen staat en toestand,
woorden van troost, bemoediging of vrede te hebben toegesproken. Maar de meeste zijn bedriegers
en huichelaars, die, terwijl zij de halfgeslotene
oogen ten hemel heffen, het hart vol van dezelfde
dweepende trotschheid hebben, welke hun valsche
Profeet aan den dag legde, toen hij voorgaf, dat hij
uit den zetel der goddelijke heerlijkheid en uit de
woningen der gezaligden terugkeerde.

Deze menschen kunnen wel van zich verkrijgen,
ten uiterste streng jegens hun eigen ligchaam te zijn
en het behoeftigste leven te leiden, maar kuische
onthouding beschouwen zij als eene deugd, welker
uitoefening de menschelijke krachten overtreft. —
Vele grooten behandelen deze *Marabouts* met verachting, en van de Turken bekomen zij niet zelden
eene goede dragt slagen; maar als zij sterven, worden hunne lijken met de grootste plegtigheden begraven, en men bouwt, ter hunner gedachtenis en
eer, kapellen, waarin dag en nacht helderbrandende

lam-

lampen onderhouden worden. De vrouwen bewijzen
aan deze heilige gedenkhuisjes veel eerbied en hebben ook de vrijheid·, om, verzeld van eene flavin,
dezelve te bezoeken (*). Misschien laten vrome
en teedere gevoelens zich hier goed vereenigen.
Wanneer de Mooren hunne groote plegtstatige omgangen houden, strijden *Marabouts* van onderscheidene klasfen om den voorstap; want zij hechten
zelfs aan de beuzelachtigste hunner aanspraken een
zeer

(*) De kluizen dezer *Marabouts*, alsmede die der
Santons, zijn voor iemand, die vervolgd wordt, ja voor
dén grootsten misdadiger eene veilige schuilplaats. De
Deij zelf zou, in weerwil van al zijne magt, in deze
heilige eenzaamheid niet durven dringen, maar moet
zich tevreden houden met wachten rondom de kluis te
zetten, om den schuldigen, als ware het, te blokkeren
en door honger te doen omkomen. Deze heilige schuil-
plaatfen zijn in een land, waar woest geweld den ijzeren scepter zwaait, waar de inwoner, van alle befcherming der wetten ontbloot, altijd den afgrond gapen ziet,
waarin willekeur en dwingelandij hem storten kunnen,
eene zeer goede inrigting. Sommige *Santons* voeren
zelfs een wezenlijk gebied over de omliggende streken:
zij deelen onder de *Kaids* hunne bevelen uit en ontheffen
de inwoners van belastingen. Wanneer zij reizen, worden zij verzeld door eene tallooze menigte menfchen,
terwijl gewapenden hen als eene lijfwacht omringen, de
ftadhouders der provinciën hun te gemoet gaan en lof-
zangen ter hunner eer aangeheven worden.

G 5

zeer groot gewigt ; een bewijs, tot welke laagheden menschen zich uit ijdelheid en hoogmoed vernederen kunnen.

De eerbied, dien men in *Barbarije* waanzinnigen, of verstandeloozen bewijst, is een zonderling verschijnsel. Men gelooft daar, dat deze menschen zich in zulken staat bevinden, dewijl zij altijd in de beschouwing van hemelsche dingen verzonken zijn, en men verkeert er in den waan, dat zij nog in den staat der onschuld leven, die den Hemel zoo welgevallig is.

Er zijn echter ook andere *Santons*, die de hoogste achting en daarbij groote voorregten genieten. Alvorens te vertrekken, vragen reizigers hun om raad, zoo als de Grieken eertijds het orakel deden. Geen veldslag wordt zonder toestemming van zulke *Santons* geleverd, en men kan met waarheid zeggen, dat zij zijn, wat te *Rome* de *haruspices*, de *augures* en de heilige hoenders waren. Ook nemen de karavanen een' hunner als leidsman en beschutsheer mede: hij wordt op de reis vrijgehouden en is even zoo veilig te midden der *Bedouinen*, als voormaals de *Troubadours* onder de Galliers en als de *Barden* onder de Britten. Na het eindigen van den oogst, brengen de Mooren hunnen *Santons* de eerstelingen des velds: zij mogen ook in alle winkels, in alle tuinen gaan en wegnemen, wat hun behaagt.

Het lijdt echter geenen twijfel, dat vele onder hen louter bedriegers zijn, die zich verstandeloos,

of

of simpel aanstellen, om het volk des te beter te
misleiden en te kunnen doen, wat hun behaagt. Andere zijn woelgeesten, die zich tot profeten opwerpen en het volk tot oproer aanhitsen. Daar nu alles
hun vrijstaat, misbruiken eenige dit voorregt op de
schandelijkste wijs. In den aanval hunner dolle
woede springen en danfen zij als bezetenen, werpen
zich fchuimbekkende op de voorbijgangers en bijten
dezelve, waar zij best kunnen; ja zij zouden hen
verfcheuren, bijaldien deze hunnen klaauwen niet
wisten te ontkomen. Het gemeene volk werpt zich,
vol eerbied, voor zulk eenen heiligen dolleman neder
en tracht hem door liefkozingen tot bedaren te
brengen. Zelfs is er een geweest, die, van eene lange
koord voorzien, op degene loerde, welke naar de
moskée gingen, en die elken vrijdag zeker een' mensch
worgde. Dit werd echter ongehinderd toegelaten.
Een ander dezer fchobbejakken overweldigde een'
vrouwsperfoon, die uit het bad kwam en verkrachtte
haar openlijk op ftraat; doch zij befchouwde zich
als daardoor geheiligd, gelijk de Indiaanfche vrouwen zich inbeelden, dat zij door de liefde van eenen
priester van *Bramah*, of van eene der Godheden
in de *Pagoden* geheiligd worden. Ook hare gezellinnen wenschten haar, onder een luid vreugdege-
fchreeuw, daarmede geluk, en zelfs moest haar
man deswege bezoeken van gelukwenfching aannemen en door zijne blijdfchap toonen, dat hij met
dit *Acteonsfooitje* uitnemend in zijn' fchik was.

Het-

Hetzelfde lot trof de dochter van eenen Europefchen koopman; maar de vader kon, hoezeer hij
zijne klagten voor den *Deij* zelven bragt, geene
genoegdoening bekomen; integendeel moest zijne
dochter, zoo luidde des *Deij's* uitfpraak, zich gelukkig achten, misfchien de moeder van eenen heiligen te zullen worden.

Eenige geven zich voor profeten uit en worden
de lievelingen, zoowel van den *Deij* zelven, als van
het volk. Sommige doen, als zij in de ftad komen,
hunne intrede te paard: een vaandel wordt voor hen
uit gedragen, en het volk ftroomt hun te gemoet.
Gelukkig dan degene, die hun kleed kan kusfen,
of wien zij de heilige handen op het hoofd leggen.
Zelfs vrouwen verdringen elkander, om den *Santon*
te omhelzen; met één woord, de onfatfoenlijke, ja
beestachtige bedrijven, welke hier voor daden van
vroomheid doorgaan, zijn ongeloofelijk voor iemand,
die ze zelf niet gezien heeft.

Overigens maakt men in *Barbarije* bij het aannemen van den titel van h e i l i g e even weinig omflag,
als bij ons, wanneer men zich zelven tot den eenen
of anderen ambachtsman, tot eenen regtsgeleerde
eenen filozoof of dichter ftempelt. Ook gaat de heiligheid, even als in *Europa* de adel, van den vader
op den zoon, volgens erfregt, over, en de laatfte
wordt met dezelfde achting en eerbied behandeld
als de eerfte, bijaldien hij flechts dezelfde ftatigheid
en deftigheid in houding en gebaren weet aan te
ne-

nemen, waardoor de eerfte zich zoo roemvol onderfcheiden had.

Eenige dezer *Santons* bevinden zich altijd bij het
leger: men zou hun echter te veel eer bewijzen,
bijaldien men dacht, dat zij daar den krijgslieden
eene aan dweeperij grenzende geestdrift wisten in
te boezemen en dus eenig wezenlijk nut deden door
hen tot een dapper gedrag aan te fporen: integendeel
zijn het meerendeels groote dweepers en voor veldflagen bange bloodaards. Evenwel wordt er foms, zonder hunnen raad of hunne bewilliging, niet veel
uitgevoerd. Althans, in den laatften oorlog tusfchen
Algiers en *Tunis* ftonden de armeën wel twee maanden lang in elkanders gezigt, zonder eenen droppel
bloeds te vergieten, omdat de *Santons* niet wilden
toeftaan, dat zij tot een gevecht zouden komen.
Het ware te wenfchen, dat men bij de Europefche
legers en in de kabinetten van heerfchers, die groote
lief hebbers van oorlogen zijn, ook zulke *Santons*
hadde!

Deze *Santons* nu, wier onderfcheidene verblijf-
plaatfen zeer talrijk zijn, hebben niet alle eenerlei
gaven en worden ook niet om eenerlei oorzaak aan-
gezocht. Eenigen fmeekt het volk om zegen op
den oogst, anderen om een' gunstigen uitflag bij
deze of gene krijgsonderneming. Bovendien zijn er
verfcheidene, tot welke de vrouwen, die naar
kinderen verlangen, hare gebeden rigten en naar
wier kluizen zij eene bedevaart doen.

De

De doctoren of geleerden, *Eilema's* geheeten,
maken in deze gewesten, waar al, wat wij gewoon
zijn ftudie te noemen, zich enkel tot de uitlegging
van den *Koran* en de kennis der bereids voorhanden
zijnde onderfcheidene verklaringen bepaalt, eenen
zeer geachten ftand uit, die verdeeld is in drie
groote klasfen, namelijk, in die der dienaars van
den godsdienst, welke *Imans*, in die der dienaars
van de wet en wetgeleerden, welke *Mufti's* en eindelijk in die der regters, welke *Cadi's* genoemd
worden. Elke ftad heeft haren *Mufti*, wiens werk
is, de voorfchriften en fpreuken van den *Koran* te
verkondigen, te verbreiden en bekend te maken aan
dengenen, die om onderrigt daarin verzoekt. Maar
hij mag dezelve niet naar eigen goeddunken verklaren. Het is enkel eene foort van raadgeving, welke
men van hem begeert, en zijne uitfpraken worden
fethwa geheeten. Ieder burger heeft het regt, om
zich tot den *Mufti* te wenden en hem over al,
wat tot het geloof en den godsdienst, tot de zedekunde en de wetten, zoowel burgerlijke, als lijfftraffelijke, betrekking heeft, te raadplegen. De
regters zelve vermanen de partijen, zich van eene
fethwa te voorzien. Niet zelden maakt zulks een
einde aan een onregtvaardig proces: dikwijls wordt
de voor fchuldig verklaarde partij daardoor van de
regtvaardigheid van haren regter overtuigd, en meermaals wordt het opperhoofd van de regering zelf
daardoor aangemaand, om een vonnis te vellen, dat

met

met de gevoelens der uitleggers van het heilige boek overeenkomt. Dit hulpmiddel kan echter enkel zeer eenvoudige en alledaagsche menschen tevreden stellen, dewijl de onregtvaardigheden, welke soms bij de geregtshoven begaan worden, niet zoo zeer in de toepassing der wetten zelve, als wel in de wijze van onderzoek en in de manier, waarop de bewijzen, om daadzaken te staven, aangevoerd worden, gelegen zijn. De raadvrager reikt zijn verzoek schriftelijk en onder eenen vreemden naam over, waarop dan de *Mufti* zeer kort antwoordt: „*het kan geschieden,*" of, „*het kan niet geschieden: het is overeenkomstig de wet,* of, *het strijdt tegen de wet.*" Is echter de vraag volkomen nieuw; vindt men geen voorbeeld, geene aanduiding daarvan, of iets van dien aard, hetwelk daaromtrent eenig licht verspreidt, in den *Koran,* of in de *fethwa's* van voormalige *Imans,* dan mag de *Mufti* niets beslissen; maar hij vergenoegt zich met de verklaring, dat de kanonieke boeken, *Kutub Menterebe,* omtrent het voorkomende onderwerp niets bevatten. Betreft de vraag eene aangelegenheid, bij welke het algemeene regt in aanmerking komt, dan onderzoekt de *Mufti* met de voornaamste *Ulema's* de onderhavige zaak, en ieder rigt zich dan naar de *fethwa,* welke zij zamen daaromtrent uitreiken.

De *Mufti* gaat altijd in het wit gekleed. Zijne benoeming hangt van den *Dei* af, die steeds eenen regtschapen man verkiest, welke ter goeder naam

en

en faam ftaat. Ook verzuimt hij nooit, den *Mufti*
in ftaatszaken te raadplegen, en onderneemt niets
van aanbelang, zonder alvorens diens gevoelen gehoord te hebben. Denkt hij echter, dat de *Mufti*
zijne plannen te veel tegenwerkt, dan zet hij hem af
en ftelt zoo lang den eenen na den anderen aan,
tot hij dit ambt met eenen man bezet heeft, die
zich beter naar zijnen wil weet te fchikken.

De *Imans* zijn priesters, welken de bewaring en
het opzigt van en over de *moskeën* is toevertrouwd.
Om tot dezen post verkiesbaar te zijn, moeten zij
den *Koran* kunnen lezen en eenen goeden naam
hebben: ook moeten zij eerst *Murzie's*, of roepers
tot het openbare gebed, zijn geweest. Wanneer
een *Iman* geftorven is, draagt het volk iemand
voor, die de vereischte bekwaamheden bezit, om
dit ambt naar behooren waar te nemen. Eene
zware, doordringende ftem ftrekt tot eene groote
aanbeveling, en zoo gaat het den Mooren, even
als onzen landlieden, die hunnen prediker wegens
zijne zware ftem prijzen. De *Mufti* heeft over de
Imans niets te zeggen; want de hierarchie of het
geestelijke oppergebied is den Mahomedanen onbekend. Ook gelooven de Mooren niet, dat het
priesterfchap zijnen bekleeders eene blijvende waardigheid bijzet; want zoodra hunne priesters het
ambt niet meer bekleeden, treden zij in de volksklasfe
terug, en dus geldt het fpreekwoord: *femel abbas,
femper abbas, (eenmaal burgemeester, altijd
bur-*

burgemeester) bij hen niet. Zoo lang echter de *Imans* in bediening zijn en hun ambt naar behooren waarnemen, ftaan zij in zulke hooge achting, zoowel bij de regering, als bij het volk, dat zelfs de vorst, wanneer hij aan hen fchrijft, altijd begint met de woorden: *Gij, die de roem der regters en der wijzen, de rijke fchat der geleerdheid, voortreffelijkheid en heiligheid zijt* enz.

Het werk der *Murzies* is op de fpits der *minarets* of torens te klimmen en het volk tot den *neuzam*, of openbare gebeden, te roepen.

MAHOMED noemt deze gebeden de pilaren van den godsdienst en de fleutels van het paradijs. Zij moeten vijfmaal in de vierentwintig uren verrigt worden: de eerfte maal bij het aanbreken van den dag; de tweede maal om middagtijd; de derde maal tusfchen middag en zonsondergang; de vierde maal, als de zon ondergegaan is, en de vijfde of laatfte maal, wanneer het anderhalf uur avond is geweest. De Turken houden zich vast overtuigd, dat niets ter wereld hen van deze gebeden mag of moet afhouden; zelfs niet, wanneer het er op aankwam, een bevel van den Sultan uit te voeren, den brand van hun eigen huis te blusfchen of eenen aanvallenden vijand van de ftad terug te drijven. (*)

Zoo-

(*) De uitroeper der biduren heet *Murzie* of *Mudden.* Na het verrigten van ieder, door de wet bevolen gebed,

II.   H   ma-

Zoodra de *Murzie* zijne ftem van de *minaret* laat hooren, ftaakt ieder Muzelman oogenblikkelijk zijn werk en buigt, waar hij zich ook bevinden moge, zijne knie met diepen, bewonderenswaardigen ... eer-

... maken de Muzelmannen gebruik van den rozenkrans en zeggen bij het eerfte kogeltje: „*O heilige God!*" bij het tweede: „*geloofd zij God!*", bij het derde: „*allerhoogfte God!*" en zoo varen zij voort, tot de negenennegentig kogeltjes of balletjes van den Mahomedaanfchen rozenkrans, bij de Oosterlingen *tesbus* geheeten, door de handen gegaan zijn. Daar nu de Muzelmannen in de door de wet bepaalde gebeden geene aardfche goederen van God mogen affmeken, houden zij, na geëindigden rozenkrans, de handen bij elkander en heffen dezelve in de houding van iemand, die iets van omhoog opvangen moet, opwaarts. Hierna brengen zij de regter hand aan den baard en zeggen, alsof zij eene gunst van God ontvangen hadden: „*God zij geloofd!*" met welke woorden het gebed befloten wordt. De bidders moeten op eene zuivere plek knielen, en zijn er geene matten voorhanden, dan leggen zij den *haik*, den *burnos*, of den tulband, onder de knien. Is er geen *Iman* tegenwoordig, dan treedt een ander op, om deszelfs plaats te bekleeden; deze beftuurt dan de houdingen, opdat de bewegingen ordelijk en eenparig gefchieden zullen: ook zegt hij, bij het bidden, de woorden voor. De aanroepingswoorden: *Allahon ak bar semeo Allah*, en *Asfalom aaleikom!* worden altijd met luide ftem uitgefproken. Trouwens, meest al de Muzelmannen hechten aan zekere ceremonien en ge-

-brui-

eerbied. De *ezzun* of het geroep der *Murzin* vervangt de plaats van klokken, welke den Muzelmannen niet bekend zijn. Wanneer deze *Mur...* ...zin ....zin .... ge- bruiken, welke in ... en op zich zelve niets afdoen, ja belagchelijk zijn, zeer veel gewigt. Zoo gelooft b. v. eene fekte, dat eene andere verdoemd zal worden, de- wijl zij onder het gebed de handen over de borst zamenvouwt en ze niet langs het lijf laat hangen. Onder deze kinderachtigheden zijn toch eenige goede voorfchriften, welke de Muzelmannen ook even ftipt nakomen. Zij zijn b. v. verpligt op den eerften dag der maand *Scovel* den armen eéne halve maat tarwe of meel te geven: op *eldapeibira*, of eerften paaschdag is ieder huisvader gehouden, met eigene hand, een kalf of eene jonge geit te flagten, een gedeelte van dezelve gebraden te eten en het overige onder de armen uit te deelen. Behalve dat is ieder Muzelman verpligt, den armen iets van zijn ganfche inkomen te geven, hetwelk de tiende der aal- moezen wordt genoemd. De *moskée*, waar men tot het algemeene gebed vergadert, heet *El Jamma, plaats der verzameling*. De *Iman* leest de verzen uit den *Koran* voor. Niemand mag met ongewafchene handen dit boek aanroeren, en waagde een Jood of een Christen zulks, dan zou zijn leven er mede gemoeid zijn. Aan de in dit boek vervatte leerftukken zijn al degene, die den *Islam* (een woord, dat eene *geheele overgeving of onder- werping van zich zelven* beteekent) of MAHOMEDS god- dienst belijden, met de grootfte onverzetrelijkheid ver- kleefd.

H 2

zies van de fpitfen der *minarets* de geloovigen tot
het gebed roepen, kenmerken zij zich door den
fchoonen en helderen klank hunner ftemmen en zijn
aangenamer, om te hooren, dan het klokkengelui.
Zoodra zij op de *minarets* geklommen zijn, fteken
zij de duimen in de ooren, keeren het gezigt naar
het oosten en beginnen in deze houding de geloovigen tot het gebed te roepen. Wegens de rust en
ftilte, welke in de ftad heerscht en nooit door het
geratel van wagens wordt afgebroken, kan men
hunne ftemmen, op elk biduur, inzonderheid des
morgens vroeg, bij het aanbreken van den dageraad,
zeer ver hooren. Deze, op vaste tijden herhaalde
aankondigingen hebben iets groots, iets verhevens,
wat de ziel zachtkens roert en het hart treft. Met
eene foort van vrome aandoening hoort men, reeds
bij de eerste morgenfchemering, terwijl men nog
op zijn legerftede ligt, eene helderklinkende ftem
de volgende verhevene woorden bij herhaling roepen:
„ komt tot het gebed, komt tot den tempel des heils;
bidden is noodiger dan flapen! ”

De *Koran*, of *al Koran*, is het heilige boek der
Muzelmannen, waarin de leer van hunnen gewaan-
den Profeet is vervat. Het woord *Koran* beteekent
iets, dat gelezen moet worden (*). Ook beftaat

er

(*) Waarfchijnlijk is deze naam naar aanleiding van het
Latijnfche *legenda* gekozen.　　　　　　Vrat.

er misschien geen boek in de wereld, hetwelk meer
gelezen wordt. De regte belijders van den *Islam*
hebben het altijd bij zich; duizende menschen zijn
onophoudelijk bezig met hetzelve af te fchrijven;
en geen ander boek, dan dit, hetwelk allen waren
geloovigen tot een' regel en rigtfnoer van handel en
wandel verftrekt, acht men der moeite van bepein-
zing en overdenking waardig (*). En echter is dit
door de volgelingen van OMAR en ALI, door alle
Mahomedaanfche fekten zoo veel gelezen en zoo
hoog vereerd boek een louter verwarde *chaos*,
zonder den minsten fmaak en fiérlijkheid en met
belagchelijke titels boven de hoofdftukken, als daar
zijn: *de Koe*, *de Mier*, *de Spin*, *de Vlieg*, enz.
Het verpligt zijne belijders, in zeer ernstige bewoordingen, tot het onderhouden van ongerijmde en zelfs
beuzelachtige geboden; het is vol fabels en onzin,
vermengd met hoogdravende uitdrukkingen, opge-
fmukten fchrijfftijl en overdrevene beeldfpraak. Wel
is waar, dat zich in den *Koran* eenige goede grondftellingen en eenige voortreffelijke zedekundige voorfchriften bevinden; maar dit alles zijn bekende
waarheden, welke ieder godsdienftig wetgever, die
zijne

(*) De Muzelmannen hebben, behalve den *Koran*,
ook nog andere, door hen insgelijks zeer geachte boeken,
welke de oude overleveringen en de uitfpraken der
wetgeleerden behelzen en *Afarath* genoemd worden.

zijne wetten gaarne gehoorzaamd zag, reeds voor
lang geleerd heeft. Met de heilige boeken des
Christendoms kan de *Koran* niet alleen in het geheel niet vergeleken worden, maar kan ook, met
opzigt tot de zuiverheid der lessen en de voortreffelijkheid der zedekunde, den *Vedam* en *Esur-Ve-
dam* der *Hindo's*, den *Zendavesta*, in 'bijzonderheid
den boeken van *Sing's* grooten uitlegger en wetgever, CONFUCIUS, verre na niet op zijde komen.

De *Koran* komt met vele nieuwere Europesche
boeken daarin overeen, dat hij zoo al niet met
betrekking tot den inhoud, ten minste toch wat den
uitwendigen vorm betreft, zeer fraai is; met één
woord, hij is eene middenmatige schilderij, in eene
prachtige lijst gezet. Men kan zich naauwelijks
verbeelden, hoe kostbaar dit boek van MAHOMED
opgesmukt en versierd wordt. Zelfs gaan sommigen
hierin zoo verre, dat zij het met goud en parels
laten inleggen, ja de zak waarin het zit op
het sierlijkste gestikt. Inwendig zijn de bladzijden
vol beelden, cijfers en andere sieraden, zeer kunstig
geteekend, zeer fraai gekleurd en daarenboven nog
met goud belegd. Zulke *Korans* hebben veel overeenkomst met de fraaije oude handschriften of *co-
dices*, welke met schoon geteekende zinnebeelden
en fraai prentwerk versierd zijn en als eene zeldzaamheid in beroemde boekerijen bewaard worden.
Ik heb verscheidene dier fraai bearbeide *Korans* gezien en zou gaarne een of meer in mijn bezit ge-

had

had hebben., niet, om daaruit te bidden, of daarin
den dichtgeest van ABDALLAH zoon te bewonderen,
maar om derzelver verguide cijfers en het fraai geteekende beeldfchrift. MAHOMED zoude, als profeet en dichter, over de foort van waarde, welke,
ik aan zijn boek hecht, zeker zeer boos worden;
maar hij is niet de eenige fchrijver, bijzonder onder
de dichters, wiens boek men enkel om den fraaijen
band koopt.

Volgens het geloof der Muzelmannen is in den,
Koran alleen alle kennis, alle wetenfchap, vervat.
Wat buiten denzelven als zoodanig opgegeven wordt,
is niets dan louter onkunde, dwaling en zedebederf.
Daarom hebben zij ook bijna geene andere boeken,
dan zulke, die verklaringen en uitleggingen van het
heilige boek behelzen. (*)

Het *despotismus* vreest, en onverfchilligheid verfmaadt
alle befchaving van verftand en geest. Uit fchriften wil
men niet leeren en wijs worden, doch zelfs zonder dat,
wordt een Oosterfch defpoot foms door eenen, met een
goed natuurlijk verftand, begaafden flaaf te regt gewezen,
Jammer flechts, dat zulk eene teregtwijzing meestentijds,
het welgemeende doel mist.

De *Kalif* ADALMELEK overwon ABDALLAH, gebieder van
Mekka, en daarna MASAAB, deszelfs broeder. Hij bevond
zich juist in het fterke kasteel te *Cufa* toen hem het
hoofd van MASAAB gebragt werd. Een Arabier, die zich,
op dat oogenblik, bij hem bevond, grimlachte, op dit

H 4 ge-

In de eerfte tijden van het Kalifaat waren er zoo véle uitleggers, dat een der grootfte vorsten uit den ftam der *Abasfiden* met de menigte boeken, die flechts aanleiding tot twistvragen, haarkloverijen en verwarringen gaven, meer dan tweehonderd kameelen liet beladen en de geheele rommelzoo in den *Eufraat* deed werpen. Er zijn echter nog heden ten dage niet alleen ontelbare uitleggingen, maar er worden gedurig nieuwe bij gemaakt. Ik vroeg eens eenen *Ulema*, waarom zij zoovele uitleggingen van uitleggingen en verklaringen van verklaringen hadden, dewijl zij zich toch daardoor telkens in nog meer

gezigt, met eene veelbeteekenende houding, gelijk men wel eens doet, als men over iets nadenkt. De *Kalif*, zulks bemerkende, vroeg hem, waarover hij eigenlijk peinsde. De Arabier antwoordde, dat hij enkel bij zich zelven de aanmerking gemaakt had, dat dit het vierde hoofd was, hetwelk hij in dit flot had zien brengen; namelijk, het hoofd van ALI's broeder HOSSEIN, dat aan OBEIDILLAH en het hoofd van dezen, dat aan deszelfs overwinnaar MOKTAR, en diens hoofd, dat aan MASAAB, en dat van den laatften, hetwelk thans aan ABDALMELEK werd gebragt. Deze woorden, zonder eenige bijgevoegde verdere aanmerking uitgefproken, wekten den *Kalif* tot een diep nadenken op. Ten einde nu de onheilfpellende voorbeduidfels van dit kasteel te ontgaan, verliet hij hetzelve niet alleen terftond, maar gaf ook bevel, om het tot den grond toe te flechten.

meer moeijelijke vraagpunten verwarren of in her-
halingen vervallen moesten. Hierop gaf hij mij ten
antwoord: „er is tot heden nog geen ander middel, om op den steilen weg, die tot de kennis van
het ware leidt, eenigzins voorwaarts te komen.
Het licht deelt zich der ziel slechts trapswijze en
met enkele stralen mede; elk verheven boek moet
zeer geheimzinnig en duister zijn (*); maar nu
wordt dit boek door een' wijs en eenvoudig man,
die rein van hart is, vertaald: een tweede wijze
maakt de uitleggingen des eersten meer verstaan-
baar; een derde verklaart weder den tweeden, en
zoo geraakt men, van stap tot stap, van straal
tot straal, ten toppunt der verhevene wetenschap;
zoo zal men, na honderd, tweehonderd, of des
noods, na duizend uitleggingen, 't zoo ver brengen, dat men de waarheid in haar bewonderenswaardig licht aanschouwt."

Ik voor mij ben regt in mijnen schik met den
Ulema, die zóó geleerd redeneerde en met de uitleggers van den *Koran*, die wel een weinig laat,
maar toch eindelijk tot zulk een schoon resultaat
zullen komen; want onze uitleggers van de oude
dichters en oude talen, of ook wel van de wetten,

doen

(*) Het is toch der opmerking waardig, dat verblin-
ding bij zoo vele en zoo verschillende volken der aarde,
altijd in dezelfde gedaante optreedt! VERT.

H 5

doen dikwijls niets meer, dan dat zij al, wat zij
eigenlijk verklaren willen, nog duisterder maken.
Intusfchen is zulks voor hen en hun werkhuis zoo
kwaad niet; dewijl het hun gaat, als eenen flechten
treurfpeldichter, wiens ftuk men voor de tweede
maal gaat zien, in de hoop, dat men nu begrijpen
zal, wat men, bij de eerfte vertooning, volftrekt
niet begrepen heeft.

III.

Turkfche regering te Algiers. De Deij. Zijne verkiezing. Zijne hoedanigheden en regten. Gevaren, waaraan hij blootgefteld is. Hagi Ali Pacha. De ftaatsraad te Algiers. Minifters. De Divan. Beys. Caïds. Chiaux. Wettens. De Cadi. Politie. Avarcas (belastingen). De Hofena (ftaatsfchat). Inkomen en uitgaven van den Deij. Oldaks, Orten (krijgsmagt.) Soldij der foldaten. Hunne legerplaatfen en wijs van vechten. Geeft der troepen. Zeerooverij. Buit en deszelfs verkoop. Verkoop der flaven. Loskoopen derzelva. Raad aan degenen, die in flavernij geraken.

Eene vreemde, van de oevers der Zwarte Zee en uit andere deelen van *Turkije* overgekomene legermagt voert eigenlijk het oppergebied in de ftaten, die het rijk *Algiers* uitmaken. Eene regering van avonturiers en foldaten, die op goed geluk uittrokken, moet, uit haren aard, wel onrustig en gewelddadig zijn, en hun krijgszuchtig opperhoofd zal geene andere grenzen van zijne willekeurige magt erkennen, dan de vrees van den troon geftooten of vermoord te worden. Onder zulke woelzieke en muitzuchtige menfchen, die, naar hun welgevallen,

len, eenen vorst verkiezen en weder afzetten, moeten tweespalt en dienvolgens partijen ontſtaan, waardoor dan deze ſoldaten, die enkel werktuigen der onderdrukking zijn, eene hoogst gevaarlijke magt verkrijgen. Het natuurlijk gevolg van het *despotismus* is, dat het de nadeelen der wetteloosheid met die der dwingelandij vereenigt. Deze woeste ſoldaten beminnen den toeſtand en de levenswijs, waarin zij hun gezag en hunnen invloed kunnen doen gelden. Zij beſchouwen zich als vrij, dewijl zij, in naam van hun opperhoofd, het volk mogen onderdrukken, en dewijl zij dat opperhoofd, ſlechts een vorst van hun eigen maakſel, verheffen, afzetten, ja ombrengen kunnen. Zegt men tegen hen, dat zij gelukkiger zijn zouden, wanneer zij vrijwillig aan wijze wetten en eenen regtmatigen heerſcher gehoorzaamden, die van zijne magt tot behoud van den vrede, tot afſchaffing der wanorden en tot fnuiking der geweldenarijen gebruik maakte, dan geven zij hetzelfde antwoord, hetwelk de oude krijgslieden der onafhankelijke *Afghanen* den Engelſchen reiziger ELPHINSTONE in dezer voege gaven: „*wij beminnen de tweespalt, de muiterij en het bloedvergieten, en zouden nooit eenen opperheer beminnen.*" — Onder dit willekeurige ſoldatengezag, onder dit vreemde juk en onder zulk eene achterdochtige, bedriegelijke en gewelddadige regering moet het ſlaaffche volk volſtrekt alle gevoel van eer en eigene waarde verliezen. Ook is zan wild volk,

of-

offchoon het nu en dan euveldaden bedrijft, nog beter, dan eene diepgezonkene natie, die voor geene deugd meer vatbaar is.

Over het geheel is de regeringsvorm te *Algiers* niets anders, dan eene foldatenrepubliek met eenen willekeurig heerfchenden bevelhebber. Het zoogenaamde gouvernement beftaat uit den *Deij*, als vorst van den ftaat en als kommandant der krijgsmagt, en uit eene raadsvergadering der voornaamfte legerhoofden. Deze vergadering heet *dovane*, hetwelk wij als *divan* uitfpreken: maar deze naam is flechts een ijdele klank, dewijl de *Deij* alle magt in handen heeft. Diensvolgens kan men den regeringsvorm van *Algiers* niet gemengd, maar wel een mengfel noemen van al, wat andere regeringsvormen flecht en nadeelig in zich bevatten. Bij de verkiezing van een opperhoofd vertoont deze vergadering zich als de woelziekfte volksregering. De magt van den vorst is onbeperkt willekeurig, en de voornaamfte legerhoofden vormen eene aanmatigende aristokratie; met één woord, het is eene militaire regering, die zich door allerlei misbruiken, allerlei geweldenarijen en eene volkomen toomelooze woestheid kenmerkt.

De *Deij* wordt altijd uit het ligchaam der Turkfche troepen genomen en verkrijgt deze hooge waardigheid altijd bij wijze van verkiezing, nooit door regtmatige erfopvolging.

Wanneer een *Deij* geftorven is, laat ieder foldaat zich in het paleis des *Pacha's* vinden en geeft zijne

ftem

ftem bij de keus van eenen nieuwen *Deij*. Is er
een tot deze waardigheid voorgedragen, maar wordt
hij niet door allen geftemd, dan blijft hij uitgefloten,
en op deze wijs gaat de verkiezing voort en duurt
tot alle ftemmen op één vallen, die alsdan verkozen wordt en, eenmaal verkozen zijnde, *Deij* moet
zijn en blijven, hij moge willen, of niet dewijl
al, wat op aarde moet gefchieden, vooraf in den
hemel beffoten wordt, en dewijl het eenen fterveling
volftrekt niet geoorloofd is, die allerhoogfte rads-
befluit te wederftreven. Maar volgens dezelfde grondftelling is het eenen fterveling aldaar wel degelijk
geoorloofd, niet flechts oproer te ftichten, maar
zelfs het zwaard tegen zijnen vorst te trekken en
zich geweldadigerwijze op deszelfs troon te zetten,
dewijl ook dit, volgens hun geloof, in den hemel
beffoten was.

Het is ligt te begrijpen, dat kabalen en partij-
gelust op allerlei wijzen in beweging moeten gebragt
worden, bijaldien in eene vergadering van foldaten,
zoo als deze is, eene volkomene zamenftemming
plaats zal vinden. Wanneer een verkozen opperhoofd de meerderheid van ftemmen heeft, rotten de
misnoegde Janitfaren in andere vertrekken van het
paleis zamen en vormen eene groote tegenpartij,
waarna zij als zamenzweerders de zaal inftormen en
den pas verkozen vorst ombrengen. Alsdan hangt
het hoofd dier partij, nog met het bloed des vermoorden befpat, den vorftenmantel om, en de ver-

fchrikte

fchrikte, vergadering moet zich onderwerpen en
zwijgen. Niet zelden verwekken de foldaten eenen
opftand in de kazernen, zenden een' uit hun midden
naar den *Deij*, met bevel, om het paleis te verlaten,
en flaan hem het hoofd af, zoodra hij er buiten
komt. Soms wordt vergif in de drinkfchaal van den
vorst gedaan: foms wordt hij op den weg naar de
moskée van kant gemaakt: meermaals treedt een woedende dweeper op, die den *Deij*, in den vollen
dwan, het hoofd afflaat, zich op zijne plaats zet
en met hetzelfde zwaard, waarmede hij den troon
bemagtigde, zich zelven weet te handhaven. Zoo
worden de gevolgen van eene misdaad door eene
nieuwe voorgekomen. Deze woeste en wreede opperhoofden, te midden van bloed- en oproertooneel-
en verkozen, volgen naderhand fteeds de grondftelling van dien Tartaarfchen vorst, wiens zinfpreuk
was: „ wilt gij uwe onderdanen in orde houden
en zelf gerust regeren, fleek dan het ftraf- en
wraakzwaard nimmer in de fchede."

Zoodra een der krijgslieden tot *Deij* verkozen is,
wordt hij met den *kaftan*, eene foort van koning-
lijken mantel, bekleed, waarop hij den verheven zetel beftijgt, terwijl allen roepen: „ wij bewilligen
het zij zoo! God fchenke hem geluk!" Nu verklaart de *Mufti* hem voor *Deij*; men leest hem de
verpligtingen van zijnen nieuwen ftand voor en herinnert hem, dat, dewijl God hem geroepen heeft,
om beftuorder van den ftaat te zijn, hij zijne magt

moet

moet gebruiken, om de boozen te ftraffen, regt en
geregtigheid te handhaven, voor het welzijn en de
veiligheid van den ftaat te zorgen en den krijgslieden
hunne foldij ftiptelijk te laten betalen. Vervolgens
kusfen de omftanders den nieuwen vorst de hand,
de foldaten begroeten hem, de kanonnen worden
gelost, ten einde het volk kennis te geven, dat de
verkiezing haar volle beflag heeft, en de geheele
ceremonie is geëindigd.

Nu volgt eene algemeene verandering der ftaatsbeambten. Niet tevreden met het uit den weg ruimen van al degenen, die hem, als mededingers
naar den troon, gevaarlijk waren of zulks zouden
kunnen worden, laat de nieuwe *Deij* bijna al de
ministers van zijnen voorganger ombrengen, maakt
zich meester van hunne rijkdommen, ontvangt gefchenken van hunne plaatsvervangers, vult zijne
fchatkamer, verfterkt, door geld en gunften onder
de foldaten uit te deelen, zijnen aanhang en bevestigt
zijn gezag. Zoo liet HALI of ALI *Deij*, bijgenaamd
de *Waanzinnige*, die, na het treurige einde van
IBRAHIM, verkozen werd, niet minder dan zeven-
tien honderd menfchen ombrengen. Zijne gruw-
zaamheid veroorzaakte een algemeen gemor; doch
zonder zich daaraan te ftoren, rigtte hij in *Algiers*
een waar bloedbad aan. Trouwens, de gebieder
van zulk eenen ftaat befchouwt zich niet als iemand,
die door de liefde en achting des volks op den
troon werd verheven, maar hij merkt den troon

als

als eene verovering, als eene voorbefchikking van
het Noodlot, aan, en dus maakt hij van al die regten gebruik, welke het opperhoofd eener bovendrij-
vende partij zich verkiest aan te matigen.

Overeenkomftig de eerfte en oorfpronkelijke ftaats-
inrigting moest de *Deij* eigenlijk maar zes maanden
regeren; doch misfchien gevoelde reeds de eerste,
die de opperheerfchappij in handen kreeg, geenen
trek, om dezelve zoo fpoedig neder te leggen. In
het begin was hij niets meer dan een 'ftadhouder
van den Grooten Heer, het opperhoofd eener fol-
datenaristokratie; maar zijne magt van tijd tot tijd
uitbreidende en aan zijne waardigheid van lieverlede
meer kracht en klem bijzettende, maakte hij zich
ten laatfte onafhankelijk en regeerde als oppervorst.

Offchoon nu zijne verkiezing in den geest en
naar den vorm eener volksregering geschiedt, oefent
hij echter al het gewelddadige gezag van den grootften
despoot op aarde uit. In alle openbare stukken
neemt hij den titel *Excellentie* aan, welken hem
zijne voormalige medefoldaten insgelijks geven, terwijl de Mooren hem *Sultan* en de buitenlanders
hem Uwe of Zijne Majesteit noemen.

De *Deij* heeft het regt, om, naar goedvinden, oorlog te beginnen en vrede te maken: hij vergadert
den *divan*, wanneer het hem belieft, hij legt belastingen op, regelt en beftuurt alle zaken, behalve
diegene, welke den godsdienst betreffen: hij beflist
in alle burgerlijke en lijfftraffelijke gedingen zonder

. II.   I   hoo-

hooger beroep, en is niet verpligt, van zijn ftaatsbeftuur rekenfchap, of iemand van zijne plannen kennis te geven. De uitvoering zijner ontwerpen te
verhinderen, is even zoo onmogelijk, als den gang
van het Noodlot tegen te houden, naardien men
gelooft, dat de Hemel hem met het hoogfte gezag
tevens de noodige kundigheden verleend heeft. Dus
geldt ook in *Algiers* het bekende fpreekwoord:
„*Wien God een ambt geeft, dien geeft Hij ook
verftand.*" Overigens zijn diegene, welke te voren
zijns gelijken waren, thans de eerften, om hem
diepe onderdanigheid te bewijzen.

Zijne hoofdbezigheid beftaat daarin, dat hij, fchier
den geheelen dag, op den achtergrond eener groote
zaal zit en daar over alle voorkomende zaken zijn
vonnis velt. De troon of groote ftaatszetel, waarop
hij zich nederzet, is deels van metfelfteenen, deels
van zandfteenen gemaakt en met een tapijt bedekt, waarover eene leeuwenhuid gefpreid ligt.
Hier bevindt zich de *Deij* dadelijk na den *chaba*,
of het eerste morgengebed, dat, bij het aanbreken
van den dag, verrigt wordt, en blijft er tot hij aan
tafel gaat, d. i. tot half twaalf. Na het eten keert
hij naar zijnen zetel terug en blijft er zitten tot het
avondgebed, d. i. tot zonsondergang. Hij geeft alle
dagen gehoor, behalve op donderdag, wanneer hij
zijne eigene bezigheden afdoet, en op vrijdag,
wanneer hij de *moskée* bezoekt en zijnen godsdienst
verrigt. Ieder mag voor hem verfchijnen. De *Ho-*
jas

sal, of ftaatsfecretarisfen, fchrijven zijne vonnisfen op en houden aanteekening van zijne befluiten: achter zijnen zetel ftaan de *Bachaus*, om zijne bevelen te ontvangen en dadelijk uit te voeren. Al de ftaatsbeambten zitten ieder op zijne eigene plaats en altijd digt bij elkander, ten einde de mededeeling en afdoening der voorkomende zaken fpoedig haren gang zullen gaan. De ministers bevinden zich in eene zaal tegenover die van den vorst; de mindere beambten zitten op banken digt bij den ingang van het paleis: ieder kan dus dengeen, wien hij fpreken moet, gemakkelijk vinden, en zoo gefchiedt, in weinig uren, alles met eene orde, met eenen fpoed, en men mag ook wel zeggen, met eenen ijver, welke mijne verwondering wekte. Het is derhalve ligt te begrijpen, dat het Deijfchap juist geen gemakkelijk ambt is, en de *Dwj* geen gevaar loopt, om van verveling en ledigheid te verkwijnen. Ik moet, bij deze gelegenheid van een in *Abysfinie* in zwang zijnde zonderlinge gewoonte melding maken. Daar worden de deuren en vensters van 's konings paleis onophoudelijk door lieden belegerd, die weenen, klagen en met luid gefchrei begeeren, bij den koning toegelaten te worden, om vergoeding van een geleden onregt van hem te bekomen. Ingeval er geen genoegzaam aantal wezenlijke ongelukkigen is, dan huurt men opzettelijk eenen hoop gemeen volk, om te huilen en te klagen: zulks gefchiedt enkel ter eere van de koninglijke majefteit en om

te

te beletten, dat de vorst zich in zijne eenzaamheid
vervele en verdrietig worde. BRUCE verhaalt in
zijne reisbefchrijving, dat, toen hij zich, gedurende
het regenfaizoen, in zijne woning had opgefloten,
een aantal menfchen onder zijne venfters ftond te
bidden en te zuchten. Op zijne vraag naar de oorzaak van hun geklag, gaven zij hem ten antwoord,
dat zulks enkel en alleen gefchiedde, om hem eer
aan te doen en te verhinderen, dat hij door verveling of kwade luimen geplaagd wierde : dat zij derhalve hoopten, een goed drinkgeld van hem te zullen
ontvangen, om met te meer infpanning van krachten
te kunnen zuchten en klagen. Schier evenzoo
gaat het ook in het paleis en voor den troon van den
Deij. Intusfchen is het juist door onvermoeide waakzaamheid en onverdrotene werkzaamheid, dat de militaire heerfcher van *Algiers* zijne magt en zijn gezag,
zijn aanzien en zijnen invloed 't krachtdadigst handhaaft en handhaven kan. Want zoo lang het volk
zich met kracht en nadruk geregeerd ziet, zoo lang
gelooft het ook, goed geregeerd te worden. De
Deij nu weet, dat hij eene ftaatshulk ftuurt, met
welke hij dagelijks tegen ftormen te kampen en
klippen te vreezen heeft; hij moet dus het roer
met eenen fcherpen blik en eene vaste hand fturen:
dit ftelt de natie gerust en geeft den vorst de noodige bedaardheid en tegenwoordigheid van geest.
Een Oostersch koning klaagde, op zekeren tijd, tegen eene wijzen over flapeloosheid, welke hem de

nach-

nachten lang deed vallen, waarop de wijze hem
toevoegde: „ *O koning, fluimer op uwen troon wat
minder, dan zult gij op uwe legerftede wat meer
flapen.*"

Offchoon nu de *Deij* met eene gansch onbepaalde,
met eene grenzenlooze magt regeert, is echter flechts
ééne ongelukkig geflaagde onderneming, of een langdurige vrede, waarover het woelzieke, hebzuchtige
volk verdrietig wordt, of een vermoeden, dat, bij
de verdeeling van den buit, de ftiptfte naauwkeurigheid niet in acht is genomen, of ook de flechts
éénen dag te laat aan de foldaten betaalde foldij genoegzaam, om de bereids van zelf tot oproer en
muiterij genegene gemoederen te ontvlammen, om
gisting en opftand te veroorzaken en eensklaps een
einde te maken aan de regering en het leven van
eenen Barbarijfchen vorst. Dan baat geen bidden,
geen fmeeken, dan baten geene blijken en bewijzen
van een goed en zacht beftuur, dan baat zelfs geene
bekende zwakheid van een te weinig beteekenend
karakter, dan dat het den nijd of de afgunst van
iemand zoude hebben kunnen opwekken; het is
genoeg, dat hij *Deij* is geweest, dat hij geregeerd
heeft, dat hij thans niet meer regeert: derhalve hij
moet fterven. De troon van *Algiers* is dus, als
ware het, een zeer bekoorlijke en uitnoodigende
hof, waar men wel levend in, maar zelden of nooit
levend uit kan komen: het is een uitlokkende berg,
welks top men wel niet zonder gevaar beftijgen

I 3   kan

kan, maar waar men, bij het afdalen, meestentijds
den hals breekt.

Zoo werd, weinige jaren geleden, een arme fchool-
meester tot *Deij* verkozen. Tevreden met den
fcepter, dien hij in de fchool voerde, begeerde hij
den vorftenfcepter geenszins: hij gevoelde geheel
geenen trek, om van den leerftoel op den troon te
klimmen. Maar dit hielp niet, hij was nu eenmaal
verkozen en moest *Deij* worden. Aldra echter begon zijn zachte en vreedzame aard den foldaten te
mishagen, en deswege ontving hij de ongelukkige
boodfchap, dat hij het paleis verlaten moest. Hij
gehoorzaamde en bad verbleekt en fidderende enkel
om de vergunning, dat hij naar zijne fchool, naar
zijn klein huisje, mogt terugkeeren, om daar zijne
dagen in rust en vergetenheid te flijten. Maar de
ongelukkige verkreeg zijnen wensch niet : men gaf
hem ten antwoord, dat zulks geen gebruik was en
dus niet gefchieden konde; dat hij *Deij* geweest,
dat hij afgezet was en derhalve fterven moest.

Een der laatfte *Deijs*, welken de oproerige foldaten uit het paleis verdreven, trachtte zich met de
vlugt te redden door over de daken te klauteren;
maar hij werd door een karabijnfchot getroffen en
viel dood op de ftraat neder. Meermaals regeert
een *Deij* niet langer dan één uur. Men ziet buiten
eene der poorten, op den beftraten weg, zeven
groote, digt bijeenliggende fteenen, welke de arme-
lijke graven aanduiden van zeven *Deijs*, die op
éénen

éénen dag gekozen en omgebragt werden. Ook gebeurt het zoo zelden, dat een *Deij* gerust op zijn bed sterft, dat men dengenen, wien dit bijna ongehoorde geluk ten deel valt, gelijk den beroemden HASSAN PACHA, als eenen heiligen beschouwt en vereert. De *Deij* gaat bij al zijne verrigtingen, al zijne ondernemingen, nooit met het belang of de wenschen van het volk te rade; want onder despotieke regeringsvormen worden de menschen enkel beschouwd als lastdieren, welke men voor den wagen van eenen dwingeland spant. Vandaar komt het ook, dat het volk, hetwelk hier te lande als een nietsbeteekenende hoop aangemerkt en als zoodanig geheel veronachtzaamd wordt, nooit, ingeval van nood, de partij van den heerscher trekken of hem hulp en bijstand bieden zal: vandaar, dat de Mooren, te midden van al de onlusten, welke het rijk beroeren, zich steeds als ledige, lijdende aanschouwers gedragen. Wordt derhalve een *Deij* door eene zamenzwering bedreigd, dan zoude hij te vergeefs op de genegenheid of den bijstand zijner onderdanen hopen. In weerwil van dat alles, zou een *Deij* nog altijd veilig zijn, wanneer hij niets anders, dan de ontevredenheid en de muiterij des volks, te duchten had; maar de meest te vreezen zwaarden bevinden zich in de handen dergenen, die den troon omringen. En toch heeft de eerzucht zoo veel vermogen op het menschelijke hart; toch is het genoegen, om te heerschen, zoo magtig; toch

I 4

is

is de hoogfte waardigheid van alle kanten zoo be·
koorlijk en aanlokkelijk , dat niemand door de oogenfchijnlijke gevaren , welke dezelve onophoudelijk ver-
zellen , wordt afgefchrikt. ·Men vrage flechts elken
Turkfchen ·foldaat, of hij drie dagen *Deij* zoude
willen zijn, bijaldien hij vooraf wist , ·den vierden
dag zijn hoofd te zullen moeten verliezen, en hij
zal zulks , zonder zich eenigzins te bedenken , met
ja beantwoorden. Zelfs gaat men zoo ver , dat men
gelooft , dat wie , na tot *Deij* verkozen te zijn ,
fterft , een heilige wordt. Wie een maal uit den
zwijmelbeker der hoogheid proefde ; wie eenmaal
door derzelver wierook bedwelmd werd , kan naderhand in geene andere zoetigheid meer fmaak vinden.

De *Deij*, die te *Algiers* regeerde, toen ik daar
kwam, heette ALI PACHA; bij welken naam hij den
eertitel HAGI voegde, dien allen, welke eene bedevaart naar de heilige ftad van *Arabie* gedaan hebben,
aannemen. ALI had deze bedevaart driemaal gedaan,
en ftond derhalve voor eenen heilige bekend; maar
hij was een der bijgeloovigfte Muzelmannen en
tevens de bitterfte vijand der Christenen. Nooit
verzuimde hij één der beuzelachtige gebruiken van
·den eerdienst zijner bijgeloovige fekte , maar verzuimde tevens ook nooit ééne gelegenheid, om zijnen
wrok met bloed te bevredigen, hetgeen hem altijd
een levendig genoegen fchonk. Hij verrigtte de
bevolene reinigingen met de grootfte naauwgezetheid, maar hij baadde zich , als ware het , ook
gaarne

gaarne in bloed. Vandaar dan ook, dat HAGI ALI
PACHA zelfs in dit gewest, waar zoo dikwijls de
ontzettendſte gruweltooneelen voorvallen, als de
wreedaardigſte *Deij*, die ooit over het Barbarijſche
volk heerschte, beſchouwd wierd.

Deze *Deij* was een man van vijf en vijftig jaren,
daarbij groot en welgemaakt, maar op zijn gelaat
ſtonden diep verholene hartstogten en ſmeulende
driften uitgedrukt. Hij geleek naar eenen mensch,
die overal en altijd in de ſomberſte gedachten verzonken is; met één woord, hij was, zoo als
TACITUS zegt, *vi dominationis convulſus et com-
mutatus:* (*)

Ik hoorde ontzettende ſtaaltjes van zijne wreedaardigheid verhalen; zoo, als onder anderen, dat
hij eenen armen koksjongen had laten omhals
brengen, dewijl die uit achteloosheid een ſteentje
in de rijstſoep had laten liggen. Toen hij, op zekeren dag, op zijnen regterſtoel zat, kwam een *Chiaux* binnen en luisterde hem eenige woorden in
het oor. Hierop gaf hij ſlechts eenen wenk met
de hand, en tien minuten daarna keerden de
ſchrikbarende beulen met vijf afgehouwene hoofden
terug. Zij behoorden aan vijf Mooren, die in
een koffij huis eenige oproerige redenen zouden gevoerd hebben. ALI had bereids zeven jaren geregeerd;

(*) *Door de hevige heerschzucht, die zijne ziel vervulde,
waren zijne gelaatstrekken geheel veranderd en mismaakt.*

I 5

geerd; maar zulks had hij alleen aan zijne waakzaamheid en aan de fnelle uitoefening zijner wraak
te danken. Vele zamenzweringen, welke echter
tijdig ontdekt waren, hadden enkel gediend, om zijn
gezag nog vaster te grondvesten. Doch de lange
vrede met *Portugal* en *Spanje* werd door eenige
onrustige hoofden in den *Divan* niet goedgekeurd;
dienvolgens hadden deze den meesten foldaten eenen
grooten haat tegen den *Deij* weten in te boezemen
en zich eenen fterken aanhang gemaakt, die voor
zijne vijandelijke gezindheid openlijk uitkwam.
Maar de verovering van onzen Siciliaanfchen bri-
gantijn ftelde HAGI ALI PACHA intusfchen in ftaat,
om geld en gefchenken uit te deelen en daardoor
de muitzuchtige gemoederen te bevredigen; zoodat
hij zich nog op zijnen bloedigen troon wist te handhaven. Middelerwijl werd zijne reeds wankelende
gezondheid door den geftadigen angst, en de hevige
infpanning zijner ziel, van dag tot dag, meer verzwakt; weshalve men zijnen nabijzijnden dood
fchier als zeker vooronderftellen kon, en toch mogt
het hem niet gebeuren in vrede op zijne legerftede
te fterven; want hij werd door zijnen kok, eenen
Neger, met vergif van kant geholpen. Deze,
waarfchijnlijk bevreesd voor een gelijk lot, als den
armen koksjongen, wegens een in de foep vergeten
fteentje, getroffen had, gaf ALI PACHA eene pil in,
die zich niet zoo ligt liet verduwen. ALI's opvolger was de reeds bejaarde MEZOULI, een
mensch

mensch van geene beteekenis, en dus niet in ftaat,
om de plaats van eenen man, als ALI, te vervangen: ook werd hij flechts tot *Dey* verkozen, om
dezen post zoo lang te bekleeden, tot men een
waardiger, d. i. een wreeder en krachtvoller opperhoofd gevonden had. MEZOULI had derhalve niet
lang genot van zijne heerlijkheid, maar werd, eenigen tijd daarna afgezet en, overeenkomftig het onveranderlijke gebruik, om het leven gebragt. Overigens werd het gemis van HAGI ALI PACHA niet
betreurd; want wie, na zijnen dood, zulke tranen
oogften wil, moet, gelijk een zeker Duitfche dichter
zegt, bij zijn leven liefde gezaaid hebben.

De vreesfelijke OMAR AGA bevond zich thans aan
het hoofd van het leger en beklom den troon. Hij
was, nog niet lang geleden, met zijne Janitfaren
van eenen roemvollen veldtogt tegen de oorlogzuchtige ftammen in het gebergte *Kuko* teruggekeerd.
OMAR had den ouderdom van vijf- of zesenveertig jaren bereikt en was de fchoonfte man van de ganfche
Turkfche armee. Met eenen onverfchrokken moed
paarde hij zeer veel beleid en vastberadenheid, zoo
dat hij een eenmaal genomen befluit of ontworpen
plan nooit liet varen. Als *Aga* bij de armee, had
hij bij elke onderneming uitgemunt, terwijl zijn
vriendelijk en innemend gedrag, gevoegd bij zijne
fchoone geftalte en levendige welfprekendheid, hem
tot den afgod van de foldaten en den *divan* maakten. Reeds lang befchouwde het volk hem ook
als

als den toekomenden *Deij*. ALI-*Pacha* zag hem
met afgunftige oogen aan en zond dienvolgens den
opperfte der *chiaux* af, om zijn hoofd te halen,
maar de *Aga* was de man niet, om zich zoo maar
goedfchiks om hals te laten brengen.   Hij verzette
zich tegen de hém getoondé doodorder en verklaarde
met een onverfchrokken gelaat, dat hij wel eens
zien wilde, wie het wagen durfde, hem in de kazerne
aan te tasten.   De *chiaux* deinsde, hierdoor ver-
fchrikt terug, even als de Cimbrifche foldaat oudtijds voor den dreigenden blik van MARIUS. OMAR
gedroeg zich in gewigtige en hagchelijke tijdsomftandigheden als een' wezenlijk groot man en de
ongelukken, welke hem troffen, fchijnen zijnen
verheven moed niet geknakt te hebben. Hij regeert
niet flechts, maar hij regeert ook met kracht en
klem; en bijaldien men hem vroeg, hetgeen eertijds eenen koning van *Thracie* werd gevraagd, hoe
hij een woest en onbeftendig volk in gevaarlijke en
netelige tijdsomftandigheden regeren konde, zonde
hij, even als die vorst, antwoorden: „ *ik regeer,
dewijl mijne kroon nog vaster op mijn hoofd zit,
dan mijn hoofd op mijn ligchaam.* ”

De tot *Deij* verkozen krijgsman benoemt al de
ministers en ftaatsdienaars, die echter flechts flaven
van den vorst en geenszins zijne of des volks ministers zijn; want eigenzinnigheid, toeval, gunst
en partijfchap beflisfen hier, waar men uit den
laagften ftaat tot het hoogfte aanzien opklimmen,

of

of van het toppunt des geluks in de diepfte ellende
nederzinken kan, enkel en alleen de keus. Zoo is
het geheel niet zeldzaam te *Algiers*, dat een fecretaris van den *Deij* te voren zijn ftalknecht was, en
dat daarentegen een voormalige gouverneur der ftad
thans de ftraten veegt. Deze menfchen nu worden
in tegenfpoed even zoo kleinmoedig en verachtelijk,
als zij in voorfpoed trotsch en hovaardig waren, en
het volk, hetwelk hen, in hunnen fchitterenden
ftaat, met vleijerijen overlaadde, werpt hen, in
hunne ellende, niet zelden met fteenen.

Bijaldien een *Deij* valt, dan fleept hij ook al degenen, welke hij verhief, in zijnen val mede. Dikwijls plundert hij ook uit hebzucht dezelfde menfchen, welken hij gelegenheid gaf, om zich te
verrijken. Uit eene natuurlijke onbeftendigheid vernielt hij dikwijls zijn eigen werk, of offert den
morrenden foldaten eenen gunfteling op, zoo als
men de beenderen van geflagte dieren voor de pan-
ters en tijgers werpt, wanneer zij te luid in hunne
hokken brullen. Veelligt is het ook wel overeenkomftig met de Algierfche ftaatkunde, dikwijls
ambten onbezet te hebben, ten einde de hoop en
den ijver der eerzuchtigen, die naar aanzienlijke
ambten ftreven, altijd gaande te houden. Deze
kunstgreep wordt zelfs in landen, waar men anders,
met opzigt tot het ftaatkundige, vrij wat regtmatiger
en eerlijker handelt, ook wel eens te baat genomen.

Misfchien is het gansch niet kwaad, zal men
zeg-

zeggen, dat hooge ftaatsambtenaars op hunne verhevene ftandplaatfen niet heel zeker en vast zitten;
want wanneer zij weten, dat zij naauwkeurig gade-
geflagen worden en door menigvuldige gevaren omringd zijn, zal hun ijver niet verkoelen: ook zullen
zij niet flapen op de hun aanvertrouwde posten,
of den ftaat en deszelfs inkomften als hun eigendom en hun gewigtig ambt enkel als eene bediening
aanmerken, welke hun regt geeft, om hun gemak
te nemen en zich allerlei levensgenot te verfchaffen.
In *Barbarije* echter worden de ministers niet geftraft, dewijl zij zich aan pligtverzuim of mishan-
deling van het volk fchuldig maken, maar dewijl
zij niet genoeg geven willen of kunnen, om den
gouddorst van hunnen norfchen heerfcher te bevredigen; of dewijl zij door boosaardige kabalen bij
hem in ongenade vallen. Alsdan treft hen niet het
zwaard der geregtigheid, maar de dolk der wraak.
Om die reden zijn de Afrikaanfche ministers ook
altijd onzeker omtrent hun lot en leven fteeds in
vrees, of althans in gevaar van de achterdocht op
te wekken; en daar zij, in weerwil der naauwkeu-
rigfte pligtbetrachting, op lof of erkentenis niet
behoeven te rekenen, kunnen zij eener ondankbare,
eigenzinnige regering niet oprégt toegedaan zijn: integendeel zoeken zij zich flechts zoo fpoedig mogelijk te verrijken, ten einde met hunne fchatten te
ontvlugten en zich tegen de wisfelvalligheid van
het onbeftendige geluk in veiligheid te ftellen.

Nu

Nu is de vraag, hoe menfchen, die hunne verkiezing aan het toeval of aan eene luim te danken hebben, die door het rad van de fortuin uit den laagften ftaat ten toppunt van aanzien en magt werden verheven; hoe menfchen zonder verftandsbefchaving of eenige zaakkennis eenen ftaat regeren kunnen? (*) Hoe zoude het er in *Europa* uitzien, zegt een zeker reiziger, wanneer de onkundigfte en geringfte lieden de aanzienlijkfte posten bekomen konden en het bloote toeval de voornaamfte ambten onder zoodanige menfchen verdeelde? — Met opzigt tot *Afrika* laat die vraag zich ligtelijk beantwoorden. Alle zijn daar even onwetend, en dus komt het er niet op aan, wie regeert; want daar draait alles uit op arglistigheid, op doortraptheid en op de kunst, om te veinzen, ten einde de plannen en oogmerken van anderen te doorgronden, en hiertoe bezitten Turken en Mooren eene zeer groote gefchiktheid en een uitnemend fijn gevoel. Veelligt verbeelden zij zich wel, dat de kunst van regeren niet veel beteekent, of dat de wereld van zelf gaat, als een wagen, welken een dronken koetfier ment, en waar de dikwijls onfchuldig geflagene paarden meer verftand gebruiken, dan hun beftuurder. Van dit gevoelen fchijnt de Zweedfche grootkanfelier OXEN-

STIERN

(*) Men danke flechts aan *Frankrijk* ten tijde der omwenteling!

STIERN ook geweest te zijn, toen hij zijnen zoon, wien eene hoogst gewigtige zending was opgedragen, den raad medegaf, dat hij niet bezorgd moest zijn. *Videbis*, zeide hij tegen hem, *videbis, quam parva sapientia regatur mundus.* (*) Zoo veel is echter zeker, dat de wezenlijk kundige man 't best doet, wanneer hij naar eigen inzien en naar bevind van zaken handelt, en dat men insgelijks 't best doet, wanneer men den regel volgt: *mitte sapientem et nihil dicas* (†).

De voornaamste staatsambtenaars zijn: de *Casnedar* of *Cadenaggi*, de grootschatmeester of bewaarder der schatkamer of *hasena*, die zich in het, aan de vergaderzaal van den *divan* grenzende lokaal bevindt; de *Michelacci*, of minister van buitenlandsche zaken en der marine, wien men, uit hoofde van zijn gewigtig ambt, als den eersten minister kan aanmerken; de *Almirante*, of opperbevelhebber der zeemagt; de *Kiája* van den *Deij*, die dikwijls zijne plaats bekleedt; de *Aga* van het leger, of opperbevelhebber der landmagt; de *Goggia a Cavallo*, of generaal der ruiterij, en de *Aga-Baston*, die stokslagen laat uitdeelen, welke bij de Afrikaansche gouvernementen een voornaam hulpmiddel en een magtige

(*) *Gij zult zien, hoe weinig verstand er noodig is, om de wereld te regeren!*

(†) *Laat den wijzen zijnen gang gaan, zonder hem iets te zeggen.*

tige drijfveer zijn. Vervolgens zijn er nog vier
Hoja's, of ftaatsfecretarisfen, van welke de oudfte
de openbare uitgaven en de leening der foldaten,
de tweede de uit- en ingaande regten, de derde de
buitengewone ontvangften en uitgaven verantwoordt;
terwijl de vierde belast is met de archieven, betreffende de onderhandelingen van *Algiers* met vreemde
mogendheden. Alle vier zitten aan eene tafel ter
regterhand van den *Deij* en fchrijven zijne befluiten
en bevelen op. Bij openbare gehoorgevingen fpreken zij zelden, maar deelen den heerfcher, wanneer
zij met hem alleen zijn, hunne meening mede,
welke hij niet zelden met veel belangftelling aan-
hoort. Wanneer een Conful bezwaren of vorderingen inbrengt, leest de vierde *Hoja* het artikel
voor, dat daartoe betrekking heeft, waarvan hij dan
ook geen haarbreed afwijkt, maar hetzelve letterlijk
volgt. Is het regt klaarblijkelijk aan des Confuls
zijde, dan verkrijgt hij fpoedige voldoening: grondt
het zich enkel op een vermoeden, of op eene bloote
uitlegging, dan wordt zijn verzoek van de hand
gewezen en wil men er niets meer van hooren.
Behalve de vier reeds gemelde *Hoja's*, zijn er nog
tachtig van minderen rang, van welke ieder zijne
bijzondere werkzaamheden heeft; de een deelt den
foldaten het brood uit, de ander vordert de belastingen op de huizen in, een derde verantwoordt
de accijnfen, een vierde heeft het opzigt over de
voorraadsmagazijnen der foldaten: twee bevinden

II.   K   zich

zich aan iedere ftadspoort; eenige zijn altijd bij den
Deij, eenige bij de ministers, terwijl eenige andere
wederom zich altijd, of bij de land-, of bij de zeemagt bevinden en ook met dezelve te velde trekken.

Behalve de opgenoemde ftaatsbeambten, heeft men
er nog andere, welke alle meer of minder aanzien-
lijk zijn. Zoo is er een *Doletri*, of opperfte van
het juftitiewezen, die onder de onderhandelingen
zijn zegel zet; een *Mezovard*, die voor de openbare rust waakt, des nachts de ronde doet en elken
morgen den *Deij* rapport maakt. Hij heeft ook
het opzigt over de meisjes van pleizier, die hem
eene zekere belasting moeten opbrengen, en is bovendien de opperfte der fcherpregters, die altijd
Mooren zijn. Vervolgens is er nog de *Ehekebeld*,
die nagenoeg met onzen ftadsbouwmeester overeenkomt, dewijl hij voor de noodige verbeteringen aan
de ftadswerken en gebouwen zorgt. In zijn huis
worden ook ftrafwaardige Moorinnen getuchtigd en
Christenflavinnen van goede afkomst en opvoeding
bewaard. De *Pitremelgi* is de invorderaar van al,
wat den ftaat, of den *Deij*, door fterfgevallen van
vrije lieden, of van flaven, die geene kinderen nalaten, te baat komt. Dus moet ieder doode bij hem
worden aangegeven; en opdat hierin geen fmokkelen
plaats hebbe, mag men niemand in de ftad begraven, terwijl men op het kerkhof buiten de ftad niet
komen kan, zonder een blijk van hem, hetwelk
men, bij de poort, aan eenen daartoe uitfluitend aan-
ge-

geftelden officier moet afgeven. De *Dragóman*, of tolk van het paleis, moet een Turk zijn, die zoowel het Arabisch, als het Turksch, goed verftaat: hij moet alle *misfives* vertolken en de overzetting daarvan den *Deij* voorleggen: ook moet hij onder de *depèches* en alle andere dokumenten of openbare ftukken, in het bijzijn van den *Deij*, deszelfs zegel zetten; dewijl de *Deij* geen papier met eigene hand onderteekent, maar, in plaats daarvan, zijn zegel, waarop zich enkel zijn naam bevindt, onder al de ftukken laat zetten.

De *Rais*, of kapitein der haven, onderzoekt alle zeilvaardige fchepen, opdat geen weggeloopen flaaf zich daarin verfchuilen en langs dezen weg ontvlugten kunne: hij beflist bovendien alle gefchillen, die op de in de haven liggende fchepen ontftaan, en doet, bij het vallen van den avond, de ronde langs het ftrand.

Al deze beambten trekken geen inkomen en zoeken derhalve, wijl zij niet enkel eershalve verkiezen te dienen, het gemis van traktement door buitenkansjes en knevelarijen eenigzins te vergoeden. Alles is hier niet flechts aan zwaardrukkende belastingen en roofzucht onderworpen, maar de hier te lande gebruikelijke giften en gefchenken maken ook een gedeelte van het inkomen der ambtenaren uit. Wanneer een uitlander, bij deze of gene gelegenheid, eenmaal een gefchenk doet, moet hij, of die na hem komt, zulks dikwijls herhalen. Des-

K 2 wege

wege is het hoogst noodzakelijk, dat men zich voor
de eerste maal wacht: men moet den Barbarijers
ook: niets uit beleefdheid aanbieden; want zij zouden het, zonder veel omſtandigheden te maken, en
zonder de minſte vrees van onbeſcheiden te zullen
zijn, oogénblikkelijk aanbemen.

Ik was met meer dan éénen dezer voorname amb-
tenaars in kennis geraakt. Eenige perſonen van een
driftig voortvarend karakter hadden zich zelve, met
ſpoed en geweld, door kabalen weten te verheffen,
andere waren langs den weg van bevordering lang-
zaam omhoog gekropen. Zoo gaat het in de wereld! de deur, die tot het geluk leidt, is laag: men
komt er zonder bukken en krommen niet door, en
hooge poſten gelijken zekere hooge boomen, tot
welker top ſlechts de adelaar zich verheffen, of de
worm omhoog kruipen kan.

Herhaalde malen zag ik den *Michelacci*, of minister
van buitenlandſche zaken en marine. Hij bezat
werkelijk veel verſtand en doorzigt, maar tevens
een driftig, eigenwijs en ſtijfzinnig karakter. De
Cadanaggi was niet zeer gezien, en zulks maakte
hem verdrietig en ſukkelend, dewijl hij veel eigenliefde bezat. Hij klaagde altijd over onpasſelijk-
heid, en niemand wist, wat hem eigenlijk deerde.
Zijne kwaal was echter niets anders dan gekrenkte
eerzucht. De opperſte van het juſtitiewezen was
voorheen een dier kleine beambten geweest, hoedanige bij ons de, tot verpleging der armee be-

hoo-

hoorende geringere officianten zijn: dus kan men
zich wel een begrip van de door hem gewezene
vonnisfen maken. De gouverneur der plaats was
een Turk, die, gedurende geheel zijn leven, bijna
niets van den oorlog had gezien. OMAR echter,
de *Aga* van het leger, was een man van veel be-
kwaamheid, gelijk ook een der *Hoja's*, die den post
van eersten fecretaris bij den *Deij* bekleedde en,
naar ik geloof, een renegaat was, hoezeer hij mij
zulks nooit heeft willen zeggen. Gedurende de
zeven jaren van ALI's regering, was het gezamen-
lijke ministerie te *Algiers* drie- tot viermaal veranderd: flechts de oude ALMIRANTE overleefde twee
Deijs en hield zich onder vier achtereenvolgende
ftaatsveranderingen ftaande, hetwelk hij aan zijne
groote arglistigheid te danken had en aan de kunst,
om zich in allerlei bogten te kunnen wringen;
want hij maakte zich fteeds tot eenen flaaf der omftandigheden en van elk, die het bewind in handen
kreeg, en hing altijd, gelijk hij ook nog doet, de
buik naar den wind. Maar kan de man het helpen,
dat de wind zoo veranderlijk is!

Wanneer men van den *divan* te *Algiers* hoort
of leest, moet men aan geen Fransch geregtshof,
of Britsch parlement denken. De Barbarijers hebben volftrekt geen begrip van eene volksvertegen-
woordiging of van een regtmatig evenwigt der magt;
volftrekt geen begrip van eenen zamengeftelden,
zachten regeringsvorm, die vrijheid met goede orde

K 3   paart,

paart, waarbij zoo wel de regten van het volk, als
van den heerſcher, heilig blijven, waar men de magt
en waardigheid van den vorst eerbiedigt, maar geweld
en willekeur palen zet; waar het volk zich met
de regering vereenigt, om voor zijn eigen voordeel
en welzijn te waken; waar men hevige hartstogten
beteugelt, maar aan verſtand en geest, aan vaderlandsliefde en werkzaamheid, aan edele gezindheden
en loffelijke eerzucht, een ruim veld open laat. De
divan is eene vergadering, die uit de hoofdofficieren
van het leger beſtaat, welke niet bij de armee opzettelijk aangeſteld zijn, maar natuurlijkerwijs tot
dezelve behooren. Zij vertegenwoordigen het volk
niet, maar maken eene, zich alles aanmatigende,
alles onderdrukkende militaire aristokratie uit: ook
zijn zij geene leden van een geregtshof, maar vormen eene loutere naäping van hetzelve.

De *divan* heeft eenige landerijen en ook eenig
inkomen, maar trekt thans niet meer de nalaten-
ſchap dergenen, die zonder erfgenamen overlijden.
De weinige inkomſten, welke hij nu bezit, worden aan het herſtel der ſtadsmuren en insgelijks,
van tijd tot tijd, aan maaltijden beſteed, die ook in
Europa het vermaak en de eenigſte bezigheid van
menige aanzienlijke vergadering uitmaken. Overigens dragen de leden van den *divan*, als een teeken
van hunnen rang, eene gouden koord voór aan den
tulband.

De boven reeds genoemde hoofdofficieren, uit
                                                welke

welke de *divan* beftaat, zijn namelijk, de oude
Aga's, de *Tiak-Pachas*, driehonderd *Boulouk-Bachi*
en tweehonderd *Oldak-Bachi*. Gewoonlijk is de vergadering zevenhonderd perfonen fterk, maar, bij bui-
tengewoon gewigtige gelegenheden, worden niet alleen
de *Monfoul-Aga's*, dat is, de oude rustende *Aga's*,
maar foms ook zelfs de gansche Turkfche militie,
die te *Algiers* is, opgeroepen. De oudfte *Aga* is
prefident en zit vooraan in de rij: op hem volgt
de fecretaris van den *divan*, voorts vier en twintig
Aga-Bachis of hoofdofficieren der armee, en eindelijk de *Boulouk-Bachi* en de *Oldak-Bachi*. Elken
faturdag is er vaste vergadering in den *alcafar*:
op andere dagen komt de *divan* ook wel bijeen, doch
dan gefchiedt zulks op bijzondere order van den
Deij. De foldaten moeten, wanneer zij er insgelijks geroepen worden, ongewapend verfchijnen en
met de armen kruifelings op de borst ftaan blijven.
Al de voorkomende zaken worden in het Turkich
verhandeld. Bij de opneming der ftemmen, deelt
de voornaamfte *Aga* zijn gevoelen mede, of hij
doet een voorftel, hetwelk hij den *Aga-Bachis*
overhandigd, waarop hetzelve door vier officieren,
Bachoul-Dala genoemd, met luide ftem herhaald en
door al de overigen, een voor een, nagezegd wordt,
hetwelk een groot geraas en veel verwarring veroorzaakt. Maar alles is louter ijdel gefnap, hetwelk niets ter zaak doet en dikwerf ook niets beflist. Voorheen werden alle zaken van bijzonder

K 4   be-

belang in den *divan* afgehandeld, en de befluiten en
wetten moesten door deze aanzienlijke vergadering
goedgekeurd en bekrachtigd zijn; maar thans roept
de *Deij*, naar goeddunken, den *divan* bijeen en
ontbindt hem: hij treedt in de zaal, even als BUO-
NAPARTE onder de wetgevers van *St. Cloud* en
als OLIVIER CROMWEL in het Parlement traden,
toen de laatste hetzelve uiteenjoeg. De *Kiaja*,
die meestentijds in plaats van den *Deij* aldaar ver-
fchijnt, kondigt eerst deszelfs meening, dat is, deszelfs wil aan, werpt vervolgens dreigende blikken
rond en wacht alsdan de ftemmen der leden af.
Waarlijk eene fraaije manier, om vrije ftemmen te
verzamelen; eene groote aanmoediging, om zich
onbefchroomd te laten hooren en zijn gevoelen rondborftig te uiten!

De *Beijs* zijn de gouverneurs der provincien en
tevens bevelhebbers der troepen, wanneer het op
hun grondgebied, of in de aangrenzende ftreken, tot
een' oorlog komt. Zij hebben ook bijna zoo veel
gezag als de *Deij* zelf. Deze benoemt hen en
geeft hun de aanftelling alleen mondeling, met de
woorden: „ga, om deze of gene landftreek te regeren, en wees mijn veldheer."

Deze *Beijs* zijn drie in getal; de Oosterfche,
die te *Oran*, de Westerfche die te *Conftantina*, en
de Zuidelijke, die onder tenten zijn verblijf houdt.
Daar nu hunne provincien, of aan de bezittingen
van vele onafhankelijke ftammen, of aan zulke,
die

die gaarne het juk zouden affchudden, grenzen, doen de *Beijs* onophoudelijk vijandelijke invallen in die ongelukkige landen, en wanneer zij zeer vele fchattingen afgeperst, zeer vele rooverijen gepleegd en nieuwe bezittingen aan het rijk gehecht hebben, worden zij door de Turken hoogelijk geprezen en met groote onderfcheiding behandeld. Om de twee of drie jaren worden zij teruggeroepen, ten einde rekenfchap van hun beftuur te geven: dan komen zij te *Algiers* en brengen de vruchten hunner knevelarijen in baar geld mede. Hoezeer zij nu, bij hunnen terugkeer in de hoofdftad, enkel ambtelooze perfonen zijn, worden zij echter, omdat zij telkens toch met eenen grooten trein paarden, die alle met geld beladen zijn, verfchijnen, door het volk met vreugdekreeten verwelkomd, die des te luider en aanhoudender zijn, hoe langer de trein en hoe grooter de medegebragte fchat is.

Wanneer menfchen in het eene of andere beftuur van dien aard geplaatst zijn, vergeten zij gewoonlijk zich zelve niet: vandaar ook, dat de *Beijs*, die zulke gouverneursplaatfen bekleeden, buitengemeen groote rijkdommen bezitten; dewijl zij inderdaad gevolmagtigde openbare bloedzuigers zijn. Ook is er geen kunstgreep te bedenken, waartoe zij hunne toevlugt niet nemen, wanneer het er op aankomt, het volk te verdrukken en geld af te perfen. — „*Hoe veel brengt de plaats op, waarin ik u aflos?*" vroeg eens een nieuwe gouverneur zijnen voorganger. *„ Zij brengt gewoonlijk tienduizend plasters op;"* gaf deze ten antwoord, *„ doch wie den duivel niet vreest, zal nagenoeg twintigduizend kunnen maken: ik heb het steeds op dertigduizend gebragt. "*

Intusfchen laat de *Deij* deze *Beij's* niet alleen naar hunnen eigen zin handelen, maar hij ziet zelfs niet ongaarne, dat zij zich met het zweet en bloed des volks mesten, dewijl hij deze volle fpons naderhand weder uitdrukken kan. Wanneer hij nu denkt, dat zij zich genoeg verrijkt hebben, vindt hij altijd wel een middel, om hen naar *Algiers* te lokken, en dan ontbreekt het hem nooit aan eene oorzaak, of een voorwendfel, om hen te doen vatten en te laten worgen. Doch zij, van hunnen kant, hebben insgelijks gronden en voorwendfels in gereedheid, om niet naar *Algiers* te gaan, maar zij zenden er in hunne plaats den *Caïfte* met de fchattingen naar toe, nemen vervolgens met hunnen rijkdom de vlugt en begeven zich naar de bergen van *Kuko,* om daar een gemakkelijk en weelderig leven te leiden; of zij redden dikwijls ook een gedeelte van hunne fchatten, door het overige op te offeren.

Wanneer in *Afrika* foms een onbefchaamde bloedzuiger of een voor geld veile minister geregtelijk geftraft wordt, ziet men daarbij meer op het voordeel der fchatkist, dan op het welzijn des volks; want bijaldien er klagten over eenen gouverneur inkomen, dan wordt hij afgezet: de *Deij* eigent

zich

zich deszelfs goederen toe en vermeerdert daarmede
zijne eigene fchatten. Wordt deszelfs opvolger ook
verklaagd, dan treft dezen hetzelfde lot. Nu heeft
het volk wel de voldoening van eenen bloedzuiger,
eenen roover te zien ftraffen, maar zulks verbetert
zijnen toeftand geenszins: integendeel komt er door-
gaans een erger in deszelfs plaats, die zich nog
eerst mesten wil, daar de vorige reeds gemest was;
en daarom mag men zeggen, dat de *Beijs* het volk
uitzuigen, en dat de *Deij*, op zijne beurt, den *Beijs*
de huid afftroopt.

Onder de *Beijs* regeren weder de *Caids*, of onder-
gouverneurs der fteden. Deze koopen hunne plaatfen, en dus is bij hen, natuurlijkerwijs, alles veil,
wat tot hunnen post betrekking heeft of daaraan
verknocht is. De burgerlijke maatfchappij in *Afrika*
kan men derhalve als een getrouw afbeeldfel van
menige in de Woestijn reizende karavaan aanmerken, die, of door wilde dieren verflonden, of door
fchadelijke infecten tot den laatften droppel bloeds
uitgezogen wordt.

Wat het volk niet van de dwingelandij der *Beijs*
heeft uit te ftaan, dat moet het van hunne *Caids*
verdragen. Dit is het fchrikkelijkfte uitwerkfel van
eenen despotieken regeringsvorm, dat hij zich aan
alle klasfen der burgermaatfchappij mededeelt en zich
door alle takken van het ftaatsbeftuur verfpreidt en
vastwortelt. Ieder afzonderlijk lid werpt zich tot
eenen dwingeland van zijnen minderen op, en wanneer

neer hij misbruiken invoert, wanneer hij gewelddadigheden pleegt, vindt hij befcherming, verwerft
zich door geld genade en blijft ongeftraft. Een
eenig despoot zou een volk misfchien nog eene
fchaduw van vrijheid overlaten; zijn vreesfelijk
wraakzwaard zou misfchien alleen de trotfche hoofden der grooten treffen; maar het willekeurige geweld plant zich van den *Deij* op den *Beij*, van
den *Beij* op den *Caid*, en van dezen op den geringften ambtenaar voort: ieder verhaalt op zijnen
minderen de vernederingen, welke hij van zijnen
meerderen dulden moet; ieder, die voor eenen grooten in het ftof knielt, verheft zich des te trotfcher
boven zijnen minderen en wordt een des te harder
dwingeland, hoe meer hij een verachtelijk flaaf is
geweest. De despoot is, in weerwil van al zijn
onbepaald en onbeperkt gezag, toch niet altijd de
onderdrukker des volks; maar de kleine tirannen,
trotsch op hunne magt, en echter fteeds bezorgd
voor het verlies daarvan, zijn de ergfte: zij plagen
het volk en zijn de eigenlijke geefels der burgerlijke
maatfchappij. Daarenboven lijdt het oppergezag
zelf er bij, wanneer het uit deszelfs zuivere oorfpronkelijke bron zich in duizend troebele krom-
mingen verliest, wanneer het van eenen verheven
heerfcher in duizend onedele handen overgaat. De
opperheerfchappij verliest, op anderen overgedragen,
altijd aan kracht en waardigheid. De ftralen der
zon zijn zuiver goud, maar die der maan, derzelver

ver wederfchijn, komen flechts als een zwakker
zilverlicht, tot ons over.

: De *Deij* heeft twaalf ftaatsboden, of liever uitvoerders van zijnen onbepaalden wil: zij heeten
Chiaux en hebben twee *Bachaux* tot opperften,
die fleeds naast den zetel van den *Deij* ftaan. Eenige *Chiaux* zijn Turken, om Turken, die zich
aan misdaden fchuldig, of zich verdacht maken,
te vatten; andere zijn Mooren, die minder in achting ftaan en enkel Mooren in hechtenis nemen;
want de eerste zouden zich niet zoo diep vernederen, om eenen Moor of Jood gevangen te nemen.
De *Deij* geeft hun zijne bevelen altijd mondeling,
nooit fchriftelijk.

Deze menfchen zijn uitnemend groot en fterk:
zij dragen een groen kleed, eenen fpitfen tulband
en eenen rooden gordel om het lijf. Zij mogen
echter geenerhande foort van wapenen, zelfs niet
een klein mes, bij zich dragen, en onderfcheiden
zich dus door geen' den minsten fchijn van geweld,
door geen het minste militaire wapen; en evenwel
is de fchrik, dien zij ieder inboezemen, zoo groot
en algemeen, en zijn de niet te veranderen of te
verzachten vonnisfen van het Afrikaanfche gouvernement zoo vreesfelijk, dat ieder, reeds bij de eerste
woorden van den *Chiaux*, begint te fidderen en
zonder tegenfpreken gehoorzaamt; dat ieder zich,
zonder eenigen tegenweer, laat gevangen nemen,
ja van kant maken, offchoon hij door vrienden omringd,

ringd, ja zelfs onfchuldig is. De *Deij* geeft bevel tot
het in hechtenis nemen of ombrengen van dengenen,
die zich zijnen toorn heeft op den hals gehaald:
de fchrikverwekkende uitvoerder van het vonnis
gaat heen, zoekt den veroordeelden op en keert niet
terug zonder hem zelven geboeid of zijn afgeflagen
hoofd mede te brengen. Kan de *Chiaux* den veroordeelden niet vinden, dan laat hij openlijk uitroepen, dat ieder hem aanbrengen, hem vervolgen
of zijne fchuilplaats ontdekken moet, terwijl ieder
die hem verbergt of niet aanbrengt, met den dood
wordt geftraft.

De voormalige *Fante* der drie ftaatsinkwifiteurs
te *Venetie* kan flechts een flaauw denkbeeld geven
van de vreesfelijke uitvoerders der vonnisfen van
den militairen oppergezaghebber te *Algiers*. Zekerlijk is het eene der uitmuntendfte eigenfchappen van
een gouvernement, dat het met kracht en klem,
en nogtans zonder den dreigenden toeftel van magt
en gezag, weet te heerfchen. Deze voortreffelijke
inrigting heeft haren grond in de verftandige aan-
wending van deszelfs krachten en in de grootfte
eenvoudigheid van deszelfs zamenftel, gepaard met
eene fnelle en zekere uitvoering van deszelfs oor-
deelmatige orders en bevelen. Maar het groote gezag der Algierfche regering, zonder eenige onder-
fteuning van uitwendige magt, de eenvoudige en
fnelle uitvoering der door haar gegevene bevelen,
die zwarigheden noch tegenftand ontmoet, is niet

het

het gevolg eener goede inrigting der inwendige
ftaatsgefteldheid, niet het gevolg van goede wetten
of bekende regtvaardigheid van den vorst, zoo als
de eerbied, welken men in *Engeland* niet flechts
voor de wet, maar zelfs voor eene bloote bekendmaking uit den mond eens *Conflabels* heeft: integendeel, de onderwerping der Barbarijers is een gevolg der dwingelandij en onbegrensde vrees, welke
eene arglistige, wraakzuchtige regering aan een
verachtelijk geworden volk inboezemt. De Mooren
zijn even valsch als lafhartig; en wanneer zij,
op bevel van den *Deij*, geefelflagen ontvangen hebben, danken zij zijne Excellentie nog, dat het hem
beliefde, zich hunner te herinneren. Een rijk Muzelman zeide eens, dat hij niet zonder innigen
trots en vreugde er aan denken konde, dat door
de genade en goedheid van zijnen onoverwinlijkften
Sultan hem het hoofd nog op den romp ftond. Men
moet zich echter niet verbeelden, dat de Afrikanen
tevreden zijn; wijl zij geene blijken van wederfpan-
nigheid en muiterij aan den dag leggen, wijl zij niet
morren of zich beklagen; want hoe zal een volk op-
ftaan, dat aan duizende zware ketenen vast ligt; hoe
zal het den mond tot klagten openen, daar de mond
gebreideld is? Bovendien is een volk, dat mort
of klaagt, niet altijd ongelukkig; maar als het den
mond gefloten houdt, als het zijne ware gezindheid
verbergt, en zelfs genoodzaakt wordt, de dwingelandij, door welke het onderdrukt wordt, te prijzen,
                                          dan

dan lijdt het inderdaad veel? PLINIUS zegt: „*het volk klaagt over geenen vorst minder, dan over dengeen', die daartoe de meeste aanleiding geeft.*" CARNOT zeide: „*in despotieke landen lijdt het volk veel en klaagt niet; in vrije landen klaagt het veel en lijdt het weinig.*" — Een gelukkig mensch heeft van het geringste kwaad een levendig gevoel, even als een weekelijke Sijbariet door een onder hem dubbel liggend rozenblad in zijne fluimering belet wordt. Wanneer het volk mort en klaagt, dan is zulks een teeken, dat noch rampen, noch dwingelandij, zijne kracht verbroken, zijnen moed verzwakt hebben; dat het zijn vaderland nog deelneming en liefde waardig acht, en de onbefchroomdheid en vrijmoedigheid, waarmede het zijn misnoegen uitdrukt en openbaart, fchenken hetzelve eene vreugde, welke men geluk kan noemen. De *Deij* van *Algiers* moet zich derhalve niet verbeelden, dat hij een wijs regent of een geliefd vorst is, dewijl het Moorfche volk zich ftil houdt en zwijgt; want er is een zwijgen der volken, hetwelk den vorsten tot eene ernstige leer kan ftrekken!

De Barbarijers hebben geen afzonderlijk wetboek, maar deszelfs plaats wordt vervangen door de voorfchriften van den godsdienst. Al hunne regtsgeleerdheid bepaalt zich enkel tot de verklaring van den *Koran* en deszelfs uitleggers. Het is zekerlijk een geluk voor een volk, wanneer deszelfs burgerlijke wetten uit een heilig boek ontleend zijn;

maar

maar bij ongeluk leggen de Afrikaanfche regenten
de wet naar hunne eigene willekeur uit, en de vorst
zelf erkent gééne wet boven zich. Bij zulk eene
foldatenregering berust het regt enkel op de fcherpte
des zwaards, en worden de wetten louter met bloed
gefchreven. En echter zou alle geweld van wapenen noodeloos zijn, wanneer de overheden van
eenen ftaat geëerbiedigd werden en men hun eene
volkomene gehoorzaamheid bewees.

Bijaldien eene wet van kracht zal zijn en als zoodanig erkend worden, dan moet zij deze kracht
door eene *tefta* van den *Mufti* verkrijgen. Wil men
een nieuw bevelfchrift, dat aldaar *casma* heet, bekend maken, dan kondigt een openbaar uitroeper,
Para genoemd, hetzelve, bij trompettengefchal,
in de voornaamfte ftadswijken af. Deze gedruisch-
makende manier, om den wil der regering bekend te
maken, zonder het volk den inhoud en het nut daarvan te verklaren, heeft ietsj dat naar trotschheid
en *despotisme* zweemt: zulk eene handelwijs kan
wel gehoorzaamheid afdwingen, maar geene overtuiging te weeg brengen.

Bij de Barbarijers wordt het gebruik of de gewoonte eene wet: veranderingen hebben er nooit
plaats, en zoo blijft alles bij de oude misbruiken,
terwijl er geen ftap tot meerdere volkomenheid gedaan wordt. Intusfchen mishaagt zulks het domme,
logge, flaaffche volk geenszins : het wil uit zijnen
vadfigen ftaap niet onzacht opgewekt worden en

II. L be-

Bevindt zich, evenals de in onreine dieren veranderde reisgenooten van ULYSSES, 't gelukkigst in zijnen slaegf, verachtelijken staat. Misschien was het zelfs niet goed, een zoo diep gezonken en bedorven volk uit zijne vernedering te willen opbeuren en nieuwigheden in een land, dat nog zoo woest en onbeschaafd is, in te voeren; want men moet bedorvene en in rotting overgegane wateren niet omroeren, opdat zij geene verpestende uitwasemingen verspreiden.

De *Cadi* is een knap man, die in het *seminarium* te *Cairo* of te *Konstantinopel* gestudeerd heeft, waar, even als op onze hoogescholen, voorlezingen over de in het Arabisch vertaalde pandecten gehouden worden. De *Cadi* ontvangt zijne aanstelling, onder goedkeuring van den *Mufti*, van den Grooten Heer, en zijn gezag bepaalt zich enkel tot burgerlijke zaken. Hij mag, zonder verlof van den *Deij*, niet uit de stad gaan, en moet tweemaal daags in de regtkamer zijn, om van de voorkomende geschillen kennis te nemen, dewijl men zich in zaken van gewigt tot den *Casnedar*, of den *Deij* zelven, wendt. Niet zelden beslist de *Deij* eene onderhavige zaak zonder medeweten van den *Cadi*; doch in zulk een geval neemt hij evenwel den raad in van de *Ulema's* der wet.

De *Cadi* der Turken is zelf een geboren Turk, en die der Mooren een Moor. Beiden hebben kommissarissen *Baips* genoemd, die rondreizen, om het regt op de dorpen te bedienen.

Alle

Alle zaken, welke het eigendom betreffen, behooren tot de regtbank van den *Cadi*; maar om hetzelve tegen de knevelarijen van den fiskaal te beveiligen, is, er flechts één middel, namelijk geene wals, of vrome befpreking een voordeel, eene *mas kla*, daaruit te maken, waarvan dan een klein zijn deel aan die *maakte* uitgekeerd wordt. Doch de handhavers der wetten, die op zulke vermakingen toezien moesten, trekken van deze zonderlinge inrigting alleen partij ter bevordering van hun eigen belang. De *Cadi* heeft bijna altijd zijne bediening gekocht, en dus verkoopt hij ook het regt. Hij velt zijne vonnisfen, waarvan men niet appelleren mag, zonder het geringfte medelijden, en is ongevoelig voor de tranen van weduwen en weezen.

Daar nu in *Barbarije* de regters geheel onbefchaafde en onwetende menfchen zijn, moet de geregtigheid aldaar gefchapen wezen, gelijk men die in *Egypte* afbeeldt, namelijk zonder hoofd. Onder zulke ligt om te koopen menfchen, waar alleen willekeur heerscht, waar geene openbare meening, geen zedelijk gevoel, beftaat, waar van geen vonnis wordt geappelleerd, moet het toeval over vele regtsvragen beflisfen en het gewigt van goud dan de fchaal van geregtigheid den doorflag geven. Maar nog onaangenamer is het, dat de regters fteeds een vonnis vellen willen, het moge dan billijk of onbillijk, verkeerd of niet verkeerd zijn, en dat de arme voerder van een regtsgeding, wanneer hij

L 2 geene

geene krachtige en klaarblijkelijke bewijzen voor
zich heeft, eene goede dragt flagen bekomt, tot
ftraf, dat hij, zonder voldoende redenen, dé geregtigheid tot zijnen bijftand inroept.. Soms wordt
ook diegene, welke anderzins het regt aan zijne
zijde heeft, niet verfchoond, enkel, omdat hij den
regters een lastig werk op den hals haalde. Is daarenboven eene zaak zoo verward, dat de ongedul-
dige regters er niet wijs uit kunnen worden, dan
laten zij beide partijen, benevens den dienstvaar-
digen advokaat, den fchrijvers en den getuigen honderd duchtige ftokflagen geven. Men kan zijne
verwondering, maar ook zijne verachting niet bedwingen, wanneer men bedenkt, dat zulke onwetende
menfchen zich tot regters opwerpen; dat zij,
zonder zelfs de zaak rijpelijk overwogen te hebben,
in dingen van aanbelang eene uitfpraak willen doen,
en dat zij nooit op de gedachte komen, dat men
tot het beflisfen van zoodanige zaken wat meer
tijds behoort te nemen. Intusfchen heeft alles in
de wereld zijne goede en kwade zijde: zelfs de
duivel is veelligt niet zoo zwart, als men hem
affchildert; en zoo is ook de regtshandel der volken
van *Barbarije*, althans met betrekking tot de burgerlijke zaken, in eenige opzigten niet geheel te
verachten. Het opperhoofd der regering zit den
ganfchen dag op zijnen regterftoel, verleent ieder
gehoor en doet ieder regt. Wanneer nu de opperfte
gebieder van den ftaat zelf waakzaam is, zelf alles

be-

beftuurt en regelt, is er bereids minder gelegenheid
tot draaijerijen, omkoopingen en partijdigheid. Voeg
hierbij, dat alle zaken in het openbaar verhandeld
worden, en dit ftelt het volk tevreden, hetwelk,
als het flechts ziet, dat het geregeerd wordt, ook
gaarne gelooft, dat het goed geregeerd wordt. Bovendien heeft het openbaar beflisfen en uitwijzen
van voorkomende zaken iets, wat naar grootheid en
onvervalfchtheid zweemt, waardoor de geregtigheid
zich aan ieder in hare ware gedaante vertoont. De
Koran-alleen is het boek der wetten en derzelver
uitleggingen: men verlangt flechts eenige bewijzen
en getuigen, waardoor men de moeite uitwint, om
vele boeken door te bladeren en eenen dikken bun-
del papieren na te zien, terwijl het verfland zich
in eenen doolhof van formaliteiten verliest, of door
eenen hoop aangevoerde gronden en noodelooze uit-
weidingen in de war wordt gebragt. Elk verdedigt
zijne eigene zaak en is ook de beste advokaat van
zich zelve n. Deze handelwijs veroorzaakt geene
opfchorting en fleept geene kosten naar zich, waardoor der ftrijdende partijen flechts de ledige eijer-
fchalen overblijven. Bovendien ontbreekt het aldaar
aan een middel, om den regter om te koopen,
waarvan men in andere landen nu en dan voorbeelden heeft gehad. Er verfchijnen, namelijk, geene
vrouwen voor het geregt, en er is dus geene gelegenheid, dat zij, even als de bekoorlijke PHRYNE,
den fluijer voor den vergaderden *Areopagus* kunnen

la-

hier vallen. Mijn goede vriend, de *Cadi* voor Tangeren ... eens tegen mij dat ... het regt ... behooren zoude gehandhaafd worden; het noodig ware, gesneden tot regtersbanate, stellen. Offschoon ik in ... gaarne dens voorslag zoude doen, om eene open menschelijke gewoonte in Europa in te voeren, verdiende de gedachten van den *Cadi* toch eenige opmerkzaamheid. Ik moet mij ook in geenen deele vereenigen, met het bij de Barbarijers in zwang zijnde gebruik, van de twistende partijen met derzelver advokaten. Ook blagen is toe, als ... meer ... aanleiding, dat velen bij ons ... ongelukte gevorderde regtsgedingen zouden achterwege blijven, wanneer men gevaar liep, van eene dragt slagen te bekomen. ... dat er ... veel minder doodmakers, plaatzoekaren en bedriegers zijn zouden, bijaldien men de twistende partijen benevens derzelver advokaten, ... rijf of zes ... zijn Rokslagen toegeren.

De openbare regtsoefening der *Barbaren* heeft twee zoo goede eigenschappen; zij is onterpepelijk en spoedig. Zelden blijft een misdadiger ongestraft, dewijl ieder aan de uitvoering der wet de hand moet bieden. Een moordenaar wordt, zonder genade, met den dood gestraft. Eenen gevangen dief kapt men de hand af en hangt hem die op den rug; vervolgens zet men hem op eenen ezel en voert hem rond, terwijl een openbare uitroeper volgt en met luide stem schreeuwt: "zoo worden

die-

dieven gestraft!" Dikwijls moet de schuldige zelf
de oorzaak en regtvaardigheid zijner straf, openlijk
aan het volk bekennen. Wanneer een Christen of
een Jood met eene Mahomedane een' te vertrouwe-
lijken omgang heeft, en men de schuldigen op de
daad betrapt, wordt de man zonder de minste ver-
schooning ter dood veroordeeld: heeft de zaak echter geenen volksoploop veroorzaakt, dan ontvangt
hij eene goede dragt slagen. Maar de schuldige
vrouw wordt op eenen ezel gezet, met het gezigt
naar den staart gekeerd, en zoo ongesluijerd en bijna
half naakt in de nabuurschap rondgevoerd, vervolgens in eenen zak gestoken en in het water ver-
dronken, of in een moeras versmoord. De koppe-
laar ontvangt dezelfde straf, als de misdadigen. Wie
valsche sleutels of eene valsche handteekening maakt,
dien wordt de regterhand afgekapt, en hij mag het
als eene genade aanmerken, wanneer hij enkel met
het verlies der linkerhand wordt gestraft. Oproer-
makers en zamenzweerders worden geworgd; bedriegelijke bankrottiers worden, wanneer het Europeanen zijn, gewurgd; zijn het Mooren, opgehangen; zijn het Joden, verbrand. Wanneer een schuldenaar niet wil betalen, dan wordt hij tot eene
dubbele betaling veroordeeld: is echter de schuld-
vordering ongegrond en valsch, dan moet de oneer-
lijke schuldeischer de geëischte som dubbel betalen.
Een schuldenaar, die onmagtig is, om te betalen,
wordt wel in de gevangenis geworpen en al zijn

huis-

huisraad ter betaling van den schuldeischer verkocht;
maar wat er overschiet, geeft men hem met de
grootste stiptheid terug. Na verloop van honderd
en één dagen, ontvangt hij een aantal stokslagen en
wordt uit de gevangenis bevrijd; maar de schuldeischer kan hem weder laten zetten en hem telke reize,
tot hij langs dien weg zich volle betaling heeft ver-
schaft; de kleederen uittrekken. Ook kan hij het
gevangen zitten van den schuldenaar verlengen door
eerst een gedeelte der schuld en na verloop van
honderd en één dagen, het achterstallige in te vorderen. De gemeenten moeten elken diefstal, die in
hare omstreek gepleegd wordt, vergoeden: dit maakt
hen zeer waakzaam en de diefstallen zijn zeldzaam,
zoodat men veilig kan reizen. De prijs van brood
en groenten wordt telke reize volgens een bepaald
tarief gezet: dit is een met den godsdienst in ver-
band staande wet, welker handhaving de *Dij*, eer
hij den *kaftan* aantrekt, afzonderlijk moet bezwe-
ren. IBRAHIM-*Dij* verkleedde zich eens als een
bedelde en ging met eenen slaaf brood en rijst bij
eenen winkelier halen, wien het gerucht naging
van, bij het verkoopen zijner waren, niet zeer eerlijk te zijn. Zij gaven zich voor slaven uit van
zekeren heer, dien zij ook noemden, en zeiden,
dat zij van buiten kwamen, om een uurtje in een
koffijhuis door te brengen, weshalve zij den winkelier verzochten, niets daarvan aan hunnen heer te zeggen. De winkelier, die wel begreep, hoe veel den bei-
                                                        den

den flaven er aan gelegen zijn moest; dit fluipertje geheim te houden, liet hun zijne waren meer dan
dubbel betalen. Oogenblikkelijk hierop begaf zich
IBRAHIM vandaar en regtftreeks naar zijnen regt-
zetel, waar de flaaf ook aldra verfcheen, om den
verkooper aan te klagen, die, volkomen van woeker
en bedriegerij overtuigd, zonder genade werd opgehangen. Zijn de misdadigers Christenen, dan worden zij door eenen Turk onthoofd; zijn het Turken,
dan moeten de Christenen den dienst van fcherp-
rechter waarnemen; zijn het Joden, dan verbrandt
hen het volk: en Mooren worden aan den ftads-
muur opgehangen.

De *Deij* is bij de teregtzittingen tegenwoordig en
velt het vonnis. De meening, dat de vorst regtvaardig is, of althans de geregtigheid handhaaft,
ftelt het volk tevreden, zet der regering eene
voortdurende kracht en klem bij en houdt den ftaat
in rust. Het volk flaapt gerust, wanneer het weet,
dat zijne heerfchers voor zijn welzijn en zijne veiligheid waken. Op zekeren dag, zag CHEBAN-*Deij*
een' fchippersgezel, die iets at, wat hij onder
zijnen mantel weghaalde. *„Wat eet gij daar?"*
vroeg hem de *Deij.* *„Pruimen,"* gaf hij ten antwoord, *„welke ik van eenen Marfeillaan gekocht
heb."* *En hoe zijt gij,* hervatte de *Deij, in ftaat
geweest, zulk fchoon ooft te koopen? Wanneer gij zoo
veel uitgeven kondet, had gij daarvoor liever
brood moeten koopen: gij hebt die pruimen dus*

L 5   ver-

vermoedelijk gestolen, of, bijaldien gij ze gekocht hebt, verdient gij honderd stokslagen; dewijl gij eene uitgave hebt gedaan, die uwe middelen overtreft, en gij uw huisgezin honger laat lijden, om uwen schandelijken snoeplust te bevredigen. Daarop liet CHEBAN-*Deij* den Marseillaanschen koopman halen en vroeg hem, of hij veel met zijne pruimen had verdiend. De koopman antwoordde, dat zijne verdienste zeer gering was geweest en hem daarenboven nog een korf vol van de schoonste pruimen was ontstolen geworden. De *Deij* vroeg hem toen, of hij dezen korf wel zoude kennen; hetwelk de koopman met ja beantwoordde en ook werkelijk den korf, die bij den matroos gevonden werd, voor den zijnen herkende. Hierop liet CHEBAN-*Deij* den laatsten vijfhonderd stokslagen geven, dewijl hij zijnen vorst belogen had, en deed hem vervolgens ophangen.

Offchoon nu de geregtigheid hier te lande snel, waakzaam en zeer stipt is, mist zij echter hare schoone gezellinnen, de goedheid en het medelijden. Zoo zijn de *Cadi* en de *Mufti* bijna altijd genegen, om voor de uiterste strengheid te stemmen: daarenboven zijn de straffen even zoo hard, als in *Sina*. Bij het geven van stokslagen weet men van maat noch medelijden; soms werpt men misdadigers van de muren af in scherpe kromme haken, waaraan zij verscheidene dagen hangen blijven; waarlijk een schrikkelijk, deerniswaardig gezigt! Wie eenen misda-

dadiger verbergt of hem eenigen bijstand biedt, die
wordt even streng geftraft, als de misdadiger zelf!
Elk gevoel van medelijden zal en moet in alle harten verdooven, waar de wetten zelve de verfcheu-
ring van alle, zelfs van de zachtfte, banden gebie-
den, welke menfchen aan menfchen hechten. De
Dey behoeft flechts te wenken, en de hoofden vallen bij honderden; het fnelle, ftaafgerige treft, even
als de vernielende blikfem, plotfeling en vreesfelijk.
Rampzalig land, waar trotfche willekeur en geweld
heerfchen, waar, met verguizing van alle menfchen-
waarde, flechts de ftem der aanbrengers en het ge-
rammel van ketenen gehoord wordt! Een regeringsvorm, onder welken het regt zonder den geringften
zweem van befchaafdheid en menfchelijkheid bediend
wordt, een gouvernement, welks leden alle menfchen zonder opvoeding en medelijden, zonder eer
en deugd zijn, is het hatelijkfte, het affchuwelijkfte
fchouwfpel, dat men zich ooit verbeelden kan!!

Op rust en goede orde wordt echter in Algiers
naauwkeurig toegezien. Den ganfchen nacht doet
eene wacht de ronde; voor de magazijnen en de
gewelven, waarin zich de koopwaren bevinden,
ftaan insgelijks wachten, die voor elken hier of
daar gepleegden diefftal verantwoordelijk zijn, en
zich met eene kleine belooning voor hunne moeite
vergenoegen. Op marktdagen gaan er altijd foldaten op de marktpleinen rond en gedurende den
ganfchen nacht, is een officier, *Musbward* geheeten,

ten,

ten, op de been. Op het ontſtaan van het minſte
ſtraatgerucht, ſpoedt hij zich derwaarts en past inzonderheid op de liederlijke vrouwsperſonen, die
meerendeels van nachtrumoer de oorzaak zijn. Ook
houdt hij een waakzaam oog op de kroegen, waar
lutje, ledige roervinken bijeenkomen, en maakt den
Deij, die van alles naauwkeurig onderrigt wil zijn,
elken morgen rapport. Intusſchen geeft zulk eene,
zich met de geringſte beuzelingen bemoeijende politie telkens aanleiding tot eene angstige, verdrietige
omzigtigheid en is een bewijs, dat er bij het gouvernement een armzalige geest heerscht, weswege
men wel zoude kunnen zeggen, dat een arend zijne
blikken alleen naar de zon opheft en zich niet ſtoort
aan het gewormte, dat in het ſtof wemelt; maar
het gewormte beſtaat er nu eenmaal, en de adelaars
zijn er, in vergelijking van hetzelve, ſlechts weinig
in getal.

Het is hoogst onaangenaam en beangſtigend, dat
het Algierſche gouvernement zich van geweld en wapenen nooit anders dan ter ſluip en in ſtilte, bedient, en dat het eene lage klasſe van lieden in
zijnen dienst heeft, die, dewijl zij geen' moeds genoeg bezitten, om ſluipmoordenaars te zijn, liever
met het ſchandelijke ambacht van verklikker den kost
winnen. Het aantal dier ſchepſels is te *Algiers*
zoo ongeloofelijk groot, dat men met waarheid kan
zeggen: de wanden hebben er ooren, en de onſchul-
digſte woorden worden ten kwaadſte uitgelegd. De
Deij

Dey wil alles weten; gaarne zou hij in de harten der menfchen willen lezen; dewijl hij weet, dat zijn juk algemeen vervloekt wordt, en dat hij zelf het voorwerp van allerlei listen en lagen is. Deswege laat hij geene maatregels, geene kunstgrepen onbeproefd, om zijn leven te beveiligen en zijn gezag te handhaven. Een tiran zegt: laat het volk mij haten, zoo het mij flechts vreeze; maar een goed vorst heeft tot zijn fpreekwoord: mijn volk bemint mij; wat zoude ik dan te vreezen hebben!

Lord RIGBY gaf eens aan KAREL FOX zijnen wensch te kennen, dat alle menfchen vensters in hunne harten hadden, ten einde men hunne gedachten zoude kunnen weten; — of daarop eenige belasting leggen! viel FOX hem in de rede. Een officier der garde van LODEWIJK XV had eenen daalder in den mond geftoken en liep gevaar van er aan te ftikken, dewijl die in zijne keel geraakt was en daar vast zat. Toen nu de koning, beducht voor een ongeluk, om eenen wondheeler riep, zeide de hertog *de Noailles*, dat men flechts den minister van financien behoefde te halen, dewijl deze den leelijken daalder met zoo veel impost belasten zoude, dat hij, in een ftuk van eenige weinige ftuivers veranderd, er gemakkelijk uit zoude kunnen glijden. In *Barbarije* echter houdt men zich met zulke kunstmatige berekeningen niet op. Wanneer de *Dey* geld noodig heeft, of op den inval komt, om geld te willen hebben, laat hij fpoedig twee of

drie

drie gouverneurs van provincien worgen, óf eigent
zich het vermogen van eenen rijken grooten toe,
(dit heet daar, de fpons uitdrukken): of hij laat de
Turken eenen inval op het grondgebied der Bedouïnen, of in de landen der onafhankelijke *Caids*
doen, of hij vangt onverhoeds met eene der Europefche mogendheden oorlog aan en laat zijne fchepen zeerooverij langs de kusten plegen, als hij
niet door gefchenken tevreden wordt gefteld: en
heeft hij deze ontvangen, dan neemt hij ten laatfte
toch nog tot eene der gruwzame afperfingen, die
avarcas genoemd worden, zijne toevlugt.

De uit hunnen aard gierige Barbarijers zouden
door iedere, zélfs de geringfte, verzwaring eener
belasting, welke men op hunne goederen of op
de noodwendigfte levensbehoeften durfde leggen,
tot oproer aangefpoord worden; maar de menigvuldige afperfingen en verbeurdverklaringen van
goederen, welke de rijken treffen, zien zij, zonder
daarover te morren, onverfchillig aan: de eerfte
handelwijs zouden zij verdrukking noemen, maar
de laatfte geldt bij hen voor een bewijs van prijzens-
waardige geftrengheid en loffelijk gezagsbetoon.
Onder welgemanierde en befchaafde volken tapt
men iemand wel eenige droppels bloeds af, maar
men haalt hem toch het vel niet over het
hoofd, en evenwel wordt er gefchreeuwd, alsof
zulks werkelijk gebeurde. Maar hoe zal men dan
in dringenden nood de onvermijdelijke ftaatsuitga-

ven

ven beſtrijden? Deswege zoude de voorſlag zoo
kwaad niet zijn, eene belaſting op de doodbaren te
leggen, voooreerst, dewijl niemand ze kan ontgaan, en ten andere, dewijl ten minſte de ſchatting-
ſchuldigen daartegen niets meer kunnen inbrengen.

Wat in andere landen de ſtaatskas uitmaakt, dat
is in *Barbarije* het eigendom van den *Dey*. Hij
ſchraapt onophoudelijk bijeen en tracht altijd nog
meer op te ſtapelen: uit dien hoofde is zijn ſchat
ongemeen groot. Men heeft wel eens de vraag op-
geworpen, of het beter ware, dat de ſtaat in het
bezit van opgeſtapelde ſchatten zij, dan of het voor-
deeliger zoude zijn, dat het geld in omloop kwam?
Groote vorſten en groote ſtaatsmannen, b. v. paus
SIXTUS II, HENDRIK IV, FREDERIK DE GROOTE,
enz. achtten het zeer goed, wanneer eene volle
ſchatkiſt groote en onvermoede ſtaatsuitgaven ſpoe-
dig en krachtdadig konde beſtrijden, zonder dat
men genoodzaakt was, tot nadeelige leeningen of
drukkende belaſtingen de toevlugt te nemen. Andere groote mannen hebben echter het tegengeſteld
beweerd.

Intuſſchen kan men zeggen, dat een ſchat eene
wenſchelijke zaak is, als hij, namelijk, den ſtaat,
en niet den vorſt, toebehoort; als hij beſtemd is, om
de ſtaatsuitgaven, en niet, om de koſten door een
weelderig hof gemaakt, te beſtrijden; als hij moet
ſtrekken om, in geval van nood, in de behoefte
der natie te voorzien, en niet om den vorſt
tegen

tegen alle mogelijke zorgen vrij te waren; als hij
met de inkomsten en de uitgestrektheid des lands
overeenkomt; en eindelijk, als hij niet door lage
gierigheid of onverzadelijke hebzucht, maar door
verstandige spaarzaamheid en eigenaardige opbreng-
sten, welke uit eene algemeene welvaart der ingeze-
tenen voortvloeijen, bijeenvergaderd is. De *Deij* van
Algiers wil echter zijne schatkist, zelfs op de on-
regtvaardigste wijze, onophoudelijk vullen, en bij
voorkomende staatsuitgaven spreekt hij niet zijne eigene schatkist aan, maar behelpt zich met geldaf-
persingen. Zelfs laat hij van zijne overgroote schatten
niet een enkel schip bouwen, niets tot algemeen nut
in- of oprigten: hij is slechts bedacht, om met zijn
geld de vlugt te nemen, wanneer een staatsorkaan
zijne kroon of zijn leven bedreigt. Waren de *Deij*
regtvaardig en weldadig, dan behoefden zij zoo
veel gouds niet op te stapelen en zoo afgunstig weg
te sluiten; want een vorst, die door zijn volk bemind en geëerd wordt, is altijd rijk genoeg.

De gewone inkomsten van den *Algierschen* staat
spruiten voort uit de tienden, welke van alle veld-
vruchten *in natura* moeten worden opgebragt;
weshalve ook overal zaakkundigen aangesteld zijn,
om ze op de plek en plaats zelve in te vorderen;
uit de schattingen, welke de *Berbers* en *Bedouinen*
opgelegd worden; uit de nalatenschap dergenen,
die zonder erfgenamen, overlijden; uit een regt van
dertiendehalf *procento*, hetwelk van alle ingevoerde

en

en een van derdehalf, dat van alle uitgevoerde
waren moet betaald worden; uit een ankergeld van
twintig *piasters* van ieder schip; uit de verloftcedels,
tfsekera geheeten, welke voor den uitvoer van olie
en granen worden afgegeven; uit den verkoop van
zout; uit den door zeefchuimerij gemaakten buit;
uit de gefchenken der Europefche mogendheden en
uit diegene, waarvan de gewoonte, eenmaal in
zwang geraakt, eindelijk eene wet is geworden, dewijl men in *Barbarije* een zoo voordeelig gebruik
niet laat vervallen.

De Afrikaanfche regenten zijn echter daarin te
prijzen, dat zij geene verkwistende kosten maken en
de fchatten van den ftaat niet verfpillen. Trouwens,
eene wijze fpaarzaamheid is de grootfte weldaad,
welke een vorst zijn land kan bewijzen: de hovelingen verheugen zich, als de vorst gunstbewijzen
uitdeelt; het volk kan blijde zijn, als hij verzochte
gunften afflaat. Een zeker zeer milddadig vorst van
Korasfan was koning van *Perzie* geworden, maar
hield, federt dien tijd, niet meer een zoo fchitterend hof, en deelde ook niet meer zulke kostbare
gefchenken uit. Toen nu de dichters, de toonkun-
ftenaars en de hovelingen zich over die verandering beklaagden, gaf de vorst hun ten antwoord:
*„voorheen gaf ik van mijn eigen inkomen weg,
maar nu zoude ik zulks van het eigendom van
mijn volk moeten doen."* — *„Te voren,"* zegt
LA BEAUMELLE; *„heette de fchatkist van den ftaat*

de fpaarkas. Naderhand, toen men zich over dien naam fchaamde, daar alle fchatten van den ftaat verfpild werden, heette zij de koninglijke fchatkist.'' — De fpaarzaamheid is ten hoogfte lofwaardig: door haar alleen kan men ruime uitgaven beftrijden, mids zij met verftand en overleg gefchieden, en zoo kunnen befpaarde fchatten den lande wezenlijk tot nut en voordeel gedijen. De belastingen, welke een volk zijnen vorst opbrengt, moeten den dampen gelijken, welke de zon uit de aarde trekt, maar die vervolgens weder, als een vruchtbaarmakende daauw, op de aarde nedervallen.

De militie, die te *Algiers* het gebied voert, wordt in regementen, of liever in benden, *oldaks* of *ortes* geheeten, afgedeeld; waarin flechts Turken aangenomen worden. Het korps *Zowak* of *Zuavi* beftaat uit Mooren, wier officieren Turken en die op dezelfde wijze geörganifeerd zijn, als de militie in *Bengalen*.

De *Aga* is de generaal der te *Algiers* in garnizoen liggende krijgsmagt, wien alle avonden de ftadsfleutels gebragt en in wiens naam alle tot de veiligheid der vesting en de militaire tucht behoorende bevelen uitgevaardigd worden. Hij bekleedt echter dezen post flechts twee maanden, gedurende welke hij tweeduizend *patache chice* trekt, terwijl de regering het tafelgeld zoowel voor hem als voor diegene, welke hij als gasten moet noodigen, uitbetaalt. Maar noch zijne vrouw, noch zijne kin-

kinderen mogen in het paleis, dat hij alsdan bewoont, vertoeven. Wanneer hij uitrijdt, gaan of rijden twee *Chiaux* voor hem uit en roepen; „ruimte! ruimte! de *Aga* komt!" Dit ambt is een rustpost en eene belooning van lange trouwe diensten. Na verloop der twee maanden, wordt de vorige *Aga* door den oudsten *Tjas-Bachi*, en deze weder door den oudsten officier, den *aldak*, afgelost. Deze regelmatig voortgaande opvolging houdt de hoop van eenmaal ook aan de beurt te zullen komen in de harten der militairen levendig; zij geeft voedsel aan de eerzucht van vurige temperamenten en bezielt den dienstijver, zonder aanleiding tot ontevredenheid en gemor te geven. Men wordt afgelost, maar niet verdrongen; een ander treedt in, en niemand wordt afgezet.

De *Aga* der armee is opperste krijgskommandant; zijn onderbevelhebber heet *Baurlukh-Bachi* of *Chiaja*. Deze *Aga*, die ook wel *kiaja* der armee genoemd wordt, is voorzitter bij het korps officieren, hetwelk in een lokaal tegenover het paleis van den *Dey* vergadert. De vorige *Aga's* heeten, wanneer zij wegens ouderdom, uit den dienst ontslagen worden, *Aga-Mezouli* en kunnen alsdan hun verblijf nemen, waar zij verkiezen. Zij behouden hun inkomen, hetwelk zij zeker verliezen zouden, bijaldien zij kabalen maken, of zich heimelijk in staatszaken steken wilden. In den bloei en kracht van hun leven waren zij werkzaam, om, in het toekomende,

M 2   rust

rust en eer te genieten. Wanneer zij oud en den dienst met de daaraan verknochte infpanning moede zijn, genieten zij, als *Aga-Mezouli*, de openbare liefde en achting: ook kunnen zij den *divan* bij-wonen, maar hebben daarin geene ftem. Zijn er echter zaken van aanbelang op het tapijt, dan worden zij, uithoofde van hunne ervaring en wijs-heid, altijd nog door den *Deij* geraadpleegd. Voor de vurige jeugd is het genoeg, uitzigt op eenen eervollen en gemakkelijken ouderdom te hebben: den grijsaards ftrekt het tot vreugde, zich met onderfcheiding behandeld en om raad gevraagd te zien.

De *Boulouk-Bachi* zijn kompagnies- en ftadskom-mandanten: zij bedienen bij de armée tevens het regterambt en dragen, tot een teeken van hunnen rang, eene hooge muts met een roode cijfer. De *Oldok-Bachi* zijn luitenants bij de militie en dragen eene ftrook leder, die over de fchouders hangt. De *Vekilardi* zijn proviandmeesters bij de armee en tevens de rijkfte officieren; doch dit fpreekt van zelf!

De bevordering bij de armee hangt niet van geld, van aanbeveling of iets van dien aard, maar enkel van bewezene dienften en meerderheid van dienst-jaren af. Zoodra eene plaats vakant is, klimt de oudfte militair eenen rang hooger op, en dit gaat aldus door het geheele korps officieren voort, zoo dat alle bevordering erlangen, zonder dat één verdrongen of verftooten wordt. Hoezeer nu de ge-

woonte

woonte, aan den eenen kant, der dapperheid en
verdienfte, welke boven haars gelijken uitmunten,
den fpoedigen weg tot roem en rijkdom affnijdt,
verhindert zij echter, aan den anderen kant, kabalen en muiterij. Wel is waar, hij, die tot de
aanzienlijkfte posten bevorderd wordt, heeft ook
zeer gegronde aanfpraken op dezelve; want hij
verdient den voorrang, eensdeels, dewijl hij den
ftaat langen tijd en met ijver gediend heeft, en anderdeels, dewijl hij zeer veel ondervinding en
doorzigt bezit. Doch men moet ook zeggen, dat
dit evengemelde gebruik, hoe voortreffelijk hetzelve in vredestijd zijn moge, echter in gevaarlijke en onrustige tijdsomftandigheden luttel deugt;
en dat men, ingeval van eenen ongelukkig gevoer-
den oorlog, daardoor wel eens gebrek aan mannen
zoude kunnen hebben, die de noodige vereischten
bezaten, om het eene of andere koene plan te vormen en hetzelve ook onverwijld uit te voeren.
Een oud veldheer heeft zekerlijk meer kennis en
ondervinding, maar zeer zelden dat fnelle overzigt,
gepaard met die fpoedige en tevens vaste beraden-
heid, waardoor men oogenblikkelijk het doelmatigfte
plan ontwerpt, hetzelve volgt en daartoe van de
eene of andere gunstige gelegenheid op ftaanden
voet partij weet te trekken: hij bezit niet meer
die ftoutheid en dien moed, welke de moeder van
groote ondernemingen zijn: ook wil hij den reeds
verworven roem behouden; dus beproeft hij geene

M 3 waag-

waagstukken, waarbij eene fpoedige en krachtdadige
uitvoering alles afdoet. De krijgshaftige jeugd daarentegen ziet minder gevaar; en bijaldien, overigens,
in gevallen van dien aard, jeugd het eenigfte gebrek mogt zijn, dan is zulks een gebrek, dat dagelijks meer en meer wordt afgelegd.

De ongehuwde foldaten wonen in eene zeer ruime
fchoone kazerne: zij worden door de regering goed
gefpijsd en door flaven bediend. Elk hunner ontvangt dagelijks vier brooden, dus meer, dan hij
behoeft: daarbij heeft hij het voorregt, dat hij het
vleesch voor een derde minder, dan de gewone prijs
is, koopen kan. Zoodra hij echter huwt, verliest hij
deze beide voordeelen, namelijk, vrije woning en
goedkooper vleesch: hij heeft alsdan enkel zijn
tractement en verlof, om het een of ander handwerk te beginnen. Uit dit korps jonge lieden neemt
de regering hare *feids*, en zij ziet niet gaarne, dat
deze uitlandfche foldaten huwen, deels, dewijl zij
zich daardoor te naauw verbinden met de inwoners,
die altijd in onderdanigheid moeten gehouden worden, deels, dewijl de geest van dapperheid door
de teederder gevoelens van echtgenoot en vader ligtelijk verdoofd of verdrongen wordt.

De leening der foldaten behoort tot een der gewigtigfte takken van het ftaatsbeftuur; en het is
een der plegtigtigfte eeden, welke de *Deij* bij den
aanvang zijner regering, moet afleggen, dat hij voor
de ftipte uitbetaling der troepen zal zorgen. Om

die

die reden ontvangen zij, alle twee maanden, met
de grootte naauwkeurigheid, hunne leening in het
bijzijn van den *Deij* en der voornaamste leden van
den *divan*. Ieder foldaat ontvangt zijne foldij in
perfoon, in gouden of zilveren munt: ook wordt
ieder bij naam opgeroepen, en wanneer hij wegblijft,
kan hij in de volgende maand om het achterstallige
verzoeken, maar dan ontvangt hij tevens eene
kleine berisping. Geen officier, van den *Deij* af,
tot den geringsten *Caiti* toe, heeft, behalve zijn
vast tractement als militair, eenig inkomen bovendien, behalve de *Aga* der militie gedurende zijn
tweemaandelijksch beftuur. De foldij der foldaten
is in den aanvang zeer gering, maar wordt ieder
jare met vijftig *aspers* verhoogd, en ook wel bij gewigtige gebeurtenissen, b. v. bij de benoeming van
eenen *Deij*, of bij de tijding eener overwinning,
met eene toelage vermeerderd. Aldus neemt de
foldij, naar gelang der dienstjaren, toe, en zulks
duurt tot het twaalfde of dertiende dienstjaar, wanneer de foldij, zoo als men het noemt, vast bepaald of gefloten blijft, dewijl dan geene verdere
verhooging plaats vindt. Wanneer de Turkfche
Janitfaren het tot *Mazoul-Aga* gebragt hebben, trekken zij levenslang hun vast tractement. Wie echter,
zonder voldoende beweegredenen, den dienst ver-
laat, eer hij het zoo ver gebragt heeft, die verliest
foldij en achting tevens.

Op den dag der betaling komen alle officieren in

de

de zaal van den *divan* bijeen, maar de gemeene
foldaten blijven in den binnenhof. Zoodra zij ver-
gaderd zijn, zet de *Aga* zich op de aanzienlijkfte
of de eereplaats neder: naast hem plaatst zich de *Deij*
als eerste foldaat van den ftaat en ontvangt, even
als een ander, zijne foldij, met dit onderfcheid
alleen, dat hij het eerst betaald wordt en dubbel
tractement ontvangt. Na den *Deij* roept de *Aga*
den eenen na den anderen op en betaalt hun het
tractement naar hunnen rang en het getal hunner
dienstjaren. De leening van den gemeenen foldaat
is zeer gering. De *Caiti*, of jonge foldaat, ontvangt
alle twee maanden niet meer dan vier *faïm* of vierhonderd en zes *aspers*, en de oudfte, die het volle
tractement trekt, ontvangt zoo veel *aspers*, als de
waardij van vier *zechinen* bedraagt. Met tweemaal-
honderdduizend *piasters* kan men jaarlijks de ganfche Algierfche militie betalen, zoodat de armee,
die anders daar te lande zoo veel invloed en mag
bezit, der natie, wat de kosten van onderhoud betreft, niet tot last is en aan het ligchaam van den
ftaat geene onherftelbare fchade toebrengt.

Behalve hun gewoon tractement, hebben de Algierfche militairen, inzonderheid, wanneer zij van
hoogen rang zijn, nog menig *emolument* en menige
buitenkans. Zoo ontvangen zij hun aandeel van den
op zee gemaakten buit: zoo trekken zij hunne voordeelen van plunderingen en ftrooptogten in de naburige landen: zoo kunnen zij eene hantering be-
                                                - gin-

ginnen of handel drijven: zoo kunnen zij ook op
zeerooverij uitgaan; maar zij moeten zorg dragen,
altijd gereed te zijn, om op te komen, zoodra de
regering hen oproept, of de nood het vordert. Zijn
zij eindelijk oud en zwak geworden, dan genieten
zij als vruchten van hunnen arbeid en belooning
hunner diensten, op den avond van hun leven,
een ruim en vast onderhoud en hebben geruste en
gemakkelijke dagen. Het vooruitzigt van op den
ouden dag rust en gemak te zullen hebben, verzoet
de moeite en den arbeid, welke men zich in zijne
jeugd moet getroosten.

De eigenlijke kern der Algiersche armee beftaat
uit de Turkfche foldaten, die nagenoeg vijftiendui-
zend man sterk zijn. Dit leger wordt door het
korps der *Chiloulis* en der *Zuavis* met eenige duizend manfchappen vermeerderd, waarbij zich ook
nog talrijke benden Bedouïnen, als de *Deij* hen laat
oproepen, onder het bevel hunner *Sheiks* voegen.
Hun paardenvolk is sterk en met eene foort van
lanfen gewapend, die uit eene·foort van bamboes
beftaan en niets anders zijn, dan met een puntig
ijzer beflagene knoestige, veerkrachtige ftokken of ftaken, waarmede zij den aanval doen en tevens,
onder het vlugten, nog wonden toebrengen, zoo
als men zulks van de *Scythen* en *Parthen* ver-
meld vindt.

Wanneer de nood het vordert, kan *Algiers* honderdduizend man onder de wapenen brengen. In

M 5   · den

den laatften veldtogt tegen *Tunis* was hunne krijgs-
macht echter flechts vijftigduizend man fterk.

Alle voorjaren marcheren er drie armeën uit *Algiers*, bij welke zich nog een korps vrijwilligers
voegt. Zij ftaan onder het bevel van den gouverneur, op wiens grondgebied de krijgsoperatien moeten aanvangen. Deze korpfen zijn niet enkel belast
met de invordering der fchattingen, maar moeten
ook de rondzwervende volksftammen aanvallen, uitplunderen en de grenzen der Algierfche heerfchappij
verder uitbreiden. Wanneer de armee marschvaardig
is, benoemt de *Deij* eenen *Aga* tot opperbevelhebber, wien hij eenen *Kiaja*, als handhaver en be-
dienaar des regts, toevoegt, omdat geen officier
eenen foldaat mag ftraffen, daar de geheele militaire tucht en discipline tot de regtbank des *Kiaja's*
behoort. Dezen, of den *Aga*, komt de beflisfing
der voorkomende zaken en het vellen der vonnisfen
toe, die vervolgens uitgevoerd en voltrokken worden door twee *Chiaux*, welke de *Deij* naar het
leger afvaardigt.

De foldaten marcheren alle te voet; de officieren
insgelijks, uitgenomen de *Aga* en de *Kiaja*. De
armee is niet in eskadrons of battaljons, maar
tentswijze afgedeeld. Deze tenten zijn rond en
zoo ruim, dat zij gewoonlijk twintig man kunnen
bergen. De paarden ftaan voor dezelve aan de
pooten vastgebonden, en de tuigen liggen in de
tent. De foldaten, die *Oldaks* genoemd worden,
zijn

zijn altijd vijftien in getal en ftaan onder het bevel
van eenen *Boulouk-Bachi*, eenen *Oldak-Bachi* en
eenen *Vekilardi*. Als trosboeven dienen eenige Mooren, die de paarden oppasfen en op de bagaadje en
mondbehoeften toezien. De levensmiddelen en voe-
raadje worden geleverd door den ftaat, die insgelijks
zes of acht paarden of muilezels ten gebruik voor
iedere tent verfchaft. De bagaadje gaat de armee
gewoonlijk vooruit, zoodat de foldaten zich, des
avonds na den gedanen marsch, flechts behoeven
neder te leggen. Ieder neemt en bewaart voorraad
voor twee dagen: de zieken en gewonden worden
op muilezels gedragen en bevinden zich bij de achterhoede. Ten einde de plaats dergenen, die fterven of anderzins verloren gaan, aan te vullen,
wordt de armee nog door eenige overtallige beesten
gevolgd. De ruiterij is insgelijks tentswijze afgedeeld en heeft eenen grooteren trein ten gebruik.

De foldaten worden met zachtheid, ja zelfs met
achting behandeld en nooit geflagen, wat toch de
ligchaamskrachten vernielt en de militaire geestdrift
verzwakt. Daarom zijn het ook wezenlijk menfchen,
en geene bloote werktuigen, die zich met een geweer bewegen; en evenwel is de krijgstucht zeer
ftreng. Bijaldien een foldaat zich vermeette, vóór het
einde van den flag te plunderen, zou hij met
fchande weggejaagd worden. De foldaten zijn ook
zeer gehoorzaam en ftipt op den dienst; niet uit
vrees voor ftraf, maar uit liefde voor hunnen ftand.

Daar-

Daarbij zijn zij vol moed, dewijl een geest des ge-
heels hen bezielt, die met de vaderlandsliefde gelijk
kan gesteld worden. Bovendien zijn het onverschrok-
kene, vastberadene krijgslieden, die goed met het
geweer kunnen omgaan. Ook is hun paardenvolk
nog niet van de, door de Romeinsche schrijvers zoo
zeer geroemde, Mauritaansche ruiterij ontaard. Wanneer men echter haren eersten onstuimigen aanval
doorstaat en haar door eene onverhoedsche, snelle
en ongewone zwenking insluit, dan worden zij
terstond in wanorde en verwarring gebragt, en dit
eenmaal geschied zijnde, weten zij zich niet te her-
stellen. Daarenboven missen zij eene goed ingerigte
artillerie; en dewijl zij zoo vele tenten en bagaadje,
zelfs vrouwen en kinderen, benevens de talrijke
veekudden der Arabieren, bij zich hebben, is dit
alles hun zeer hinderlijk op den marsch en geeft,
bij den ongelukkigen uitslag van een gevecht, aanleiding tot onherstelbare verwarringen. Bovendien
zijn zij geheel onbekend met de zoo noodwendige
inrigting, welke den voorraad van levensmiddelen
betreft. Zoodra het koude of regenachtige saizoen
invalt, verlangen zij naar hunne haardsteden terug
en verloopen onder muiterij en oproer. Voeg hierbij, dat zij tevens zoo ondankbaar, achterdochtig
en woest zijn, dat zij even weinig zwarigheid maken, om eenen veldheer, wien het geluk niet gunstig is, om te brengen, als het voormalige Punische
volk deed.

Wan-

Wanneer de troepen te velde trekken, wordt er
vooraf geen krijgsraad gehouden, om, met betrekking tot de te nemen marfchen, of de uit te voeren
operatien, bijzondere plannen te beramen of bevelen uit te vaardigen; maar alles wordt aan het
goeddunken van den generaal, die naar bevinding
van zaken handelt, overgelaten. Deze gewoonte is
niet af te keuren; want een van het leger verwijderde krijgsraad kan zekerlijk datgene niet zien,
wat een bevelhebber ziet, die zich op de plaats
zelve bevindt en maar al te dikwijls zoodanig moet
handelen, als de nood op zulk een oogenblik
vordert.

De marschorde eener Algierfche armee is deze:
de voorhoede befhat uit een korps voetvolk met
twee eskadrons ruiterij op de flanken, die echter
een weinig achteruitblijven. Het overige voetvolk
formeert twee lange geledeten met de bagaadje
tusfchen beiden en twee andere eskadrons op de
flanken. De voorhoede wordt als de keur en kern
der armee befchouwd; terwijl de achterhoede flechts
uit één battaljon befhat. Wanneer het leger hier
of daar kamperen wil, worden de tenten digt naast
elkander opgeflagen; maar wanneer het zich in
flagorde fchaart, wordt de bagaadje, onder eene
genoegsame bedekking, op eene afgelegene plaats
gelaten. Een korps infanterie rukt regelregt op
den vijand in: de kavallerie dekt de flanken, terwijl
eenige refervekorpfen de voorften onderfteunen en
te

te hulp fnellen, waar het noodig is. Wordt de
voorhoede in verwarring gebragt, dan trekken de
achterhoede en de ruiterij achter het centrum terug,
de voorhoede wordt met verfche manfchap weder
aangevuld en de orde herfteld. Hunne wijs van
vechten is onftuimig en hevig: deswege zijn zij zeer
gefchikt, zoowel, om onverhoedfche aanvallen te
doen, als dezelve te ontwijken. Wanneer, bij den eerften aanval, het voordeel op hunne zijde is, kunnen zij zeer geducht worden: worden zij echter fterk
gedrongen en genoodzaakt te deinzen, dan verliezen deze foldaten, die niets dan moed bezitten,
denzelven eensklaps en verbeelden zich, dat het
noodlot hun ongunftig is. Zij hebben evenwel
veel militairen geest en zijn hartstogtelijke beminnaars van den oorlog. Daarom zoeken zij er altijd
aanleiding toe; want zij kunnen even min zonder
oorlog leven, als de beruchte *Condottieri* in de
middeneeuwen.

Het is werkelijk verbazend, dat veerden- of vijf-
tienduizend vreemde Turken in ftaat zijn, om een
zoo talrijk volk met zulk eene kracht en orde
te regeren en in zulk eene onderdanigheid te houden; doch dit hebben zij aan hunne krachdadige
waakzaamheid, en aan de vrees, welke zij door
vreesfelijk waarfchuwende voorbeelden verwekten,
te danken. De Mooren herinneren zich nog te levendig de fchrikkelijke daden van geftrengheid en
wraak hunner trotfche onderdrukkers, dan dat iemand

                                                het

het wagen zoude, zich tegen hem te verzetten, of
op te ftaan, daar zulks voor hem en al de zijnen
eenen onvermijdelijken dood ten gevolg zoude hebben. Deswege fcherpen zij hunnen kinderen, van
de wieg af, fteeds eene blinde gehoorzaamheid aan
en eene onbegrensde vrees voor dit gouvernement
in. Van daar dan ook, dat er voorbeelden beftaan,
dat een klein getal geoefende en dappere krijgslieden de grootfte voordeelen op een weekelijk, loom
en oneenig volk behaalde. Zoo was ééne Romeinfche keurbende, genoegzaam, om de gansche landftreek, van *Cyréne* tot de uiterfte grenzen van *Thé-
baïs*, in bedwang te houden; zoo wierpen eenige
weinige Spaanfche foldaten, onder bevell van COR-
TES en PIZARRO, den troon der *Inca's* omver en
veroverden het rijk van ATALIBA en MONTEZUMA;
flechts weinige Normandifche ridders vermeesterden
Sicilië; een klein aantal ridders der Duitfche Orde
beheerschte *Pruisfen*; met eenen ijzeren fcepter en
een korps van achtduizend Mamelukken onderwierp
zich de vrugtbare Nijlftreken, en eene kleine armee
van *Mantfchu* en *Negais* bragt het uitgeftrektfte
rijk van de wereld onder het juk, en zette eene andere familie op den troon der opvolgers van FOHIS.
De Janitfharen in *Barbarije* zijn vol moed en kracht,
en, als ware het, tot bevelen geboren. Reeds weinige duizende deser Turkfche foldaten waren genoegzaam, om de gedurbfte invallen in onderfcheidene landen te doen: zij ftrekten hunne veroveringen

gen tot *Tunis* en *Fez*, dat is, achthonderd mijlen
ver, uit. In den oorlog tegen den gruwzamen MU-
LEY ISMAËL, keizer van *Marokko*, rukte eene
armee van zestigduizend Marokkanen op het Algiér-
fche grondgebied; CHEBAN-*Deij* trok hun, aan het
hoofd van flechts zesduizend Turken en vierduizend
Mooren, te gemoet en behaalde eene beflisfende
overwinning, waardoor hij den *Sherif* dwong, om
vrede te bidden, ja zelfs zijnen eigen zoon met
gefchenken naar *Algiers* te zenden. Dezelfde CHE-
BAN-*Deij* trok, op een vermoeden van verftandhouding tusfchen den *Deij* van *Tunis* en den *Sherif*
van *Marokko*, met drieduizend Turken en vijftienhonderd Mooren tegen MEHEMED-*Deij* op, die hem
met twintigduizend Tunezers afwachtte en daarenboven op de verftandhouding, welke hij met de
Mooren in het rijk *Algiers* onderhield, veel ftaat
maakte. CHEBAN-*Deij* nam de vijandelijke verfchan-
fingen ftormenderhand in, veroverde *Tunis*, zette
den *Deij* MEHEMED af en BEN-CHOQUER in deszelfs
plaats op den troon. Na dezen tot de opbrengst
eener jaarlijkfche fchatting verpligt te hebben, keerde
hij met eenen trein van tweeduizend muilezels, op
welke een ongeloofelijke groote buit geladen was,
naar *Algiers* terug. Bekend is insgelijks de vreesfelijke aanval op *Oran* en de verovering van *Gigeri*, welke ftormenderhand gefchiedde, en waarin
de Franfche bezetting benevens de overige korpfen
geheel in de pan werden gehakt.

Of.

Offchoon het nu dezen Turken aan kunde en opvoeding ontbreekt, weten zij toch, zoodra zij tot
eerambten geraken, zich eene zekere houding van
hoogheid en waardigheid, zelfs een innemend en
edel voorkomen, hetwelk aanzienlijken en magt-
hebbenden mannen zoo wel ftaat, eigen te maken.
Hierin worden zij begunftigd door hunne fraaije, majestueuze geftalte, door de ftatige Oesterfche kleeding, den langen baard, den tulband en, nog meer
dan dit alles, door hun krijgshaftig uitzigt en de
gewoonte, om te bevelen; want het ambt wordt
niet altijd eerst door den man geëerd; maar meerma-
len maakt het ambt den man, en bovendien wint
men er altijd bij, wanneer men van beneden naar
boven wordt aangezien. Hoezeer men nu den Turken geene kunde of geleerdheid kan toefchrijven,
ontbreekt het hun echter niet aan natuurlijk verftand en doorzigt: zij weten hunne ware gevoelens
even goed te verbergen, als die van anderen uit te
vorfchen; eene eigenfchap, welke voor mannen,
die gewigtige zaken behandelen, zeer veel waarde
heeft; inzonderheid zijn zij zeer doortrapt, en tevens vrij goede gelaatkenners; want zij befchouwen iemand met zulke levendige en doordringende
blikken, dat zij, als ware het, in zijn hart lezen,
deszelfs plooijen doorfnuffelen en alle geheimen er
uithalen kunnen. Zij worden door eenen algemeenen en iets groots beteekenenden geest bezield en
zijn ook door innige eendragt aan elkander gehecht.

II.   N   Te-

Tegelijk leven zij met het gouvernement, van hetwelk zij een gedeelte uitmaken, in de beste verftandhouding: daarbij verdedigen zij hun eigendom
en handhaven hunne magt met den grootften ijver.
Voeg hier nog bij, dat de foldaten der *oldaks* een groot
voorregt boven al de andere bewoners van het Turkfche rijk en belijders van het Mahomedaanfche geloof genieten. In het gansche Oosten, namelijk,
moet elk, die tot een eerambt wil geraken, verfcheidene jaren *Icoglan* blijven en in dien ftand eenen
langdurigen proeftijd van vernedering en dienstbaar-
heid, ja van flavernij, doorftaan; zelfs wordt het
in *Syrie*, in *Egypte* en te *Konstantinopel*, in de
gewone zamenleving, als eene eer befchouwd, een
gekochte flaaf geweest te zijn. De foldaten daarentegen, die uit het Oosten naar *Afrika* gaan, zijn
onafhankelijke, ondernemende karels, welke met
de grootfte drift den voor hen ruimen weg tot geluk inflaan, hunner eerzucht den ruimen teugel vieren en aldus het vuur der hevige hartstogten telkens
meer voedfel geven.

Men mag derhalve vrij zeggen, dat de Turkfche
foldaten te *Algiers* de gelukkigfte militairen in de
wereld zijn. Zij behoeven geene bovenmatige ver-
moeijenisfen uit te ftaan, en hunne werkzaamheden zijn
van dien aard, dat zij voldoende zijn, om de krachten van ligchaam en ziel te behouden. Zij arbeiden
juist zooveel, dat de rust en het vermaak hun een
aangenaam genot fchenken; zij ontvangen zooveel,
als

als hun, wegens hunnen dienst, regtmatig en billijkerwijs, toekomt, zij behoeven niet, tot hun leedwezen, aan te zien, dat hunne bevelingen voor kabalen, en willekeurig gunstbetoon moeten achterstaan. Geacht en regelijk gevreesd, zijn zij dezen, die onder het bevel staan van een opperhoofd, hetwelk door hen zelve gekozen en aangesteld is, en dat hen ontziet, en dus met achting moet behandelen. Zij worden stipt betaald en zijn verzekerd van een gerust en gemakkelijk leven te zullen hebben, wanneer de ouderdom met zijne zwakheden nadert. Zij worden nooit op eene vernederende wijze, en dus nooit openlijk, maar in stilte en binnen des *Agas* woning gestraft, daar kan een soldaat tot alle ambten geraken en, dewijl de *Dey* zelf uit de *aldaas* gekozen wordt, kan ieder militair op dezen hoogen post niet alleen hopen, maar denzelven ook bekomen, weshalve elk soldaat zich eenigermate als den vermoedelijken erfgenaam der kroon mag beschouwen. Vandaar, dat hunne gebreken, en zelfs hunne ondeugden, zich nog altijd door enkele groote en schitterende trekken kenmerken. Zij werpen zich zekerlijk met onstuimigheid in de loopbaan der eerzucht; doch zij sluipen nooit door donkere kromme hoeken, maar gaan den openbaren regten weg, waar zij wel eens door eene windvlaag met stof bedekt, maar nooit met slijk bevuild worden.

De natuurlijke Staatsgesteldheid van *Barbarije* rust

N 2 op

op oorlog en rooverij. De weinigbeteekenende handel, gevoegd bij de aangeborene geldgierigheid der inwoners van dat gewest, maakt hen tot zeeroovers en spoort hen aan, om zich, door het berooven en uitplunderen van anderen, datgene te verschaffen, wat zij zich door arbeid en door de hanteringen, welke flechts in tijden van vrede bloeijen, niet weten te verwerven. Bovendien wordt deze roofzucht telkens meer aangekweekt door den zinneloozen waan van de uitfluitende waarheid van hun geloof en door den haat tegen de Christenen, als ook door de herinnering der nadeelen, welke de Mooren voorheen van deze hebben moeten lijden, en door de ftaatkunde hunner heerfchers, die zulken onrustigen hoofden bezigheid en zulken hebzuchtigen menfchen de gelegenheid, om ligtelijk buit te maken, verfchaffen willen. Om die reden moet een *Deij* dikwijls oorlog voeren, zoo hij zelf niet afgezet en geworgd wil worden. Vandaar ook het fpreekwoord, dat *Algiers*, wanneer het met de ganfche wereld vrede hadde, fpoedig van honger zoude omkomen. De zeerooverij is derhalve werkelijk de grondflag van de staatsgefteldheid der Barbarijers. Deswege bezwaren zij zich zoo bitter over den koning van *Engeland*, die hen gedwongen en zoo ver gebragt heeft, dat zij met zoo vele natien hebben moeten vrede maken. Zij beklaagden zich tevens over de ftaatkundige verandering van *Italie*, waardoor het geheel door het Franfche keizerrijk ver-

verzwolgen en hunnen aanvallen zoo goed als ontfnapt was. — „*Spoedig*," zoo drukten zij zich in
eene, der Engelfche regering overhandigde, nota uit:
„*fpoedig zult gij ons zoo ver brengen, dat wij
volftrekt geene vijanden meer hebben.*" — „*Ach!*"
zeide de *rais* der vloot, die ons gevangen nam,
met eenen diepen zucht tegen ons: „*ach! voorheen, toen er zoo vele vijandelijke fchepen, zoo
vele ladingen prijs te maken waren, was de zee
eene ware fchatkist; maar thans gelijkt zij eene
woeftijn en deugt tot niets meer!*" — Even als
hunne voormalige ftamhoofden HORUC en CHAIRA-
DIN, noemen deze Barbaren zich nog altijd vrienden der zee en vijanden dergenen, die dezelve bevaren.

Dit ftelfel en deze grondregel ftroken zoowel
met hun karakter, als met hunne betrekkingen;
want alle voordeelen van den oorlog zijn op hunne
zijde. Een wijduitgeftrekte zeeoever begunftigt de
gelegenheid, om hunner roofzucht te voldoen. Boosaardig en trouweloos verbreken zij verdragen en
wapenfchorfingen, zoodra zij daarbij hun voordeel
vinden: onverhoeds overvallen zij dengenen, die
er niet op voorbereid is, en waar zich eene onmetelijke winst aan hunne hebzucht vertoont, daar
zijn zij gewetenloos genoeg, om, zonder het geringfte gevoel van fchaamte, trouweloosheden te plegen. Offchoon zij ook bij ernftige bedreigingen
toegevend fchijnen, of voor de overmagt moeten

zwichten, duurt het echter niet lang, of zij steken
het hoofd, met nog meer stoutheid, dan te voren,
op, dewijl zij weten, dat niet altijd eene vloot
gereed is, om hen te straffen, en dat die niet altijd
in hunne zeeën kan blijven. Zij steunen er op,
dat alles meestentijds op nuttelooze voorstellingen of
eene weinig beteekenende voldoening uitloopt: zij
spotten met geslotene verdragen, met ons vertrouwen op hunne beloften en met onze dwaze ligtge-
loovigheid. zij sluiten eenen wapenstilstand, ten
einde de Christenen om den tuin te leiden; en bijaldien deze verre verzendingen wagen te doen,
dan vallen deze zeeroovers op de rijke ladingen,
die zich op zee bevinden, aangerijemen dezelve weg
en verklaren dan eerst den oorlog. De geringste
aanleiding, het kleinste voorwendsel, is bij hen voldoende, om vijandelijkheden te beginnen. Zoo
verklaarden zij *Amerika* den oorlog; dewijl bij de
gewone geschenken enkel een der *secretares* was
vergeten geworden. Eens werd een Algiersche
bark, op de hoogte van *Bona*, niet ver van de
kust, genomen: toen nu den volgenden dag een
Spaansch schip de haven binnenliep, werd het
voor datgene gehouden, hetwelk de bark prijs had
gemaakt, en dienvolgens in beslag genomen. Deze
zaak zoude den *Dey* ter onderzoek en beslissing
worden voorgelegd. Hoezeer hij de kapitein, naar
alle waarschijnlijkheid, onschuldig was, wist hij
echter zeer wel, met welke soort van regters hij te
doen

doen zoude hebben, en deswege achtte hij het raad-
zamer, in eenen belderen nacht stilletjes het anker
te ligten, uit te loopen en onbemerkt te ontvlugten:
ook kan hem niemand te last leggen, dat hij on-
eerlijk of onvoorzigtig handelde. Misschien dacht
hij wel evenzoo, als BEAUMARCHAIS, die plagt
te zeggen: „al verklaagde men mij, dat ik de
groote klok der hoofdkerk had gestolen, zoude ik
echter eerst de vlugt nemen en vervolgens mijne
verdediging inzenden."

Zoodra de Deij de vlugt van den kapitein vernam,
geraakte hij in de ontzettendste woede, zoodat hij
met de voeten stampte, als een echte Turk vloekte
en alles wilde laten ombrengen. De Spaansche Vice-
Consul te Bona werd aanstonds in hechtenis genomen en, benevens zijne landgenooten, in ketenen
geklonken, terwijl er spoedig eene oorlogsverkla-
ring tegen Spanje volgde. Alles werd intusschen
aangewend, om de zaak in der minne bij te leggen.
De Vice-Consul werd wel door Engelands tusschen-
komst in vrijheid gesteld, maar Spanje moest voor
het wegnemen der kleine Algiersche bark veertigduizend piasters betalen en tevens den eersten minister veertigduizend ten geschenk geven, dewijl deze
den toorn van den Deij had trachten te bevredigen.
Deze zeeroovers zijn bij uitstek driftig en voortvarend; zij zetten anderen het mes dadelijk op de keel,
willen niet het minste inschikken of toegeven, en
zelve geraken zij, bij de geringste omstandigheid,

N 4   welke

welke zij als eene beleediging, meenen te moeten
opvatten, in vuur en vlam. Zij fchaamden zich
ook geenszins, op zekeren tijd, den Engelfchen Conful, toen zij zich over het wegnemen
van een Algiersch fchip, hetwelk ammunitie naar
Toulon brengen zoude, beklaagden, toe te duwen:
„*gij hebt daar iets gedaan, hetwelk onregtvaardig
is. Wij, die roovers zijn en als zoodanig befchouwd
worden, mogen zulks wel doen, maar gij niet;
want gij beroemt u, eerlijke lieden te zijn en geene
onregtvaardigheden te bedrijven.*" De Algerijnen
befchouwen het rooven als een eervol handwerk,
dat roem en tevens voordeel aanbrengt en hun de
gelegenheid verfchaft, om hunnen pligt te doen en
tegelijk den ftaat dienften te bewijzen. „*De Algerijnen zijn roovers, en ik ben hun kapitein!*" plagt
de *Deij* SOLIMAN-COGIA te zeggen.

Wanneer zij eenen oorlog aanvangen, gaan zij
daarbij op de ruwfte en meest woeste wijze te werk.
De Conful en de Vice-Conful, benevens al de kooplieden en andere partikuliere perfonen, die tot de
natie, met welke zij in oorlog geraakt zijn, behooren, worden alsdan in hechtenis genomen. Zoo
wierpen zij, in den op een' na laatften oorlog tegen
Holland, den ouden, braven FRAISSINET, die
zich, gedurende zijn twintigjarig confulaat, altijd
met de grootfte zachtzinnigheid en regtfchapenheid
onder dit ruwe volk had gedragen, in de gevangenis, waarin hij van hartzeer en ellende moest om-
ko-

komen. Bij hunne strooptogten en onverhoedsche
aanvallen handelen zij zonder het geringste eer-
en menschelijk gevoel. Zij loeren op schepen, landen op onbewaakte kusten en slepen grijsaards,
vrouwen en kinderen in slavernij mede. Was hunne
vangst, gelijk bijna altijd het geval is, onregtmatig,
dan vordert men toch telkens te vergeefs regt,
of schadevergoeding; want om beide te ontduiken,
hebben zij steeds duizende kunstgrepen, duizende
listige uitvlugten in gereedheid; en moeten zij, wat
zelden gebeurt, iets teruggeven, dan is alles bereids zoek geraakt en geroofd; met één woord, het
is volstrekt onmogelijk, regt of vergoeding van hen
te verkrijgen. Dit ondervond ik zelf, toen ik mij
bij den *Dey* over het verlies mijner goederen beklaagde; want hij duwde mij driftig toe: „*wat weg
is, is weg en kan niet weder opgespoord worden.
Wanneer gij een hoen plukt en de wind de vederen
vegwaait, hoe wilt gij dezelve dan weder bijeen-
zoeken?*" Zij gelijken dus den boozen geest van
MILTON, die in een paleis, waar de fraaiste kunstwerken schitterden, zijne blikken slechts onafgewend
op den gouden vloer hield geslagen.

Deze kust van *Afrika* was altijd met zoodanige
menschen bevolkt: altijd was zij een schandelijk
roofnest. Ook waren de bewoners dezer woeste
zandstreken steeds de schrik der vreedzame kooplieden, welke de zee bevoeren. Misschien was
reeds AETEUS, die door HERKULES bestreden en

N 5   over-

overwonnen werd, een zeerooverkapitein, dien hij
hij eerst kon overmeesteren, nadat hij hem van het
vaste land, werwaarts de *Heros* zich, na alvorens
de naburige zeestreken gezuiverd te hebben, begaf,
had afgesneden. Welligt waren de Karthagers insgelijks niets dan stoute zeeroovers, die de eilanden
der Middellandsche Zee verwoestten. Tot honderd-
drie en twintig jaren vóór CHRISTUS geboorte was
deze zee wegens Afrikaansche zeeroovers zoo onveilig, dat de Romeinsche Senaat genoodzaakt was,
CECILIUS METELLUS derwaars te zenden, die hen
overwon en bij de Baleärsche Eilanden geheel vernielde, waardoor hij den toenaam *Balearicus* verwierf. Onder de regering van TIBERIUS waren
MAZZEPPA en TACFARINAS door bunne schrikkelijke
zeerooverijen berucht. Met bloedige letteren vindt
men in de geschiedboeken de strooptogten van DRA-
GOUT en CHAIRADIN aangeteekend; alsmede de landing van MANUNCA te *Messina*, waar hij het beroemde Benediktijner klooster plunderde en alles,
zonder genade, liet ombrengen; voorts de schrikkelijke landing te *Sorrento*, waar tienduizend ongelukkigen in slavernij werden gesleept; en eindelijk
den gruwzamen strooptogt van BARBAROSSA op de
eilanden *Elba* en *Capraja*, benevens de zeerooverijen, welke tot op de kusten van *Ierland* gepleegd werden, toen de beroemde, maar ongelukkige
WENTWORTH aldaar onderkoning was. Zoo waren
deze menschen eertijds, zoo zijn zij nog heden ten

dage,

dage, en zoo zullen zij altijd zijn. De volken leggen wel de deugden, maar zelden de ondeugden hunner voorvaderen af.

Zoodra een eskader Barbaren een schip heeft ver-
overd, wordt het met Turken en Mooren bemand
en het gevangen scheepsvolk op het vijandelijke
schip overgebragt. Maakt een enkele zeeroover
een zoodanig schip prijs, dan neemt hij het op het
sleeptouw en hijscht, zoodra hij in het gezigt van
Algiers komt, de vlag dier natie op, tot welke
het prijsgemaakte vaartuig behoort. Is de buit
van veel belang, dan doet hij een salvo van kanonschoten, waarop de havenkapitein aan boord komt,
ten einde er eene lijst van te maken; want al de
buit moet den *Dey* vertoond worden, waarvan die
een achtste gedeelte voor zijn deel ontvangt. Bijaldien de geplunderde zaken kunnen gedeeld worden,
dan geschiedt zulks onder de soldaten, naarmate
van hunne aanspraak en hunnen rang. Is dit echter
niet wel doenlijk, dan wordt alles verkocht en het
geld gedeeld. Bieden zich geene koopers aan, dan
worden de Jooden tot het koopen van den buit genoodzaakt. Bevinden zich op het roofschip Chris-
tenslaven, dan ontvangen deze insgelijks hun aandeel,
dewijl zij ook het hunne hebben kunnen bijdragen,
om dit fortuintje van den Hemel te verdienen. Wanneer de vloot de haven binnengeloopen is, gaat het
scheepsvolk aan wal en naar huis, doch komt eenige
dagen naderhand weder, om zijn aandeel te ont-

van-

vangen. Hoe groot nu de magt en het gezag van
den *Deij* ook zijn moge, durft hij evenwel de verdeeling niet maken, als de leeuw in de fabel; want
vorderde hij voor zijn part te veel, dan zou een
drieste Janitfaar al fpoedig daartegen inleggen, even
als CLODEWIK eens te *Soisfons* gebeurde. Toen
deze, namelijk, een kostbaar kerkvat voor zich behouden wilde, floeg een trotfche krijgsman met de
fabel daarop en duwde hem toe; "*gij zult niet*
anders hebben, dan hetgeen u bij loting toevali."

De flaven worden gedeeltelijk aan het gouvernement afgeftaan, gedeeltelijk aan ambtelooze perfonen verkocht. Diegene, welke men tot pagies van
den *Deij* uitkiest, worden goed betaald en kostelijk
gekleed, terwijl diegene, welke de eene of andere
nuttige kunst verftaan, den Mooren verhuurd worden, en van hetgene zij verdienen een derde part
als hun eigendom houden. De aan ambtelooze perfonen verkochte flaven ondervinden, naardat hunne
heeren en meesters meer of minder menfchelijkheid
bezitten, ook eene betere of flechtere behandeling;
doch ver de meeste treft een ongelukkig lot en worden door den zwaren arbeid, welken zij verrigten,
en den kommer en de ellende, welke zij uitftaan
moeten, fpoedig bleek, uitgeteerd en verftompt:
zulke echter, welke de foldaten in de kazernen
bedienen, worden met veel zachtheid behandeld.

De te verkoopen flaven worden in den *bafistan*
gebragt en aldaar, even als de paarden op de markt,

op

op en nedergeleid, terwijl men van hun getal,
hunne ambachten en bekwaamheden eene opgaaf
doet. Ieder mag op hen bieden, welk bod een
fchrijver aanteekent. Maar na dezen eerften verkoop, gefchiedt nog een tweede in het paleis van
den *Dey*, die den eigenaars der flavende, hun in den
bafistan bereids gebodene, fom uitbetaalt en, wanneer hij in zijn paleis eenen hoogeren prijs bedingt,
het overfchot voor zich behoudt. Intusfchen moet
alles met gereed geld worden betaald. De gevan-
gene vrouwen, van welke een losgeld te verwachten
is, worden den *Chekibeld* overgegeven, die haar
in zijne woning houdt en bewaart, tot zij weder
zijn losgekocht. Maar de arme meisjes of vrouwen
worden op de markt verkocht en der ruwe behandeling van Turken en Mooren overgelaten. Men
vindt er eene klasfe van lieden, *Tegerarins* geheeten, die in flaven handelen en dezelve koopen, om
ze weder te verkoopen. Deze mishandelen die ongelukkigen niet weinig, wanneer zij zich of in het
geheel niet, of niet fpoedig, kunnen loskoopen.
Zij verhuren hen ook aan de Confuls, de Joden en
de kooplieden voor eenen *plaster* in de maand.
De flaven worden zekerlijk foms, uit hoofde van
ongehoorzaamheid of flecht gedrag, hard behandeld,
maar niet altijd met zwaren arbeid geplaagd, uit
vrees, dat zij mogten ziek worden of fterven; en
zelfs wanneer zij de eene of andere zware misdaad
hebben gepleegd, wordt zulks door hunne heeren
en

en meesters nooit aangegeven, maar veelere ver-
zwegen, opdat het gouvernement hunne flaven niet
ter dood veroordeelen en zij op die wijs hen
verliezen zouden. Dit gefchiedt echter geenszins
uit medelijden of menfchenliefde, maar uit lage eigenbaat en gierigheid. Eenige flaven, die in hunnen dienstbaren ftaat wat gelukkiger zijn, bekomen
de vergunning om knoegen te houden, en winnen
daarmede veel geld; maar de ondeugden, waaraan
zij zich alsdan gewoonlijk overgeven, verhinderen
hen, eene geboegzame fom, om zich eenmaal vrij
te koopen, te befparen. Zij, die een handwerk
verftaan, ontvangen foms verlof, om voor eigene
rekening te werken en keeren van hunne verdienfte, tot dankbaarheid, eene kleinigheid aan den
opklener uit; doch zulke, die bij de Barbarijers
nuttelooze en niets waardige beeten; bov. befchaafd
opgevoede lieden van adellijke afkomst, geleerden,
filozofen, enz. behandelen zij als de verachtelijkfte
fchepfels en gebruiken hen tot den allerlaagften
arbeid.

Het Ipskoopen der flaven gefchiedt, of door bemiddeling den Confuls, die door hun gouvernement,
of door Kooplieden, die door bijzondere perfonen
daartoe gevolmagtigd zijn, of ook door geestelijken
van de orde der Barmhartige Broeders, of der Trinitarisfen. Wanneer deze eerwaardige vaders in de
haven zijn aangekomen, geven zij het oogmerk te
kennen, hetwelk hen derwaarts heeft gevoerd, en
doen

doen tevens opgaaf van de fom, welke zij ter bereiking daarvan hebben medegebragt. Vervolgens
gaan zij aan wal, nadat zij vierdehalf *procento*
betaald en zoowel den *Dey*, als ook zijnen ministers, geschenken gedaan hebben; want zonder dat
wordt hier niets van eenig belang aangevangen.
Zoodra dit alles zijn beflag heeft, wordt hun eene
goede woning ingeruimd en een tolk toegeftaan. Zij
koopen eerst de vrouwen en kinderen los, dewijl zij
deze, als de zwakfte en tot eene verandering van
geloof 't ligtst over te halen fchepfels aanmerken.
Dan komt de beurt aan die flaven, welke hunne
hulp 't dringendst fchijnen te behoeven. Alle flaven bidden en fmeeken, om bevrijd te worden;
zij hangen het treffendfte tafereel van hun lijden
op en bieden hun befpaard geld aan, om de tot
hunne losknoping noodige fom vol te maken. Ook
voegen de heeren en meesters hunne beden bij die
der flaven en geven den geestelijken zelfs wel eens
een gefchenk, opdat zij hunnen flaven bij het loskoopen de voorkeur boven andere geven mogen.
De *Dey* zet eenen prijs, en als de Trinitarisfen de
bepaalde fom betaald hebben, worden de op de
lijst aangeteekende flaven in vrijheid gefteld. Heeft
de zaak haar beflag, dan ontvangt ieder vrijgewor-
den flaaf eenen witten mantel, en alle begeven zich
naar het Spaanfche lazaret, om de mis, die hier
alsdan wordt gedaan, te hooren. Vandaar gaan zij
naar het paleis van den *Dey*, waar de *jatkerit*, of

ge-

getuigfchrift van vrijlating wordt afgegeven. Eindelijk nemen de geestelijken, onder vele pligtplegingen,
affcheid van den *Deij* en keeren, in plegtigen op-
togt of procesfie, met de flaven naar hun fchip terug, terwijl de Mooren naauwkeurig acht geven,
dat onder de vrijgekochten niet de eene of andere
flaaf mede doorfluipe en aldus ontfhappe. Na ten
laatfte nog eene belasting van tien *procento* voor
het beftede geld opgebragt en meer andere onkos-
ten ten voordeele van den *Deij* en deszelfs officieren gemaakt te hebben, wordt de terugreis naar het
vaderland aangenomen.

Deze manier van loskoopen is echter te *Algiers*
zeer zeldzaam geworden, dewijl er zulke ongehoorde fommen toevereischt worden; ja, daar het zoo ver
ging, dat de Mooren voor éénen matroos vijftienhonderd *piastert* tot eenen losprijs eischten. Trouwens, wanneer zij gewaar worden, dat een flaaf
in zijn vaderland vermogen bezit, dan vorderen zij
ontzettende fommen voor zijne vrijlating. Zoo eischten de Tunezers voor de vrijheid van den prins
DI PATERNO, eenen der voornaamfte heeren in *Sicilie*, 500,000 *piasters*. Sedert langen tijd komen
de Barmhartige Broeders niet meer te *Algiers*; want
tweedragt en oorlogen hebben de Christelijke liefde
in de harten der Europeanen zeer doen verflaauwen.
Gedurende mijn verblijf in *Sicilie* hield de verlichte en hoogst menschlievende minister van bui-
tenlandfche zaken, prins DI VILLA FRANCA, zich
ijve-

ijverig bezig met het edelmoedige ontwerp, om vierhonderd ongelukkige Sicilianen, die onder de wreedaardigſte volken van *Barbarije* in ketenen ſmachtten, los te koopen. Ik ontving daarbij den last, om den Sicilianen, in een doelmatig vertoog, het treurige en rampvolle leven te ſchilderen, hetwelk de Christenen in die akelige ſtreken van *Afrika* leiden, ten einde hen tot ruime bijdragen te bewegen. Met hetzelfde oogmerk hield de prediker BUONGIOVANNI eene treffende rede; maar beider uitſlag beantwoordde niet zeer aan het doel, dewijl de bijeengebragte ſom zoo gering was, dat zij ſlechts tot de loskooping van eenige weinige ongelukkigen toereikte. De zich in ſlavernij te *Tunis* bevindende Sicilianen waren intusſchen gelukkiger; want het Britſche gouvernement vaardigde den minister HARCOURT af, om, gemeenſchappelijk met den Conful OGLANDER, over deze gewigtige zaak met de regering van *Tunis* in onderhandeling te treden. Ook begaf zich de waardige *lady* BENTINCK, gemalin van den beroemden minister en generaal van dien naam, met den moed eener Christelijke heldin, zelve naar *Tunis*, om aldaar op eene zoo menschlievende zaak aan te dringen. Zij kwam met honderd bevrijde Christenen in *Sicilie* terug en genoot dus een der verhevenſte genoegens, welke een edel hart ſmaken kan. De weldaden, welke wij bewijzen, zijn vereerende gedenkteekenen, die ons door dankbare harten worden opgerigt; en het is oneindig

II.   O   dig

dig fchooner, zegen in te oogften dan loftuitingen.

Dank zij intusfchen den koning van *Sardinie* en der beide *Sicilien*, den Groothertog van *Toskanen* en den Heilige Vader; want zij vierden den gelukkigen terugkeer in hunne ftaten, door den vrede met de Barbaren, door de daarop volgende loskooping en de terugkomst van vele hunner ongelukkige onderdanen, die als flaven in *Afrika* zuchtten. De heerfchers zijn Gods evenbeeld op aarde en moeten Hem dus in weldadigheid navolgen.

De wijze zegt: „*wie niet geleden heeft, die weet niets.*" Ik heb genoeg kommer en ellende uitgeftaan, om daaruit iets te hebben kunnen leeren; en kan, uit ondervinding, dengenen raad geven, welken misfchien het ongeluk overkomt, om in handen van Afrikaanfche roovers te vallen.

Eerst en vóór alle dingen moet men de reis zoodanig zien te fchikken, dat men, bijaldien zulks mogelijk is, dezelve op een Engelsch fchip doe; want de tot deze natie behoorende zeeofficieren zijn de kundigfte en tevens befchaafdfte, zoodat men geene onfatfoenlijke of onbillijke bejegening te wachten heeft.

Men moet of een fchip, hetwelk fterk bemand en tot het bieden van tegenftand in ftaat is, of een zoo klein vaartuig kiezen, dat het, in geval van nood, zich door de vlugt kan redden.

Men moet naar de bekwaamheden en het zedelijke karakter van den fcheepskapitein naauwkeurig

ver-

vernemen; dewijl zijne onkunde of opzettelijke kwaadwilligheid meestentijds de oorzaak der ongelukken of nadeelen is, welke het fchip en den fchepelingen overkomen.

Ontmoet men een rooffchip, dan late men geen gebrek aan vastberadenheid óf moed blijken; want zelfs de zeeroovers hebben achting voor dappere lieden, terwijl zij daarentegen de lafhartige verachten en mishandelen.

Men moet zich, door de overmagt van fchepen, geenen fchrik laten aanjagen; want de Afrikanen zijn onkundige zeelieden; weshalve men niet zelden met eene fnelle en behendige wending midden door hunne eigene fchepen heen kan ontfnappen.

In geval van uiterften nood, kunnen de pasfagiers in de boot ftijgen en naar de kust vlugten, waar groote fchepen hen niet volgen kunnen en zij buiten het bereik van het kanon zijn. Ook overvallen de Turken andere fchepen meestentijds bij windftilte.

Men moet in de Middellandfche Zee nooit den meest gewonen en bevaren koers nemen. Gemeenlijk kruifen de Barbarijfche vloten langs de kusten van *Sardinie* of daaromtrent: men moet het dus zoo digt mogelijk naar de kust van *Frankrijk*, van *Italie*, of van *Afrika* zelve houden.

Kan men het gevangennemen niet ontgaan, dan moet men goud en andere zaken van waarde, welke men wil redden, zoo mogelijk, onder de kleeren,

O 2 op

op het bloote lijf verbergen; want de roovers openen eerst de koffers, voordat zij de pasfagiers
zelve onderzoeken, en dit gefchiedt nooit onder de
kleederen, welke zij op het bloote ligchaam dragen. Bijaldien zich vrouwen op het fchip bevinden,
dan doet men wel, als men haar zijn geld aanver-
trouwt; dewijl de Turken haar ontzien en zelfs
met eene foort van eerbied behandelen.

Wordt men flaaf, dan moet men de vriendfchap
van den opperften fchrijver en den *Guardia-Bachi*
zoeken te winnen, en bezit men nog eenig geld,
zoo moet men daarvan een verftandig gebruik maken, door er een gefchenk van aan een' derzelve,
of liever aan beiden, te doen; want geld is een
fleutel, die tot alles, en dus ook tot de harten,
den toegang opent. Deugd en regtfchapenheid zijn
almede voorregten, welke den Barbaren zachtzinnig
maken en achting inboezemen. Men late nooit
blijken, dat men van goede afkomst is, of in zijn
vaderland vermogen bezit; anders loopt men gevaar
van tot harderen arbeid gedwongen te worden,
opdat men zich te fpoediger loskoope. Bezit men
eenige bedrevenheid in werktuigkundigen arbeid,
dan zegge men zulks vrij uit; dewijl men zich daardoor genegenheid verwerven en menig voordeel verfchaffen kan.

Nooit moet men op andere flaven eenig vertrouwen ftellen, nooit hun zijnen ftand, of wat andere
hulpmiddelen men nog meer mogte hebben, ontdekken;

ken; want vele hunner zijn flechts verklikkers en
te flaafschgezind, dan dat zij zoo veel gevoel van
eer zouden hebben, om een geheim te bewaren.

Geraakt men in de magt van eenen Turk of
Moor, dan gedrage men zich wel. Goede zeden
winnen de harten. Wie zijne godsdienstpligten
naauwkeurig waarneemt, kan almede op de achting
der Muzelmannen, die zelve zeer gezet op hunnen
godsdienst zijn, ftaat maken.

Inzonderheid moet men, flaaf geworden, zich
nooit geheel aan treurigheid en wanhoop overgeven;
naardien zelfs de ongelukkigfte toeftand nooit alle
hoop en troost uitfluit. Men weet immers niet,
welke bron er onverwachts hier of daar ontfpringen
kunne, om de bloemen, waarvan ons levenspad
nimmer ten eenemale ontbloot is, te verfrisfchen
en te doen opluiken. SALOMO zegt ook: *„ik ben
jong geweest en ben oud geworden; maar ik heb
nog nooit gezien, dat de regtvaardige verlaten
was, of dat zijne nakomelingen om brood bedelden.*"

Misfchien zal iemand vragen: of het eenen flaaf
mogelijk zij, te ontfnappen en zich door de vlugt
te redden? Soms heeft deze of gene, door zwem-
men naar de voor anker liggende fchepen, trachten
te ontkomen; maar alle Europefche mogendheden
leveren ontvlugte flaven weder uit: alleen *Frankrijk* niet; maar daarvoor worden ook, zoodra een
Fransch fchip voor anker komt, de flaven van het
ftrand verwijderd en ftrenger geboeid. Eenige heb-

O 3   ben

ben in kleine boten trachten te ontfnappen, maar
ftelden zich daardoor bloot aan ftormen, aan hongersnood en meer andere ontelbare gevaren, die
vreesfelijker zijn, dan de dood zelf; en wie naar
de Mooren of in de Woestijn wilde vlugten, zou
eenen gewisfen dood te gemoet gaan.

Men konde echter iets beproeven, dat misfchien
eenen meer gelukkigen uitflag had, dan de vlugt;
men konde de wapenen opvatten en de Barbaren
bevechten. Ik geloof zelfs, dat de Christenflaven,
door een algemeen belang vereenigd, met eene vurige zucht tot zelfbehoud bezield, en vastberaden,
om te overwinnen of te fterven, door een goed
overlegd plan en eene krachtdadige poging, om zich
in vrijbeid te ftellen, zulks werkelijk zouden ten
uitvoer brengen; inzonderheid, als er eene Christen-
vloot in de haven lag, of als er onder de Turken
een opftand plaats had, of eindelijk, als zij den
tijd waarnamen, dat de drie, tot invordering der belastingen uitgetrokkene, legers zich in de fchat-
tingfchuldige provincien bevonden. Zoo handelden
ten minfte de Christenflaven te *Tunis*, toen de
armee van KAREL V voor die ftad verfcheen. Eensdeels is het getal der Turkfche foldaten niet groot;
daarbij zijn zij niet zeer op hunne hoede en meestal
in de huizen en kroegen verftrooid; anderdeels
zouden de Mooren, bereids aan menigvuldige oproeren
gewend en hunnen beheerfchers geenszins toegedaan, eenen opftand, zoo niet met blijdfchap,

al-

althans met onverfchilligheid, aanzien. Door een
zoodanig koen ontwerp, hetwelk mijnen geest gedurende den fchrikkelijken nacht, dien ik in de fla-
vengevangenis doorbragt, bezig hield, bleven mijne
hoop en mijn moed levendig, die mij anders door de
gedachte, dat ik nu flaaf was, geheel zouden zijn
benomen geworden. Ik zeide bij mij zelven, dat
ik geen flaaf blijven wilde, dat, in zulke omftandigheden, de dood geluk mogt heeten, en dat hij,
die den dood niet vreesde, tot elke onderneming
in ftaat was. Ik ftelde het mij als ligt uitvoerbaar
voor, dat vijfhonderd wanhopige menfchen zich,
gedurende éénen nacht, in de gevangenis vereenigden, de door flechts vier mannen bewaakte deuren
van den *bagno* infloegen, naar andere gevange-
nisfen toefnelden, alle flaven in vrijheid ftelden,
zich van het tuighuis meester maakten, de kazernen
en flaapdronkene Turkfche foldaten overvielen, de
ftad aan vier hoeken in brand ftaken, het paleis
van den *Dey* beftormden, de fchatkist overwel-
digden, naar de bijna onbewaakte fchepen fnelden,
onder zeil gingen en, zich zelve aldus in vrijheid
gefteld hebbende, met de veroverde rijkdommen en
met den roem van een zoo groot en gedenkwaardig
waagftuk ondernomen en gelukkig uitgevoerd te
hebben, naar *Europa* en hun vaderland terugkeerden.

Den tweeden dag van mijn verblijf in *Algiers*,
toen ik met de overige flaven in den voorhof der

O 4   ma-

marine gebragt en den ftaatsbeambten, welke in hunne fchrikverwekkende hoogheid aldaar zaten, voorgefteld werd, hield dit moedige ontwerp mijne ganfche ziel op nieuw bezig, en ik was geheel daarin verdiept, toen ik den minister van het zee-wezen mij bij mijnen naam hoorde oproepen. Ver-fchrikt en ontfteld kwam ik tot mij zelven, en ik was even zoo te moede, als hadde men mij, in het beflisfende oogenblik eener zamenzwering, op de daad betrapt. Gedurende mijn volgend verblijf te *Algiers* zag ik echter wel in, dat eene, tot zulk een waagftuk toereikende eensgezindheid niet te hopen was van lieden uit onderfcheidene natien, die geenszins vriendfchappelijk jegens elkander ge-zind waren. Een groot en ftandvaftig befluit laat zich van menfchen, welken hoofd en hart ontbreekt, en die onder hun knellend juk en hunne drukkende ellende bijna geheel gekromd en nedergebogen zijn, waarlijk niet verwachten. Wie reeds aan het on-geluk gewoon is, die houdt op met hopen, en waagt geene poging tot zelfbehoud meer. Ik zoude zulks echter, en misfchien met eenen gelukkigen uitflag, gewaagd hebben.

Toen CERVANTES flaaf in *Algiers* was, beproefde hij een dergelijk waagftuk en had zijne maatregelen zoo goed genomen, dat, zonder een ongelukkig tusfchengeval, de onderneming eenen volkomen goeden uitflag zoude gehad hebben. Nu bezit ik zeker CERVANTES geest niet, maar mijn ontwerp

was

was toch ook geene *Don Quichots*-ftreek; en viel.
het al niet gelukkig uit, dan konde men ten minfte
van mij zeggen, wat eens van den koenen jongeling, die de zonnewagen wilde mennen, gezegd is:
quem fi non tenuit, magnis tamen excidit aufis (*).
Intusfchen zouden duizend, of althans tweeduizend
door brandenden toorn en wraaklust ontvlamde en
tot de uiterfte wanhoop vervoerde Christenen een
groot waagftuk ondernemen en op eenen goeden
uitflag hopen kunnen. Immers MAHOMED zegt zelf:
„ *wanneer duizend vastberadene en onverfchrokkene
mannen zich vereenigen, zullen zij tweeduizend
overwinnen.*" Het getal der Christenflaven is niet
gering: als zij dus onder elkander eensgezind
waren en eenen moedigen en bekwamen aanvoerder
aan het hoofd hadden, zouden zij misfchien zeer
veel kunnen uitvoeren.

(*) *Het was echter een ftout waagftuk, dat hem mislukte.*

O 5   III. *Krijgs-*

Krijgsmagt der onderfcheidene Barbarijfche mo-
gendheden. Hare wederkeerige betrekkingen.
Invloed van den Turkfchen Sultan op dezelve.
Hare betrekking tot de Christenmogendheden.
Vertrek des fchrijvers van Algiers. Terugkeer
naar Minorca. Komst in het Lazaret. Too-
neeluitfpanningen in hetzelve. Port Mahon.
Aankomst in Sicilie. Vertrek vandaar. Het
eiland Ponza. Terugkeer naar Toskanen. Nieu-
we beleedigingen, door de Barbarijers der Chris-
tenmogendheden aangedaan. Bombardement van
Algiers.

Van de Algierfche en Tunefche krijgsmagt bereids melding gemaakt hebbende, zal ik van die der
andere Afrikaanfche mogendheden nog het een en
ander mededeelen. Hoezeer nu *Tripoli* op den
grooten handelweg van *Afrika* ligt, is het echter
niet zoo magtig, als de andere beide rijken. Het
bezit flechts vijf of zes oorlogfchepen, maar zeer
moedige foldaten, die zeer ligt landingen in vijandelijke gewesten wagen en hunne Christenflaven zeer
hard behandelen.

Het keizerrijk *Marokko* ftaat in de rij der Afri-
kaan-

kaanfche mogendheden bovenaan en kan, des noods,
tweemaal honderdduizend man onder de wapenen
brengen, welke, bijaldien zij, gelijk voorheen, weder een' zoo knappen en ondernemenden veldheer,
als de hertog van RIPPERDA, aan het hoofd hadden (*), iets groots zouden kunnen ondernemen

en

***

(*) Uit *Spanje* gebannen, ftak de hertog van RIPPERDA
naar *Afrika* over en bood ABDALLAH, keizer van *Marokko*,
zijnen dienst aan. Deze ontving hem met vreugde en
benoemde hem tot *Pacha* en opperbevelhebber van zijne
ganfche krijgsmagt, met de vergunning tevens, om zelf
zijne officieren te kiezen. RIPPERDA deed den Afrikaanfchen monarch den voorflag, om een leger van 200,000
man op de been te brengen en de Mooren weder naar
Spanje te verdrijven. Ook rigtte hij de Moorfche armee
op eenen geheel anderen voet in, bezielde haar met
eenen nieuwen geest en wist haar in eene blinde gehoorzaamheid te houden. Hij belegerde werkelijk *Ceuta*,
maar de Spanjaarden, die intusfchen, onder het bevel van
den graaf van MONTEMAR, geland waren, floegen, ter
zelfder tijd, het beleg voor *Oran*, eene door de Algerijnen bezette vesting. RIPPERDA trok tegen hen op en
bragt, door eenen woedenden aanval, hunne vleugels in
wanorde; doch eene behendige wending van MONTEMAR
herftelde de verwarring en deed de overwinning naar de
zijde der Spanjaarden overhellen, met dat gevolg, dat
Oran ingenomen wierd. Maar zoodra de graaf MONTEMÁR
naar *Spanje* was teruggekeerd, belegerde RIPPERDA *Ceuta*
op nieuw. Deze plaats werd verdedigd door den beroemden

en uitvoeren. Zoo zoude de keizer van *Marokko*, als uit de natuur zelve, opperbevelhebber kunnen worden, wanneer, bij eenen algemeenen oorlog, of eenig gevaar van groot belang, gansch *Afrika* de wapenen opvattede. Ten noorden van zijn rijk ligt het vijandige *Spanje* en ten zuiden het ongelukkige *Guinea*. Zijne landen bevinden zich dus in het middenpunt; en daar hij nu de magtigste vorst en tevens uit den heiligen stam der *Sherifs* afkomstig is, heeft hij eenen invloed op alle Moorsche volken, die zich zelfs tot de Negerstammen uitstrekt, welke zich gaarne, onder hem, als opperhoofd, zouden vereenigen, om het West-Afrikaansche rijk, of het beroemde rijk der *Mogreby* hersteld te zien. In weerwil echter van al deze niet geringe voordeelen, zoude het den keizer van *Marokko* nog al vrij wat moeite kosten, de drie roofstaten, inzonderheid *Algiers*, aan zich te onderwerpen, en hij zou zekerlijk menigen bloedigen slag moeten leveren, eer hij de stad zelve konde aantasten. Bovendien bestaat zijne geheele zeemagt slechts uit vier of vijf roofschepen; terwijl zijne havens bijna verzand en dus uitnemend slecht zijn. Met dat al kun-

---

roemden markies, DE SANTA CRUZ, die schrijver was der niet minder beroemde staat- geschied. en krijgskundige Gedenkwaardigheden en aldaar een leven eindigde, hetwelk nog in den eersten bloei en vol schoone verwachtingen was.

kunnen de zeemogendheden van *Europa* hem weinig deren.

Met den *Sherif* van *Marokko* leven de drie bo-
vengenoemde mogendheden in vrede; maar *Algiers*
en *Tunis* liggen gedurig overhoop. Bij gelegenheid der laatfte expeditie van *Engeland* tegen
Algiers, zond de *Deij*, in dat dringende gevaar,
afgevaardigden naar *Tunis*, om vrede te fluiten en
tevens het gouvernement aldaar niet alleen tot een
verbond, maar zelfs tot eenen algemeenen religie-
oorlog over te halen; maar de *Beij* van *Tunis* was
verftandig genoeg, om deze uitnoodiging van de
hand te wijzen. De oorlog tusfchen beide gouvernementen wordt thans nog, offchoon zeer fle-
pend en traag, voortgezet: de fchepen van *Tunis*
loopen de haven uit, zonder dat de Algerijnen
hun, door eene ftrenge blokkade, zulks beletten,
zoo als zij te voren wel deden, toen de vijandfchap
levendiger en tusfchen den *Deij* ALI en HAMOUDA-
Pacha eenigermate perfoonlijk was. Tegenwoordig
echter blijft men den oorlog voeren, bijna alleen
uit gewoonte, en wijl men hem nu eenmaal heeft
aangevangen.

Toen het hem met den *Beij* van *Tunis* niet wilde
gelukken, trachtte de *Deij* van *Algiers* den keizer
van *Marokko* over te halen, om der regtgeloovige
ftad met zijne ganfche krijgsmagt te hulp te komen;
maar hij kon niets meer uitwerken, dan dat hij
zijne fchatten te *Mequinez* in veiligheid mogt brengen;

gen, over welke koele onverfchilligheid omtrent het algemeene belang hij zich dan ook bitter beklaagde. Thans echter zouden de *Deij* van *Algiers* en de *Sherif* elkander voor de veiligheid hunner ftaten onderling hebben gewaarborgd.

Zoolang de drie rooffaten met elkander in vrede leven, heeft eene Europefche mogendheid, wanneer zij met den eenen oorlog begint, ook zeker met den anderen te doen. Zij leenen elkander hunne vlaggen, zoodat, wanneer b. v. een Europefche ftaat met *Tripoli* in oorlog is, terftond wel twintig Algerijnfche zeeroovers onder Tripolitaanfche vlag uitzeilen, en ik geloof, dat ook *Marokko* tot zulke ftaatkundige bedriegerijen en ftreken de hand leent.

Naar de rangorde der drie Afrikaanfche gouvernementen, is eigenlijk de *Pacha* van *Tripoli* de eerfte; dan volgt die van *Tunis* en eindelijk de *Deij* van *Algiers*. Maar dewijl deze de talrijkfte krijgsmagt en den meesten rijkdom heeft, is hij eigenlijk de eerste en wordt door de andere beiden ook werkelijk als zoodanig befchouwd en geëerd.

Dikwijls worden de namen *Deij*, *Beij* en *Pacha* verwisfeld; maar zij zijn inderdaad onderfcheiden; want de opperhoofden van *Algiers*, *Tunis* en *Tripoli* namen deze titels in verfchillende tijdsomftandigheden en na verfchillende omwentelingen, welke in deze landen voorvielen, aan. Voorheen ftonden al de drie ftaten onder de onmiddellijke heerfchappij der Ottomannifche Porte; naderhand maakte de eerfte

ont-

ontvanger der ftaatsinkomften te *Algiers* zich onafhankelijk en nam den titel van *Deij* aan. Dit voorbeeld werd te *Tunis* gevolgd door den generaal der
Turkfche troepen, die *Beij* werd genoemd, terwijl
de *Pacha*, die in naam van den Sultan te *Tripoli*
regeerde, insgelijks het juk affchudde en zich voor
onafhankelijk verklaarde, doch den vorigen titel behield. Hunne opvolgers regeerden onder dezelfde
benamingen voort en heeten nog heden ten dage:
de *Deij* van *Algiers*, de *Beij* van *Tunis* en de
Pacha van *Tripoli*.

De regenten der drie Afrikaanfche ftaten ontvangen van den Grooten Heer eene foort van tractement. De erfgenaam van den Tunefchen troon
neemt enkel den titel van *Beij* aan en voegt, wanneer de Groote Heer zijne aanftelling bekrachtigd
heeft, den naam van *Pacha* daarbij. Deze zendt
hem, tot een teeken zijner waardigheid, den *kaftan*,
waarmede hij zich bekleedt en vervolgens den opperften ftaatszetel beftijgt. Meest al de vorsten van
Barbarije bewijzen den *Groot-Padishah*, of Sultan,
eene zekere uitwendige onderdanigheid, eene fchijnbare gehoorzaamheid, dewijl zij hunne magt en hun
aanzien beter kunnen handhaven, wanneer het volk
hen als opzettelijk verkozene plaatsbekleeders van
den voornaamften vorst onder de belijders van den
Islam, van den behoeder en befchermer der heilige
Caaba aanmerkt. Het huis, waar de ftaatsraad vergadert en de Janitfaren hunne leening ontvangen,
heet

heet nog altijd *pafchalik* of *het huis van den Pacha*. Ook nemen de hoofden der drie Afrikaanfche
gouvernementen in de openbare ftaatsftukken nog
fteeds den naam· van *Pacha* aan. Zij laten het
geld met den naam van den regerenden Sultan beftempelen en gebeden voor zijne gezondheid en
zijnen voorfpoed in de moskeën verrigten. Zij zenden gefchenken en gezanten naar *Stamboul*, inzonderheid, als zij voor eenen gevaarlijken oorlog beducht zijn, en ontvangen de *firmans* of *misfives*
van den Grooten Heer met den meest mogelijken
eerbied en plegtftatigheid, daar zij dezelve, dadelijk
bij de ontvangst en alvorens ze te openen, op het
hoofd en de oogen leggen; een gebruik, hetwelk
bij hen eene godsdienftige achting en eene foort
van hulde uitdrukt. In gevallen van nood en bij
ongelukkige oorlogen, onderfteunen zij de Ottomannifche Sultans ook met hulpbenden en aanmerkelijke
fommen; zelfs bewezen zij der *Porte*, bij eenige
gelegenheden, gewigtige dienften; zoo als, b. v.
in den oorlog, dien HASSAN-*Pacha* tegen de *Beijs*
der Mammelukken in *Egypte* voerde; als ook bij
de belegering van *Acre*, hetwelk tegen den Sultan
was opgeftaan. Hier deed de Algierfche vloot niet
flechts zeer veel nut, maar was het ook een Alge-
rijn, die den beruchten DACHER, voorganger van
den niet minder beruchten DJESZAR-*Pacha*, van
kant maakte. Intusfchen zijn al deze gefchenken
en hulpbetooningen vrijwillig en worden niet befchouwd

fchouwd als pligten jegens eenen opperheer, maar
als dienften, welke man den voornaamften befchermer van den godsdienst des Profeets gaarne bewijst:
met één woord, al dit uitwendig betoon van achting
en derbied is eene loutere pligtpleging; want eigenlijk hebben de Barbariſche regenten zich geheel onafhankelijk van de *Porte* gemaakt en gezanten af-
gewezen, die hun van *Konſtantinopel* met orders
van den *Sultan* toegezonden werden. Zelfs durfden zij, op hunne ſtrooptogten, Grieken en andere
onderdanen van den Sultan niet ſlechts gevangen
nemen, maar hun ook verfcheidene jaren gevangen
houden, alvorens hen op herhaalde aanvraag van
den *divan te Konſtantinopel* weder in vrijheid te
ſtellen. Somtijds was de *Capudan-Pacha* met zijne
vloot uitgeloopen, om deze ongehoorzame roervinken tot hunnen pligt terug te brengen; maar
de *Beij* bragt, of door liſt, of door geld, te weeg,
of de in de Ottomaniſche provincien inmiddels
gerezene onluſten waren de oorzaak, dat de onderneming mislukte en de Sultan zich met ijdele veront-
fchuldigingen moeſt vergenoegen. Men maakt immers
geene zwarigheid, dengenen vergiffenis te fchenken,
om welken te ſtraffen het ons aan magt ontbreekt!
Offchoon nu deze Afrikaanfche mogendheden
door de zwakte, waartoe de voormaals zoo ge-
vreesde magt der Ottomannen is afgedaald, alsmede
door de onverfchilligheid, waarmede zij het geheele
verlies van hunnen invloed op de ſtaten van *Bar-*

barije fchenen te befchouwen, eene bekwame gelegenheid gehad hebben, om zich onafhankelijk te
maken, is echter hunne inwendige kracht aanmerkelijk geknakt, en bezitten zij niet meer die geduchte vloten, over welke zij eens befchikken
konden, toen hunne *Pacha's* nog tevens admiraals
der zeemagt van den Grooten Heer waren.

Ik weet, wel is waar, niet, of de Turkfche Sultan
deze rijken wel ooit weder aan zijne onbepaalde
heerfchappij zal kunnen onderwerpen; daar hij geene genoegzame vloten heeft, om deze wederfpan-
nige fteden te befchieten en te vernielen, en anderdeels geene armee over land uit *Egypte* door de
zandwoestijn van *Barka* kan zenden; maar hij kon
den Barbarijers, wanneer hij oorlog met hen begon,
in allen geval groote fchade toebrengen. Immers
bij eene oproeping van den *Mufti*, zou misfchien
gansch *Afrika* op de been komen en alle Turkfche foldaten zouden zich onder het bevel van eenen
vorst ftellen, die de heilige vaan des Profeets voor
zich uit liet dragen. Wanneer dus de Europeanen
deze zeeroovers bedwingen wilden, moesten zij aan
het hof te *Konftantinopel* zeer rijp overlegde onderhandelingen aanvangen, ten einde de Verhevene
Porte den Barbarijers niet meer toeftond, in de Turkfche ftaten te werven, waardoor hunne *orta's* thans
altijd voltallig blijven; en ten einde zij ook haren
onderdanen verbood, buiten 's lands te gaan, om
onder eene vreemde mogendheid, die flechts een

fchan-

schandelijk stelsel van rooverij en gewelddadigheid
blijft volgen, dienst te nemen. Intusschen schijnt
de Verhevene *Porte* omtrent alles, wat bij de Barbarijers gebeurt en hun aangaat, zeer onverschillig
te zijn; ten minste heeft zij, bij de laatst verledene
gebeurtenissen te *Algiers*, geenerhande blijken van
eene gunstige, of ook van eene ongunstige gezindheid jegens den *Dey* aan den dag gelegd en is hare
ware staatkundige denkwijs daaromtrent een diep geheim gebleven. Uit den dood van MUZZELIN, gouverneur van *Smirna*, die, op last van den *Capudan-
Pacha*, geworgd werd, dewijl hij de Algerijnen
openlijk begunstigde, laat zich niets met zekerheid
afleiden; en bij de laatste, op het *Bairamfeaat*
gewone benoemingen der gouverneurs, heeft de Sultan van de opperhoofden der Afrikaansche staten
geen woord gerept. Spoedig zal MEHEMED, *Pacha*
van *Egypte*, ook wel denken, dat hij, na het bedwingen van *Suund* en *Madaif*, en het verlossen
der heilige stad uit de handen der schrikkelijke *Wa-
habieten*, geenen opperheer behoeft te erkennen en
zich dus onafhankelijk van de *Porte* maken.

Over het geheel kan men van de staatkundige
betrekkingen der Barbarijers tot de Christenlanden
niets met zekerheid bepalen, dewijl zij telkens veranderen, naarmate de eigenzinnigheid en boosaardigheid dier geldgierige zeeroovers zulks medebrengt.

In dit oogenblik, b. v., is het tusschen *Europa*
en *Afrika* algemeene vrede; maar in weerwil daar-

van is de *Deij* van *Algiers*, wien de laatfte geduchte les eenen onverzoenlijken haat tegen de Eu-
ropéanen heeft ingeboezemd, in ftilte op wraak bedacht en wacht flechts op de eerste de beste gun-
ftige gelegenheid, om zijne magt te herftellen. Het
gedrag van den *Beij* van *Tunis* geeft almede veel
rede tot kwade vermoedens; want zijne rooffchepen
kruifen op zee rond. De keizer van *Marokko* heeft
den Algerijnen en den anderen roofftaten wel verboden, zijne havens binnen te loopen, maar zijne
rooffchepen fchuimen ook al op zee en hebben
bereids Pruififche en Deenfche fchepen weggenomen.

De meeste Europefche mogendheden hebben Confuls in de Afrikaanfche havens, die tevens de plaats
van zaakgelastigden bij de Barbarijfche ftaten bekleeden; maar *Oostenrijk* en *Rusland* houden dezelve niet; dewijl de *Porte* voor alle fchaden, welke
de Barbarijers den onderdanen dier beide rijken
zouden mogen toebrengen, verantwoordelijk is;
doch hare bemiddeling heeft weinig invloed en uit-
werking: immers heb ik zelf te *Algiers* flaven gezien, die uit *Triëst* en *Odessa* geboortig waren;
maar hunne brieven kwamen zekerlijk der *Porte*
nooit in handen; want men zag niet, dat er eenig
befluit ten hunnen voordeele op volgde.

De Confuls in *Barbarije* leven in een beftendig
gevaar en in eene gedurige vrees. Ontftaat er oorlog met hun land, dan geraken zij in hechtenis
of in boeijen. Berokkenen zij zich door hun vast

ka-

karakter het misnoegen van den *Deij*, of van het
gouvernement, dan wordt op hunne terugroeping
aangedrongen, of men brengt hen zonder omstandigheden aan boord van een fregat en jaagt hen weg,
of men tracht boosaardigerwijs een Turksch vrouws-
persoon stil in hunnen hof te brengen, en verwekt
dan eenen oploop onder de bijgeloovige Mooren,
waarbij de Consul zich gelukkig moet achten, als
hij zijn leven door de vlugt kan redden.

Daar nu ieder Consul in die mate geacht en gevreesd wordt, als zijn Vorst of gouvernement magtig ter zee is, staat de Engelsche, wat aanzien en
invloed betreft, in de rij der onderscheidene Consuls
bovenaan. Na de vermindering der Fransche zeemagt verminderde ook de achting voor den Franschen Consul; offchoon diegene, welken ik te
Algiers leerde kennen, de heer DUBOIS TRINVILLE,
een man was, die een zeer vast karakter bezat.
Ook zoude ik iederen zaakgelastigde raden, jegens
de Barbarijers liever eenen trotschen, bijna dreigenden
toon aan te nemen, dan zich al te zacht en te toegevend te gedragen; want door het eerste zal men
zich meer aanzien en invloed verschaffen, dan door
het laatste. Eens duwde de *Deij* den heer MACDO-
NALD toe, dat hij hem in een fregat zetten en weg
zoude laten brengen; waarop de Consul kort af
ten antwoord gaf: *„wanneer ik in een fregat ver-*
trek, kom ik met eenige vierenzeventigers terug."
„Nu, blijf dan." hervatte de *Deij*, en laat ons
vrien-

vrienden zijn." Zoo geraakte ook eens een scheeps-kapitein, ***** genaamd, in twist met den ***, of admiraal, en voerde hem te gemoet: *„ik zal met mijn ééne fregat uitloopen, en komt dan alle maar op, ik wacht u.*" Men liet niets onbeproefd, om hem neder te zetten, en hij werd, van dat oogenblik af, met eer en achting behandeld. Wanneer de Barbarijers echter zoo bevreesd en verschrikt worden, dat zij toegeven, moet het toch den schijn niet hebben, dat zij zulks doen uit vrees; maar uit schranderheid en medelijden. Geraakt derhalve een Consul in drift, dan zeggen zij: *„de arme kerel! hij heeft zijn verstand verloren.*"

Het is evenwel niet altijd raadzaam, op eenen te hoogen toon met hen te spreken; want zij zijn trotsch, opvliegend en onbeschoft. In eene hunner onstuimige opbruisingen, of wanneer het hun in het hoofd mogt komen, zouden zij tot buitensporige daden van geweld uitspatten en zich niet ontzien, eene euveldaad te begaan. Tot eene vredebreuk kunnen zij ligtelijk besluiten; want zij achten onze vriendschap niets. Op zekeren dag geraakte de *Deij* van *Algiers* in woordwisseling met den Spaanschen gezant, dewijl deze zich niet genegen toonde, om de door de Afrikanen geeischte sommen te betalen. Hierover vergramd liet hij den Consul vertrekken met de woorden: *„wanneer uw koning geenen vrede wil hebben, moge hij oorlog beginnen; mij zal hij daarmede eenen dienst doen.*"

Even

Evenzoo zeide hij tegen den Consul eener Noord-
fche mogendheid: „waartoe heb ik uwen koning
toch noodig? hij zendt mij gefchenken, ik bom
niet; hij koopt mijne vriendfchap; ik bekommer mij
om de zijne weinig."

Een klein Spaansch vaartuig, hetwelk den heer
SEGUI, lijfarts van den, Dey, in eigendom toebe-
hoorde, lag zeilvaardig naar Port-Mahon. Door
bemiddeling van den Spaanfchen Conful kregen wij
eene plaats op dit fchip, hetwelk, door een kun-
digen en voortreffelijken man, den heer SUPPARDO,
werd gevoerd en de Algierfche vlag opheesch, terwijl zich daarop, behalve den genoemden kapitein,
ook nog een ruis bevond. Met dit vaartuig konden wij vrij en ongebinderd reizen, dewijl alle volken de Algerijnen ontzien, die ook inderdaad de
magtigfte mogendheid op de Middellandfche Zee zijn.

Men ftelle zich de droefheid van onze lotgenooten voor, toen zij ons vertrek vernamen: men ver-
beelde zich onze fmart, dat wij hen moesten ach-
terlaten. Naauwelijks waren wij aan boord, of een
Turksch piket kwam onderzoek doen, of zich ook
misfchien een flaaf, met oogmerk, om te ontfnappen, bij ons verftoken en verfcholen hadde. Toen
wij op het punt ftonden, om het anker te ligten,
was een onzer voormalige lotgenooten, die aan de
fchepen werkte, op eenen muur geklommen, welke
aan de haven ftond. Zijn oogmerk was, ons nog
eenmaal te zien en te fpreken; maar juist op dit

P 4 oogen-

oogenblik beval een Moorfche havenopziener hem
met eene donderende ftem, om laag te komen, en
gaf hem tegelijk met eenen ftok een geweldigen flag
op het hoofd. De Christen viel naar beneden, en
ik heb hem niet wedergezien. Dit was het laatfte
gruweltooneel, dat, voor mijn vertrek, mijne oogen
en mijn hart in deze affchuwelijke ftad verwondde.

Schoon nu de wind ons tegen en de zee onftuimig
was, moesten wij echter uitzeilen, omdat de onher-
roepelijke wil van den *Dey* zulks gebood. Na verfcheidene uren tegen de golven geworfteld en ieder
oogenblik den dood voor oogen gehad te hebben,
moesten wij eindelijk nog naar den oever terugkeeren. Hoezeer dus de bruifende golven in eene hevige beweging waren, waren onze harten zulks nog
meer; want het ftond zeer te vreezen, dat men ons
van de ftadsbatterijen in den grond fchieten, of dat
de booten van den havenkapitein ons oploopen en
aanklampen zouden, om ons wegens onze ongehoorzaamheid te ftraffen. Reeds was de zon opgegaan,
en de Mooren waren bereids op de been: zelfs kon
men het geraas der bezige volksmenigte duidelijk
hooren.

Reeds zagen wij, hoe de met ketenen beladene
flaven zich met moeite naar de fchepen fleepten,
om hunne zware dagtaak op nieuw te beginnen, en
moesten dus ook nog ooggetuigen zijn van dit ontzettende tooneel. Reeds meenden wij, een Moorsch
oorlogfchip te zien uitloopen en naar dien kant toe-

zei-

zeilen, waar wij het anker hadden uitgeworpen;
niet één woord, wij verbeeldden ons, zoo goed als
gevangen te zijn, toen de wind gelukkig veranderde
en de zee begon te bedaren: Onverwijld haalden
wij de zeilen op en bevonden ons spoedig in het
ruime sop, waar wij vrijer ademden. Niet zonder
ijzing en afschuw echter wierpen wij nog eenen blik
op het groote en sterke gebouw der marine, op de
minarets der moskeën en op de hooge muren van
het *paschalik*, terwijl wij de onherbergzame kust
beschouwden met de oogen van eenen, die der schip-
breuk ontkomen is en nog eenmaal naar het niet
te vertrouwen element omziet.

Zoodra wij ver genoeg van *Algiers* waren, om
verzekerd te zijn, dat wij door geenen Moor meer
konden gehoord worden, stortten wij onze harten
uit en hielden op den *Dey* eene verdiende lofrede.
Meer konden wij ons toch aan deze Afrikaansche
dieven niet wreken, die, gelijk zij met mij althans
deden, alles nemen en geenen speldenknop teruggé-
ven. Groote wilde dieren verscheuren, vermorselen
en verslinden, doch de veel kleinere gevleugelde infecten steken, naar evenredigheid, niet veel minder.

Binnen vier dagen waren wij bij het eiland *Minorca*. De haven van *Mahon* vordert, bij het inloopen, vrij wat omzigtigheid, hoezeer zij inwendig zeer ruim en veilig is. Zij gelijkt een uitgestrekt
meer, hetwelk van alle kanten door eene bergketen
beschut is, waar schepen van honderd en honderd

en twintig ftukken tegen alle ftormen beveiligd
aan den oever kunnen liggen. Dit ondervonden wij
nog denzelfden nacht, toen wij binnenkwamen;
want er ontftond een woedende ftorm. Van verre
hoorde men het ontzettend razen der zee, en de
golven floegen tegen de rotfen, die den ingang der
haven influiten, maar in bare ftille kom hingen alle
zeilen flap.

Overeenkomstig de verordeningen, de gezondheid
betreffende, moesten wij het ziekenhuis betrekken
en daar twee en twintig dagen vertoeven. Dit verblijf was zeker wat lang en vervelend, doch met
lezen en fchrijven kan men den tijd nog al korten.
Ik althans maakte daarvan gebruik, om al mijne
denkbeelden en herinneringen bijeen te verzamelen
en het ontwerp tot deze reisbefchrijving in orde te
brengen; zoowel met opzigt tot het verhaal mijner
lotgevallen, als tot de waarnemingen, welke ik
gedurende mijn gedwongen verblijf onder de Barbarijfche zeeroovers had gedaan. Hoezeer het voor
mij wezenlijk goed was, dat ik daar niet langer gebleven ben, zou nogtans de korte tijd, dien ik er
vertoefde, mij, als fchrijver, nadeelig kunnen zijn.
Doch ik hoop, dat deze omftandigheid niet al te
ftreng zal beoordeeld worden; want men kan lang
in een land, en toch altijd binnen 's huis, zijn
geweest; men kan veel gezien, en toch weinig
opgemerkt hebben; men kan de oogen wijd hebben
opengedaan, zonder echter den fnel vattenden,

on-

onderscheidenden blik van den waren opmerker,
in eenen genoegzamen graad, bezeten of ten minste
aangewend te hebben.

Overigens smaakten wij in het ziekenhuis menig
genoegen, en zagen eenige niet onaangename tooneelen.

Zoo genoten wij b. v. het uitzigt op de vloot,
die, onder het bevel van *sir* EDUARD PELEW, naderhand *lord* EXMOUTH, in de Middellandsche Zee
voor anker lag. Men kon geen fraaijer zeetoo-
neel aanschouwen. Vijf van zijne, met drie bruggen
voorziene schepen waren met een groot aantal kleinere in eene onophoudelijke beweging. Muzijk
was op dezelve de gewone verlustiging. Elken morgen, bij zonsopgang, en elken avond, bij zonsondergang, donderden honderd kanonschoten, van het
groote admiraalschip. Deze doordringende, majestueuze harmonie klonk heinde en ver over de uitgestrekte zeevlakte en deed, door den wederklank
der bergen herhaald, eene zeer verhevene werking,
offschoon zij eenigzins lastig was, voor dengenen,
die nog trek hadden, om een morgenslaapje te doen.

Mij was dit echter minder hinderlijk, dewijl ik,
wat den slaap betreft, juist niet zeer verwend ben,
daar ik een jaar lang bij den kloktoren van een
monnikkenklooster heb gewoond. Later op den
avond genoot men het vermaak van eene wezenlijk bewonderenswaardige muzijk: dit was eene militaire symfonie, welke alle oorlogschepen, het eene

na

na het andere, herhaalden. Deze toonen hadden, in den stillen nacht, onder eenen sterhelderen hemel, op eene, door geen windje bewógene zee, inderdaad iets betooverends.

Verscheidene dagen lang hadden wij ook eene soort van tooneelspelen. Het theater was op een Malthezer schip, waarop zich één troep danfers bevond, die den anderen schepen uitnemend prachtige vertooningen gaven. Door middel van veel klatergoud, gepolijst blik en terpentijn wisten zij de meest schrikbarende natuurverschijnselen zeer treffend na te bootfen.

Intusschen gaf ons de Engelsche Conful te *Mahon*, een zekere heer HARGRAVE, nog één in den beginne treurige, maar blijeindende vertooning. Wel verre van, even als alle andere Engelschen op deze reis gedaan hadden, ons met vriendschap en oplettende zorgvuldigheid te behandelen, bejegende hij ons veeleer met al de ruwheid en onbeschoftheid van eenen *Boulouk-Bachi*, of eenen *Aga*, die of gouverneur van *Gigeri* geweest was, of stond te worden. Wij verlangden van hem niets dan weinigbeteekenende beleefdheden, waardoor onze overvaart naar *Sicilie* kon bespoedigd worden; maar wij waren, tot ons ongeluk, Toskaners. Deswege gaf hij ons, zonder de minste pligtplegingen, te kennen, dat hij niets ten onzen behoeve doen wilde; want wij konden wel spionnen zijn, die voornemens waren, zich van de eerste de beste ge-

le-

legenheid te bedienen, om de vloot in brand te
fteken en *Mahon* den Franfchen in handen te leveren; bij welke uitdrukking hij dermate in drift
geraakte, dat hij deze woorden flechts afgebroken
en fchier ademloos kon uitbrengen. Te vergeefs
ftelde ik hem voor, dat men hier geenszins ons
geboorteland en de veranderingen, welke het ondergaan had, maar onze grondftellingen en ons gedrag,
in aanmerking moest nemen; dat het belang van
ongelukkigen iets heiligs was; dat dus de rampfpoeden, welke onlangs ons getroffen hadden, meer
menschlievendheid vorderden, en dat alle Europefche
zaakgelastigden en Confuls in *Afrika* overeenkomftig deze grondbeginfelen gehandeld en ons alle blijken van medelijden en deelneming gegeven hadden.
Doch hij gaf ons ten antwoord, dat medelijden
in *Afrika* misfchien eene zeer goede zaak konde
zijn, maar in *Europa* niet te pas kwam, waar men
een hart van ijzer en ftaal moest hebben. „*Regt
en geen medelijden, dat is hier de leus!*” riep
hij en maakte daarbij de gebaren van eenen dwingeland op een tooneel. En evenwel hadden wij
alle noodige pasfen en papieren van de Engelfche
zaakgelastigden in *Algiers*. Wij begeerden dus
niets van hem, dan een, door hem, als Conful
van *Mahon*, onderteekend getuigfchrift, dat wij
den behoorlijken tijd in deze haven *quarantaine*
hadden gehouden, omdat wij anders in *Sicilie* ons
daaraan op nieuw zouden moeten onderwerpen,
wan-

wanneer zij daar geloofden, dat wij regelregt uit *Afrika* kwamen. Maar, of ik drukte mij niet duidelijk genoeg uit, of de heer HARGRAVE had geen verſtand genoeg, om mij te begrijpen; althans, hij maakte met zijne vragen en bedenkingen mij het hoofd zeer warm, terwijl ik mijn doel geen haar-breed naderkwam.

- *Port Mahon* is eene der aangenaamſte ſteden van *Spanje* en gelijkt bijna meer eene Italiaanſche, dan eene Spaanſche ſtad. Zij is niet meer zoo ſterk, als toen zij door den maarſchalk RICHELIEU en na-derhand door den hertog VAN CRILLON belegerd werd. Ook zijn de forten *St. Philippe* en *Philip-pette* thans geſlecht In deze haven ankert gewoon-lijk de Engelſche vloot, wanneer zij van het krui-ſen in de Middelandſche Zee terugkeert, en zij is het middenpunt, van waar al de Engelſche krijgs-operatien ter zee uitgaan.

- Dit en de overige Balearifche Eilanden waren het eenigſte gedeelte der Spaanſche monarchie, hetwelk bevrijd bleef van de rampen, ellenden en de bloedtooneelen des krijgs: het eenigſte hoekje lands, waar zelfs het gerucht der algemeene omwen-telingen en verwoestingen niet doordrong. Men ziet op dit eiland weinig boomgewas: de grond is er ſteenachtig en niet zeer vruchtbaar, doch levert veel goeden wijn. Zeeviſch wordt er insgelijks in menigte gevangen. Gezelſchappelijke verkeering en openbare uitſpanningen vindt men in de ſtad *Mahon*

wei-

weinig. Wij ontvingen echter veel beleefdheden van den rijken bankier GIBSON, alsmede van een' befchaafden jongman uit *Genua*, met name CANA-LETTO, en den zeer knappen horologiemaker DEVIS geboortig uit *Livorno*, die vele jaren te *Algiers* had doorgebragt. Ik genoot ook de eer, herhaalde reizen mijne opwachting te maken bij de hertoginne-moeder van *Orleans*. Deze achtenswaardige vorstin koos, in de dagen van hare verbanning en haar ongeluk, dit kleine eiland tot een vreedzaam verblijf en verdroeg hier haar lijden met eene heldhaf-rige fterkte van ziel. Zij was vergezelfchapt door den ridder DEFERMONT, een der uitftekendfte leden der konftitutionele vergadering, daarbij een man van veel geest en een voorbeeld van eer en regt-fchapenheid onder den Franfchen adel. Maar de onfchatbaarfte mijner aldaar gemaakte kennisfen was *Sir* SIDNEY SMITH, vice-admiraal der in deze zee kruifende Engelfche vloot. De Muze der ge-fchiedenis heeft zijne, in *Egypte*, voor *St. Jean d'Acre* en *Ptolemais* bedrevene heldendaden bereids geboekt, maar de *Genius* der menfchenliefde zal zijnen naam met die van de *heroën* der Oudheid, die eenmaal de weldoeners van het menfchelijke ge-flacht waren, vereeuwigen. *Sir* SMITH bezit al den waarlijk fchitterenden roem, waarvan edele han-delingen en groote daden de bron en oorfprong zijn. Wanneer men zijne fraaije, majestueuze geftalte, zijn deftig, en toch innemend voorkomen, den romanti-

fchen

schen en verheven trek in zijn gelaat beschouwt, en daarbij zijne glansrijke dapperheid in aanmerking neemt, dan verbeeldt men zich, eenen dier edele en groote mannen uit den ouden riddertijd te zien, welke, dapperheid en menschenliefde, heldenmoed en beminnenswaardige wellevendheid op de bewonderenswaardigste wijze vereenigden. Hij hoorde het verhaal onzer ongelukken met de grootste deelneming aan, en ik zoude, bijna met eene soort van edelen, trots, durven zeggen, dat zijne ziel misschien in die oogenblikken bereids den wensch koesterde, of althans dien begon te vormen, om nog eenmaal de Europesche mogendheden zoo ver te brengen, dat zij besloten, eene regtvaardige wraak te nemen van de Afrikaansche roovers en voor altijd een einde te maken aan het lijden en de slavernij der Christenen.

Tot spijt van den heer HARGRAVE, ontvingen wij van den admiraal PELEW en van Sir SIDNEY SMITH de tot onze reis noodige papieren, behevens eene kostelooze overvaart op een schip van het konvooi en bovendien alle gerijfelijkheden, welke wij slechts wenschen konden. Daarbij hadden wij het geluk en genoegen, de reis in het belangwekkende gezelschap van Sir RICHARD QOLANDER te doen. Deze was Engelsche Consul te Tunis en begaf zich met zijne jonge, beminnenswaardige gade naar Palermo, om vervolgens naar zijnen post terug te keeren.

Met

Met een geheel konvooi op zee te reizen, is
zeer aangenaam: de fchepen zeilen op verfchillende
afftanden van elkander, maar blijven in elkanders
gezigt: zij zetten alle koers naar één punt, naar
een en hetzelfde reisdoel, en kunnen zich, in geval van nood en gevaar, fpoedig met elkander vereenigen, elkander bijftaan en befchermen. Met
bittere fmart dachten wij thans aan het ongelukkige
Siciliaanfche fchip, dat, zonder eenig geleide, zonder dat deszelfs kapitein zich bij het een of ander
konvooi voegen wilde, eenzaam en onvoorzigtig,
eene gevaarlijke zeevlakte van vijftienhonderd mijlen
moest overfteken.

Na eene zeer gelukkige reis van vier dagen kwamen wij te *Palermo*. In deze haven wilden wij
bereids op onze eerste reis inloopen, maar het
noodlot voerde ons nu eerst langs eenen uitgeftrek-
ten en gevaarvollen omweg derwaarts.

Thans bij de prachtige hoofdftad van *Sicilie* aan
wal geftapt, kwamen wij bij eene natie, welke een
vurig temperament met eene levendige fantafie paart,
en vonden hier dezelfde gastvrije behandeling, welke
AENEAS eens met zijne togtgenooten in het rijk
van ALCESTES genoot. Trouwens, alle vreemdelingen zijn, in dit opzigt, met de Sicilianen zeer tevreden, en dus kan men zich ligt voorftellen, hoeveel aangenamer het ons moest zijn, weder onder
zulke befchaafde menfchen te komen en in een genoegelijk gezelfchap te leven, ons, die uit de dorre

II.   Q   zand-

zandftreken van *Afrika* en ván een akelig verblijf
onder ruwe Mooren terugkeerden. Ik werd in de
beste gezelfchappen ingeleid en maakte kennis met
verfcheidené hooge en aanzienlijke perfonen, alsmede met vele mannen, die door verftand en kunde
uitmüntten (*). *Sicilie* is thans nog wel vruchtbaar

en

. (*) De adel te *Palermo* kenmerkt zich door befchaving van geest, wellevendheid in den omgang en allerlei
gezellige deugden. Om van allen niet te fpreken, noem
ik hier flechts den geestvollen prins BELMONTE, die
zijnen vrienden, zijn vaderland en der wereld door een'
te vroegen dood werd ontrukt; voorts de prins en de
prinfes VILLA FRANCA, benevens den prins en de prinfes
LARDERIA.

Ik had tevens het gelnk zeer voortreffelijke fchrijvers
en gefeerden in *Palermo* te leeren kennen. Onder deze
was de beroemde dichter MELI, de tweede THEOCRITUS
van *Sicilie*, vervaardiger van de *Poefie Siciliane*, welke
zoo fraai en bevallig zijn; voorts de beroemde fterrekundige, pater PIAZZI; de profesfor SCINA, fchrijver
van eene goede bandleiding tot de kennis der Natuur-
kunde en van het fchoone werk: *Leven van Empedocles*;
pater MICHEL ANGELO MONTI, opziener der *Scuole Pie*
(armenfcholen) en fecretaris der akademie; een fchrijver, wiens ftijl zinrijk en vol fchoone beelden is, en die
niet minder door zijne befchaafde zeden, dan door zijne
voortreffelijke geestvermogens, achting verdient; de
profesfor in de welfprekendheid, abt NASCE, een man
van den fijnften fmaak, die eene voortreffelijke manier

van

en rijk, maar zoodanig niet meer, als voorheen, en ook
niet meer zoo, als het zijn konde, wanneer er meer
arbeidzame handen waren, meer aan den akkerbouw
ge-

---

van onderwijs heeft; de abt BALSAMO, zeer gunſtig bekend door zijne pogingen tot meerdere volmaking en uit-
breiding van den akkerbouw in *Sicilie*; de ridder *Don*
GAETANO BONANNO, een uitmuntend regtsgeleerde en
naderhand niet minder uitmuntend in het vak der finan-
tien, waarvan hij minister werd; de markies GARGALLO,
vervaardiger eener keurige overzetting van HORATIUS; de
markies NATALI, een zeer ervaren kenner der oudheden en
van de Griekſche taal; de kundige geneesheeren BERNA
en CUTRONA; *ſignor* RAFINESQUE, ſchrijver van een journaal der natuur en kruidkunde, hetwelk veel gelezen
wordt; *ſignor* BONGIARDINO, ſchrijver van een ander
journaal; *Dr.* MALVASTRA, een groot wetgeleerde; de
advokaat COSTANTINI, vervaardiger van eenige leerdich-
ten; *Don* LUIGI MONTALTO, vervaardiger van eenige
treurſpelen en een ſierlijk ſchrijver, zoowel in rijm, als
onrijm; de profeſſor FRANCO, nog een jong, maar uitnemend geeſtrijk man; *Don* POMPEO INZEGNA en *Signor*
AGNELLO, twee jongelieden, die het pad der fraaije we-
tenſchappen met veel geluk bewandelen; de kundige
profeſſor in de muzijk, *Don* INZEGNA, en de beroemde
ſchilders NICOLO, PATANIA en VELASQUEZ. Behalve de
reeds gemelde zoude ik nog veel meer geeſtvolle mannen hebben kunnnen opnoemen, bijaldien een langer
verblijf te *Palermo* mij de gelegenheid tot meerdere
kennismaking verſchaft hadde.

Q 2

gedaan werd, en wanneer de omloop van geld en
de handel meer door wegen en kanalen, welke geheel ontbreken, begunftigd werden. Een der oude
Romeinen zeide eens met eene fmartelijke verbazing:
in uberrima Siciliae parte Siciliam quaerebam (*).
Iets dergelijks gevoelt nog heden ten dage de reiziger, wanneer hij het beroemde *Trinacria* bezoekt,
waar eertijds zulke magtige rijken beftonden, waar
Syracufe, *Segeste* en *Agrigentium*, waar *Selinuntum*,
Heraclea, *Spartana* en het oude *Gela* bloeiden.

Drie jaren vóór mijne komst in *Sicilie* was men
in ernst begonnen met dit land te verbeteren, of
liever met datgene te ontwikkelen, wat de Natuur
aan hetzelve, als eener flechts te openen bron van
welvaart, had verleend. Er waren, om de gemeenfchap en verkeering tusfchen de onderfcheidene
provincien gemakkelijk te maken, ruime wegen aan-
gelegd, en men had het zoo nuttige ftelfel der flag-
boomen aangenomen. Met betrekking tot de wetten
en het landsbeftnur hadden weldadige verbeteringen
ftand gegrepen en vele misbruiken en verkeerde
inrigtingen, zoo als b. v. de pijnbank, de *Angari-*
fche Wetten, dat is, de regten, of liever het juk
van het leenroerig ftelfel, en vele andere ruwever-
ordeningen uit de tijden der Gothen en Sarracenen,

wa-

(*) Zelfs in zijne vruchtbaarfte ftreken zocht ik
Sicilie.

waren afgefchaft geworden; terwijl zeer vaderland-
lievende, doorkundige en hoogst brave mannen zich
met nog meer andere edele en nuttige ontwerpen
bezig hielden. *Sicilie* leverde in dezen tijd eene
geheel nieuwe en zeer belangrijke vertooning op.
Het was fchier het eenigfte land in *Europa*, dat
van inwendige onlusten, of uitwendige in- en aanvallen niets had geleden. Midden in de zee van jammer en ellende, die het fchoonfte gedeelte der aarde
overftroomde, bleef dit eene eiland bovendrijven
en gleed, even als eene lichtende ftip in eenen ftorm-
achtigen duisteren nacht, langs derzelver opper-
vlakte heen. Onder den naam van voorregten en
vergunningen zijner koningen, inzonderheid van de
edelmoedige vorsten FREDRRIK, ROGIER en KAREL III,
had *Sicilie*, van oudsher, eene ftaatsregeling, een
parlement en volksvertegenwoordigers; maar nu
wilde het zijn werk volkomen maken en bevestigen.
Met dat oogmerk nam het de Engelfche ftaatsregeling aan, een gewrocht, dat door rijp overleg en
lang nadenken werd daargefteld, en dat eene behoorlijke vrijheid aan het volk en tevens de onfchend-
baarheid zijner regten aan den monarch waarborgt.
Thans zag men het fchoone voorbeeld van een
volk, hetwelk, zonder alles het onderfte boven te
keeren en in verwarring en wanorde te brengen,
verbeteringen invoert; hetwelk vurigen ijver en bedaard overleg vereenigt, en geene losbandigheid,
maar vrijheid begeert, en hetwelk zonder tweedragt

Q 3   en

en burgeroorlog, zonder onlusten en omwentelingen, zijne regten herneemt. De vertegenwoordigers van het volk, offchoon tevens doorkundige aanklevers der alleenheerfching, befeften het hooge gewigt hunner roeping. Wat edeler en eervoller last had men hun ook kunnen opdragen? — „*Ik acht het den hoogften roem*," zegt CHATTAM, „*dien ik nooit anders dan met mijn leven zoude verzaken, mijnen nakomelingen de heilige regten over te leveren; de regten eener vrijheid, welke ik van God zelven ontving, en welker handhaving mij door het volk, dat mij met zijn vertrouwen vereerde, is opgedragen.*"

De koning, de vermoedelijke troonserfgenaam en de ftaatsministers van *Sicilie* handelen alle eenftemmig met het volk. Men moet met den geest van zijnen tijd eenen gelijken tred houden, doch daarbij ook verftandig te werk gaan. Vandaar, dat, als de geest des volks zich verheft en uitbreidt, ook de regering uitgebreidere en verhevenere plannen moet ontwerpen en volgen. De koning nam de bij het volk zoo welkom zijnde ftaatsregeling insgelijks aan en legde daardoor den meest vasten grondflag, waarop zijn gezag rustte; want niets bevestigt de magt eens heerfchers zoo zeer, als de weldaden, welke hij zijn volk bewijst. Laat hem echter eens van een tegengefteld gevoelen zijn en andere grondbeginfels involgen; dan gebiedt hij over ellendige flaven. Telkens moet hij zijne magt misbrui-

bruiken en zich van geweld bedienen, om eenen
hoop lage zielen in vrees en bedwang te houden;
en wat roem kan hij daarmede behalen; wat eer
daarmede inleggen? Is er wel eene wenſchelijker
heerſchappij, dan die, welke met de heilige regten
eens volks in een verſtandig gewijzigd evenwigt
ſtaat, welke niet beperkt, maar onbepaald is, wanneer zij iets goeds en nuttigs daarſtellen wil, en
dan paal en perk ontmoet, wanneer zij kwaad mogt
willen ſtichten? Een zeker, waarlijk groot vorst
plagt te zeggen: *„kan ik niet alles doen, wat ik
wil, wanneer niets mij belet, mijnen pligt te doen?"*

Zoodanig was de ſtaat der zaken in *Sicilie*, toen
ik mij op dat eiland bevond. Wat veranderingen van
tijdsomſtandigheden, verſtandige beſluiten der regering, noodzakelijkheid, en ook de volksgeest, naderhand mogen bewerkt of anders gewijzigd hebben,
behoort niet tot mijne reisbeſchrijving, die zich
ſlechts tot een zeker tijdvak bepaalt. Men mag en
moet echter hopen, dat het vaderland van EMPE-
DOCLES, THEOCRITUS en ARCHIMEDES, onder
een vaderlijk beſtuur, de voormalige dagen van roem
en geluk, welke het onder koning GELONS wijze
wetten genoot, eenmaal zal wederzien.

Ik vertrok van *Palermo* in het gezelſchap van
den prins en de princes VILLA FRANCA en van
Don FRANCESCO, uit het vorstelijke huis van VAL
GUAGNERA, die alle voornemens waren, eene reis
naar het vaste land van *Europa* te doen. Aange-

na.

namer gezelfchap, dan dit, had ik niet kunnen
aantreffen. Geestbefchaving, wellevendheid en goed-
hartigheid vormden hetzelve tot een klein, maar
zoo beminnenswaardig geheel, dat men op deze
menfchen het zeggen van CATULLUS kon toepas-
fen: „wie hen thans leert kennen, die bemint hen;
en wie hen thans bemint, die bemint hen voor altijd."

Daarenboven was deze reis mij ook om die reden
aangenaam, dewijl zij de laatfte zijn en mij, na
zooveel onrust, eindelijk tot de gewenschte rust
voeren zoude. Ik heb door mijne levensmanier
willen bewijzen, dat het leven zelf niets anders,
dan een reis, is; maar al wie vraagt, of men meer
vreugde dan fmart, meer geluk dan ongeluk, meer
genoegens dan verdriet, ondervindt, wanneer men
in dit tranendal omzwerft, dien kan ik, uit ondervinding, het volgende antwoord geven: Als men
reist, komt men in onbekende landen en vreugde-
looze ftreken: men hoort talen, welke men niet
verftaat: men kan geene vrienden naar zijn hart
kiezen: men is misfchien pas begonnen, zich met
genoegen in een gewest op te houden en daar aangename kennisfen te maken, of men moet van dezelve fcheiden: men vertrekt uit een land, waar
men geene vrienden achterlaat; men komt in een
ander, waar men geene wedervindt. Men verandert van verblijf, maar dikwijls uit verdriet, hetwelk
ons op den voet volgt en zich als een onaffcheidelijk reisgezel aan ons opdringt. Dikwijls is men

in

in gevaar, ondeugende menfchen te ontmoeten, of
door roovers in de bosfchen uitgeplunderd en door
kapers op zee gevangen genomen te worden. Men
wordt ziek, zonder dat medelijdende harten en handen ons troost en bijftand bieden: men fterft, zonder
dat een vriend den laatften adem opvangt: men
ligt in het graf, zonder dat eene liefderijke traan
den eenzamen grafheuvel befproeit. En is een
reiziger al den menigvuldigen gevaren ontfnapt, dan
keert hij eindelijk, na vele jaren, in zijn vaderland
terug, waar niemand hem, en ook hij niemand, her-
kent: hij vraagt naar dien vriend of naar die vriendin, en ontvangt tot antwoord: „ *zij zijn reeds lang
dood en begraven.*" Zoo voert één dag hem al
de fmarten toe, met welke een tiental jaren hem
in zijn vaderland van lieverlede bezocht, en tot
welke zij hem zouden hebben voorbereid. Hij vindt
die genoegens niet meer, welke hij in betere dagen
fmaakte: alles komt hem treurig, alles veranderd
voor, en echter fchuilt die verandering bij hem
zelven: hij zelf bezit niet meer de levendigheid
zijner bloeijende jeugd. Het gaat hem dan, als
den eenzamen grijsaard, die de vraag deed: of men
in de wereld nog beminde? — Wie nooit zijne woonplaats verliet, ziet de wereld, zonder dat hem
zulks eenige verrasfing baart, alleen door de lang-
zame werking van den tijd, rondom zich veranderen. Gelukkig en wijs is dus diegene, welke, zonder
het verdriet te kennen, zonder de onrust eener

Q 5 ziel

ziel, die, als waré het, uit haar gewoon fpoor
treedt, te ondervinden, zijner nieuwsgierigheid en
zijnen wenfchen geene grootere fpeelruimte vergunt,
dan zoo verre de horizon reikt, dien hij met de
oogen kan afmeten: gelukkig is hij, wiens leven
zacht en kalm, als eene klare beek, langs de oevers
vloeit, aan welke hij geboren werd! Toepasfelijk
is hier hetgeen ATALA, de gevlugte vorstendochter,
met eene zacht bewogene, hartroerende ftem eenmaal zong:

*Gelukkig zij, die nooit aan de dampende feest-
malen der vreemden zaten, maar zich altijd aan
den disch hunner vaderen nederzetten! Toen de
donkerblaauwe raaf van Mecfabe den onvergelij-
kelijken vogel uit Florida vroeg: waarom treurt
en klaagt gij zoo? Hebt gij hier geen helder
water, geene zoele fchaduw, geen fmakelijk voedfel,
zoo als gij te voren op uwe groene velden hadt?
gaf de onvergelijkelijke vogel ten antwoord: ach
ja, maar mijn nest was van jasmijnen gemaakt:
kon ik mijn nest medenemen, en hebt gij hier de
heldere zon, die mijne dalen befchijnt?"*

*Na eenen moeijelijken togt klopt de reiziger aan
de deur eener afgelegene hut: hij zet zijnen boog
tegen de deur aan en bidt om een gastvrij
verblijf. De norfche huisheer geeft hem eenen
wenk, om verder te gaan; de reiziger neemt
zijnen boog op en keert treurig in de woestijn terug. Gelukkig zij, die nooit aan de dampende
feest-*

feestmalen der vreemden zaten, maar zich altijd
nederzetten aan den disch hunner vaderen!

„*Gij wonderbare, aan den vriendelijken haard*
vertelde geschiedenisfen, gij zachte uitstortingen
des harten en gij langdurige gewoonte, om elkander
te beminnen; gij vervrolijkt de dagen dergenen, die
nooit hunnen geboortegrond verlieten: hun graf
ligt in hun vaderland, beftraald door de avondzon,
befproeid door de tranen hunner vrienden en ge-
heiligd door de vertroostende plegtigheden van den
godsdienst. Gelukkig zij, die nooit aan de dam-
pende feestmalen der vreemde zaten, maar zich
altijd nederzetten aan den disch hunner vaderen!"

Dertig uren na ons vertrek, vertoonde zich eene
waterhoos, die echter gelukkig, vrij ver van ons
fchip, vaneen borst. Evenwel verkregen de lucht
en de zee daardoor een duister en vreesverwekkend
aanzien. Ten einde nu de zeereis op de prinfes
VILLA FRANCA, die hoogzwanger was, geen' te
nadeeligen invloed zoude hebben, gingen wij bij
het kleine eiland *Ponza* voor anker.

Dit eiland was in bezit genomen door de Engelfchen, die er eene kleine bezetting hielden en van hetzelve in weerwil van alle toenmalige, door de hoven
van *Milaan* en *Berlijn* bepaalde, verordeningen, eene
ftandplaats voor de briefwisfeling en den zeer belangrijken fluikhandel op de Italiaanfche kuften gemaakt haddden. Men ziet er ook eene fraaije kerk,
benevens eene kleine voorftad, welke insgelijks
door

door hen gebouwd werden, al hetwelk aan dit, uit
zijnen aard onvruchtbaar en arm land, een foort
van welvaart en rijkdom heeft verfchaft.

De inwoners wezen ons eenen kunstmatig in de
rotfen gehouwen weg en eenen grooten waterbak
in de holte eener rots. Dit zeebad heet *Pilatus-
bad*; want de inwoners gelooven, dat PONTIUS
PILATUS op dit eiland geboren wierd; dat hij dit
bad heeft laten uithouwen en, na zijn ftadhouder-
fchap in *Judea* verloren te hebben, hier zijn leven
in gevangenfchap geëindigd heeft. Men kan echter
ligtelijk befpeuren, dat dit bad niet van Romeinfchen oorfprong, maar door de Saracenen, die dit
eiland benevens fchier al de anderen, welke in de
Middellanfche Zee liggen, in bezit hadden, uit-
gehouwen is.

Oudtijds was *Ponza* eene Romeinfche kolonie.
Hierheen zond TIBERIUS, den zoon van GERMA-
NICUS, NERO, om hem van honger te laten fterven. Naar dit eiland verbande CALIGULA zijne
beide zusters. Digt bij *Ponza* ligt *Ventoniana*,
dat voormaals, door de uitbarsting van eenen volkaan, midden uit de zee is te voorfchijn gekomen,
even als *Santorini* uit den *Archipel*, en een klein
eiland, niet ver van de Kanarifche Eilanden, voor
drie jaren, onverwachts uit de zee is opgerezen. *Ventoniana*, dat eerst *Pandataria* heette, was tot eene
plaats van ballingfchap voor hooge en aanzienlijke
perfonaadjen beftemd. Althans, op dat eiland leef-
                                                    de

de de fchoone JULIA, dochter van keizer AUGUS-TUS, met hare moeder SCRIBONIA in gevangenfchap. De laatfte, die alleen de infpraak der moederlijke liefde volgde, wilde van hare dochter niet fcheiden en begaf zich in vrijwillige ballingfchap op deze onvruchtbare rotfen. Na een ellendig leven van tien jaren in dit woest en eenzaam oord, werd de ongelukkige JULIA naar *Regium*, thans *Reggio*, gebragt, waar zij van honger ftierf. Na der on-kuifche JULIA tot eene gevangenis verftrekt te heb-ben, moest dit eiland ook nog eene plaats van bal-lingfchap voor hare deugdzame dochter AGRIPPINA worden. De onbefproken naam dezer vorstin, ge-paard met de nog dierbare nagedachtenis van GER-MANICUS, maakte haar en hare kinderen tot voor-werpen van de vereering en verwachtingen des Romeinfchen volks: geen wonder derhalve, dat zij door den argwanigen en achterdochtigen TIBERIUS gehaat wierden. Deze dwingeland zond, na de beide jonge prinfen te hebben laten vermoorden, hunne moeder in ballingfchap naar het fchrikkelijke *Panda-taria*, om daar eenen ellendigen dood te fterven. NERO liet, na POPPAEA verleid te hebben, zijne ge-malin OCTAVIA insgelijks derwaarts brengen en deed haar daar door het openen der aderen omkomen.

Harder lot, dan dat eens ongelukkigen, dien men niet flechts uit zijn vaderland verbant, maar ook nog dwingt, verafgelegene en woeste ftreken op te zoeken, kan er, mijns achtens, niet wel zijn. Te

regt

regt laat dus de zoetvloeijende dichter de ongelukkige dochters van *Juda* zeggen, toen zij hare har-
pen aan de wilgen van *Babylons* ftroomen ophingen:

Wij zaten neer, wij weenden langs de zoomen
Van Babylons wijduitgebreide ftroomen. enz.

Ps. CXXXVII. 1.

Men zou bijna denken, zegt CORINNA, dat de
uit zijn vaderland gebannen DANTE, in zijn beroemd
gedicht, de fchildering der helfche pijnen als uit de
ziel vervaardigd en op de door zijne verbeeldingskracht
gefchapene ftreken overgedragen heeft; want zijne
fchimmen verlangen onophoudelijk naar tijdingen uit
de bovenwereld, zoo als de dichter zelf altijd naar
het nieuws uit zijn vaderland vernam; althans, hij
ftelt zich immer de hel als eene plaats van ballingfchap voor. Intusfchen liep mijne reis ten einde;
want reeds vertoonden zich de heuvels van *Mon-
tenero* en de kerk van onze Lieve Vrouw te *Livorno*. Aldra ftapte ik aldaar aan wal en bevond
mij weder — in *Toskanen*.

Aan de oevers der *Maas* en die van den *Ebro*,
aan de boorden van den *Theems* en die der *Garonne*,
in de romantifche ftreken van *Wales* en op de door
OSSIAN bezongene bergen, onder het nevelige klimaat
der *Orkaden*, bij de karavanen in de Woeftijn en in
de gastvrije tenten der Bedouïnen; met één woord,
waar het noodlot den mensch ook voeren of flepen
moge,

moge , daar blijft het vaderland toch altijd voor zijnen geest zweven , en klopt het hart op het enkel
hooren van deszelfs naam.

De bewoner der *Alpen* denkt in vreemde oorden
fteeds met eene zoete weemoedigheid aan de koe-
driften van zijn vaderland : de Bergfchot verlangt
overal naar zijn nevelachtig en bewolkt klimaat ,
naar zijne bruisfende ftroomen en naar de eenzame
ftreken van zijnen geboortegrond : de Zwarte roemt
zijn ftofgoud en zijnen palmwijn : de inwoner van
Labrador zijne rookerige holen , en de Patagonier
is nergens liever , dan in zijne ijsvelden , aan de door
ftormen geteisterde Kaap *Horn*, te huis.

De Goden hebben hunnen *Olymp;* de menfchen
daarentegen hun vaderland. Maar het mijne fpant
boven alle andere de kroon. Wie op zijnen geboortegrond bogen moge , nergens is er een land ,
hetwelk meer verdient , door zijne kinderen bemind
en in gedachten gehouden te worden , dan het mijne.
Het tegenwoordige geflacht moest groote weder-
waardigheden , groote lotverwisfelingen ondervinden , maar de Toskaners zag men altijd met genoegen weder. Te midden van al de ftaatsorkanen ,
welke geheel *Europa* teisterden , bewaarden zij hun
beminnenswaardig karakter , hunne zachte zeden ,
hunne wellevendheid , hun innemend voorkomen en
hunne zucht voor de kunsten en wetenfchappen.
Hunne fchoone taal bleef altijd zuiver , altijd on-
vervalscht en vloeijend als de wateren van den *Arno* ,

wan-

wanneer hij ſtofgoud medevoert. Onveranderd bleven ook de oude gewoonten en gebruiken, inzonderheid de dankbaarheid en verkleefdheid aan den
verheven vorſt uit het huis van *Oostenrijk*, die,
in gelukkiger dagen, *Toskanen* met wijsheid regeerde en welken het, onder de nootlottige gebeur-
tenisſen dezer eeuw, onophoudelijk met wenſchen
en gebeden terugriep. Trouwens, de Groothertog
FERDINAND beantwoordde volkomen aan de verwachtingen der natie: hij had zijnen troon op hare
liefde gegrondvest en aan haar zelve de vrijheid
gelaten, om een wetboek op te ſtellen, naar hetwelk zij zoude worden beſtuurd. Men koos oor-
deelkundige ſtaatsdienaars, die de achting en genegenheid des volks bezaten en zoo wel wijsſelijk
wisten te kiezen, als verſtandig te regeren. Hoe
gaarne gehoorzaamt men niet eenen zoo goeden
vorſt, en hoe gaarne onderwerpt men zich niet
weder aan zijn wijs en weldadig beſtuur! Teregt
zegt dus de uitmuntende preſident NICOLAI: „*ik*
dank den Hemel, dat Hij mij in dit land en on-
der dit gouvernement liet geboren worden; dat Hij
mij den pligt oplegde, dengenen te gehoorzamen,
welken te beminnen voor mijn hart eene behoefte
was."

Eindelijk begon, na vele dagen van ſtorm en onweder, de vredezon weder te ſchijnen: de aarde
rustte weder op hare oude grondzuilen en de men-
ſchelijke harten gaven zich weder aan de voormalige

zachte

zachte gevoelens van rust en geluk over. Zeer gepast is dus het zeggen van zekeren Indiaanschen
dichter: „*Wanneer de wateren der groote zee hunne
woede hebben uitgeput, dan komen zij van zelf
tot bedaren.*" Zoo gaat het insgelijks met de onlusten en beroerten dezer wereld, die, na eenen
geruimen tijd geheerscht te hebben, eindelijk in ver-
getelheid geraken.

Na eene langdurige benaauwdheid, begon *Europa*
eindelijk weder ruimer adem te halen, en reeds gaf
alles hoop op eenen duurzamen vrede, dewijl zoowel de volken als ook hunne regenten, der vele
oorlogen moede, door eene opregte eendragt verbonden waren, toen de vrije fcheepvaart en handel, het grootfte geluk, dat de vrede geven kan,
door de ongehoorde baldadigheid der Barbarijfche
zeeroovers, meer dan ooit, belemmerd en geftoord
werd. Na eenige jaren ftil gelegen te hebben, vertoonden zich de rooffchepen van *Tunis* en *Marokko*
weder in de, lang door hen met rust gelatene zee,
en de Algierfche fcheepsmagt bereikte eene fterkte,
welke zij in langen tijd niet gehad had. De Barbaren deden eene landing bij *Marca*, in *Kala-
bri* en te *Malaga*: zij verwoestten de omftreken
van Kaap *Anzo*, namen de fchepen weg en fleepten de ongelukkige inwoners gevangen met zich.
Zij beproefden insgelijks eene landing op *Elba* en
dreigden dit eiland met dezelfde verwoesting, waarmede eens BARBAROSSA het geteisterd had; maar

II.   R   zij

zij moesten voor het uitnemend dappere battaljon
Toskaners (*) met fchade en fchande de vlagt nemen. Zelfs waagden de Afrikaanfche zeeroovers
de achting, welke zij der Engelfche vlag verfchuldigd waren, uit het oog te verliezen, weshalve de
generaal MAITLAND naar *Tunis* en de admiraal
EXMOUTH naar *Algiers* werden afgezonden, om
voldoening voor deze fchennis te vorderen, welke
zij dan ook eenigermate verkregen; want vele Christenflaven werden voor eenen matiger prijs in vrijheid
gefteld, dan de hebzucht der Afrikaanfche *Pacha's*,
tot dien tijd, geeischt had.

Maar gedurende de onderhandeling en na derzelver afloop, bleven de Barbarijers nog fteeds in ftilte
op wraak bedacht: inzonderheid gaf de *Dey* van
Al-

(*) Meer dan eens ondernamen de Mooren eene landing op *Elba*, maar zij werden telkens teruggedreven
en verloren zelfs eenige manfchappen, die gevangen
genomen werden. Bij deze gelegenheid muntten verfcheidene officieren van het Toskaanfche battaljon, hetwelk zich hier met veel dapperheid en beleid gedroeg,
op eene eervolle wijze uit. Zoo als, onder anderen, de
kapiteins TESTA en BECHI. De tegenwoordige kommandant van het eiland is de generaal STRASOLDO, een reeds
bejaard krijgsman, maar zeer kundig en nog vol dienstijver. *Elba* heeft thans een zoo fterk garnizoen, dat
men het tegen elken vijandelijken inval kan beveiligd
achten.

Algiers ondubbelzinnige blijken van zijne trouweloosheid en vijandige gezindheid. Allen zochten
enkel tijd te winnen, ten einde den Grooten Heer
om bijstand te verzoeken en krijgsvolk bijeen te
kunnen trekken. Intusfchen werden te *Maquinez*,
te *Cairo* en te *Konstantinopel* geheime onderhandelingen aangeknoopt. De Engelfche zaakgelastigde
moest, als hij te *Algiers* langs de ftraten ging,
door gewapende gelederen van Turkfche Janitfaren
pasferen, wier zwaarden bereids uitgetrokken waren,
en uit wier affchuwelijke blikken het vuur der
gramfchap ftraalde. Zelfs beraadflaagde men reeds,
om den Engelfchen admiraal EXMOUTH aan te vallen en in ftukken te houwen; en naauwelijks was
hij de haven uitgeloopen, of de zee was heinde en
ver met rooffchepen bedekt. De Engelfche Conful
werd in kluisters geflagen en de kapitein DATHWOOD
benevens de heelmeester der Engelfche vloot, die
de echtgenoote en den zoon des Engelfchen Confuls redden wilden, in hechtenis genomen en met
ftooten en fchimpwoorden voortgefleept. Te *Oran*
pleegden de Barbaren affchuwelijke gruwzaamheden,
terwijl zij onder de niets kwaads vermoedende koraalvisfchers op de kust van *Bona* eene vreesfelijke
flagting aanrigtten.

Maar nu floeg ook het vuur der wraak, en de
Britfche leeuw verhief zijn donderend gebrul. *Engelands* geduchte zeemagt verfcheen voor *Algiers*
met eene talrijke artillerie, met Congrevifche vuur-

R 2   pij

pijlen en gloeijende kogels van SCRAPNEL. Zij had
een leger van Engelfche en Hollandfche foldaten
aan boord en werd gekommandeerd door lord EX-
MOUTH (*). Maar de *Deij* van *Algiers*, die zich
door een vast karakter en eene woeste dapperheid ken-
merkte, was een, voor de tegenwoordige hagchelijke omftandigheden zeer berekend man, die reeds
het gevaar vooruitgezien, hetzelve getrotfeerd en
zich tot eenen ftrijd op leven en dood voorbereid
had. Duizend vuurmonden donderden van de dubbele muren; dertigduizend Arabieren en Mooren be-
fchermden de ftad van buiten; eene talrijke bezetting verdedigde dezelve van binnen, en waar de
aanval des vijands, 't meeste te duchten was, daar
zag men de tent van den onverfchrokken *Deij*,
wien het volk heil en zegen wenschte, de zoomen
der kleederen kuste, en wien de inwoners der krijgshaftige ftad in triomf rondvoerden.

Nooit was er een ftouter waagftuk ondernomen,

nooit

(*) Dat is: de vloot, die voor *Algiers* verfcheen,
beftond uit Engelfche en Hollandfche oorlogfchepen,
over welke *lord* EXMOUTH en de Vice-Admiraal VAN DE
CAPELLEN het bevel voerden. De eer der overwinning
komt dus aan beide natien toe. Zonderling, dat men
ons Hollanders fteeds overal, waar iets groots en goeds
verrigt is, zoo poogt achteruit re zetten en in vergetenheid te brengen!   VERT.

nooit een wanhopiger oorlog gevoerd. Men vocht
fchier man tegen man, en het fchip van den admiraal EXMOUTH had bijna aan de daken der huizen
post gevat. Maar ook de Algerijnen gaven blijken,
tot welk eene dapperheid de door bijgeloof opge-
wondene Muzelmannen in ftaat zijn. Reeds waren
hunne artilleristen, welke de Engelfche en Hollandfche vloten door eene beleidvolle wending tusfchen
twee vuren hadden gebragt, bijna alle gefneuveld;
maar verfche manfchappen vulden, onverfchrokken
en koelbloedig, de ledige plaatfen aan; doch ook
zij vielen, om nooit weder op te ftaan. Onder
ftroomen van vuur en zwarte kolommen van rook
duurde de flag verfcheidene uren, terwijl de metalen
monden wijd en zijde dood en verderf braakten, en
het vuur der Engelfche en Hollandfche vloten de
uitbarfting van eenen volkaan geleek. Intusfchen
verdedigden de Barbarijers zich met eenen moed, die
aan woede grensde. Na langer dan twee uren
twijfelachtig geweest te zijn, verklaarde de overwinning zich eindelijk voor de partij, welke de
grootfte dapperheid en beleid met de meeste krijgskunde paarde. Geheele hagelbuijen van kogels vielen op de fchepen der Barbarijers, op hun tuighuis
en op hunne magazijnen, en veranderden alles, binnen weinige oogenblikken, in rook en puin. Reeds
tastten de vlammen de woningen aan: reeds ftort-
ten hooge torens, met een ontzettend gekraak, ter
neder, toen de Mooren, die ftom en onbewegelijk

R 3 van

van verbazing en schrik de rookende puinhoopen
aanschouwden, voor de overmagt weken; dewijl
zij voor eene volkomene vernieling van stad en
vesten begonnen beducht te worden. Had de slag
nog één uur geduurd, dan zou geheel *Algiers* in
eenen puinhoop veranderd zijn, en de wraak der
volken had op de plek het opschrift geplaatst, „*hier
heeft eens het trotsche Algiers gestaan!*"

Eindelijk boog de *Deij* zijnen trotschen nek: hij
was gedwongen, om genade te bidden en zich op
de grootmoedigheid van het Britsche (en Holland-
sche) volk te beroepen. Hij ontving van den Engelschen admiraal ten antwoord: „*de Engelschen
zijn niet gewoon, vredelievende Inwoners te beöor-
logen en scheppen geen vermaak in de puinhoopen
van jammerende steden; maar zij beminnen den
vrede en trachten dien te behouden of te her-
stellen: dus staan zij denzelven gaarne eenen vij-
and toe, die er met onderwerping en opregtheid
om bidt.*"

Nu werd het gevecht gestaakt; men kwam tot
een minnelijk vergelijk en sloot een vredesverdrag,
hoedanig, om mij van de woorden van den Prins
Regent, welke hij tegen onze bezending uit *Londens*
burgerij sprak, te bedienen, een edel, vrij en goed
volk dien voorschrijven moest. *Algiers* was genoodzaakt, de sommen, welke de mogendheden van
Italie aan hetzelve hadden moeten opbrengen, weder uit te keeren; daarenboven moest het alle

Chris-

Christenſlaven, zonder losgeld, in vrijheid ſtellen
en beloven, zich van zijnen gruwzamen menſchen-
roof, en inzonderheid van zijne zeerooverij, in het
toekomende te onthouden. Deze vrede, welken een
geest van menſchenliefde, een geest van verhevene,
zachtgezinde wijsheid den overwinnaars in de pen
gaf, kan vergeleken worden met den vrede, dien
de wijze koning GELON voormaals een magtig volk,
op dezelfde Afrikaanſche kusten, aanbood; een
volk, hetwelk de menschheid insgelijks door zijne
trouweloosheid en barbaarſche gebruiken beleedigde
en onteerde.

　　　　　　　V. Aan-

Aanmerkingen over den laatstelijk met de Barba-
rijers gesloten vrede. Voorslagen tot doelmatige
voorzorgsmaatregelen in het toekomende. Het
geringe vertrouwen, dat de Barbarijers bij het
sluiten van eenen vrede verdienen. Hunne ge-
aardheid en denkwijs. Gevaarlijke betrekking,
waarin de Christenmogendheden tot hen staan.
Noodzakelijkheid, pligt en regtmatigheid der
maatregelen, die voorzorgshalve behooren in
het werk gesteld te worden. Verovering der Bar-
barijsche staten. Het algemeene nut en de groote
roem, welke daarvan het gevolg zouden zijn.
Geringe moeijelijkheid van zulk eene onderneming.
Uitvoerigere ontwikkeling van een daartoe betrek-
kelijk plan en verbond. In wat geest zoodanige
oorlog moest gevoerd worden. Uitnoodiging, om
de geestdrift voor zulk eene onderneming op te
wekken. Sir SIDNEY SMITH *en het genootschap*
ter beteugeling der zeerooverij. Afscheid van
den lezer.

De eerste vrede der Engelschen met *Algiers* werd
misschien met te veel vertrouwen en toegevenheid
gesloten; want door de vrijheid van eenige Chris-
tenslaven met baar geld te koopen, scheen men
de

de fchandelijke gewoonte der Barbaren, om menfchen
te rooven en in flavernij weg te voeren, als een
wettig voorregt te erkennen en te bekrachtigen;
terwijl de Afrikanen nu door de hoop op winst
verlokt, tevens nog meer in hunne gewelddadigheid
en roofzucht geftijfd werden. De naderhand geno-
mene wraak, gevolgd door eenen met kracht van
wapenen afgedwongen vrede, zal misfchien eenen
fchrikverwekkenden indruk op de Afrikanen maken
en hen veelligt weerhouden, de gezamelijke natien
zoo fchandelijk meer te beleedigen; maar heeft men
wel alles gedaan, wat men men doen konde en wat
de volken hoopten en wenschten? Er zijn er, die
denken en zelfs ronduit zeggen, dat de laatfte onderneming te voorbarig begonnen en uitgevoerd is
geworden; dat zich reeds eene algemeene ftem van
afgrijzen, een algemeen geroep om wraak tegen de
eeuwige verftoorders van handel en fcheepvaart in
Europa had verheven, en dat al deszelfs mogendheden derhalve misfchien vroeg of laat een verbond zouden gefloten hebben, om de Barbaren,
op eene nog nadrukkelijker en gedenkwaardiger wijs,
te tuchtigen; dat het Engelfche ministerie, toen
het geheel alleen daarmede eenen aanvang maakte
en zijne vloot uitzond, wel een fchitterend oor-
logsfeit uitvoerde, maar tevens het plan tot grooter
en beflisfender operatien ftoorde en zelfs verijdelde;
dat hetzelve dus handelde, even als de afdeeling
eener talrijke armee, welke uit de flagorde treed[t],

R 5   den

den vijand aantast en terugdrijft, doch daardoor de
hoofdarmee belet, denzelven in te fluiten en geheel
te vernielen: dat ook de ftrijd tusfchen de Algerijnen en Engelfchen veeleer een tweegevecht, dan
een flag, veeleer eene levendige woordenwisfeling
tusfchen twee volken, dan eene groote twist, die
tusfchen twee werelddeelen beflist moest worden,
heeten konde: dat de Engelfchen enkel het aan
hen zelve, niet het aan de ganfche menschheid be-
gane onregt gewroken hadden, ja dat men zelfs,
op grond van zekere publiek gewordene denkbeelden,
alsmede uit twee of drie openbare *nota's*, misfchien
konde afleiden, dat het tegenwoordige Engelfche
ministerie, overeenkomftig eene geheime, bekrom-
pene en bedriegelijke ftaatkunde, de voortduring
zoowel van het beftaan en de magt der Barbarijfche
roofnesten, alsook van hun ftelfel van fchreeuwende
onregtvaardigheden, wenschte. Tegen dit alles in
men echter aanvoeren, dat het niet zoo vast uit-
gemaakt was, of men wel op een algemeen verbond tegen de zeeroovers zeker rekenen konde: of er,
in het tegenwoordige oogenblik, wel gedaan zoude
geworden zijn, wat federt eeuwen niet gedaan geweest was: of zoo vele en zoo verfchillende
volken zich wel tot eene opregte, onbaatzuchtige
en onderlinge medewerking, waartoe zij althans
tot op dezen dag nog niet gezind fchijnen, zouden
hebben willen vereenigen. Maar wat hier ook van
zijn moge, zooveel is althans zeker, dat *Engeland*,

door

door de Barbaren te tuchtigen en te vernederen, door hunne vloot te vernielen, door hun het afgeperste en geroofde geld meestendeels weder uit de handen te rukken en alle Christenflaven in vrijheid te herftellen, wezenlijk iets groots, iets algemeen nuttigs heeft uitgevoerd. Dat *Engeland* het inftandblijven van de Barbarijfche ftaten en van hun roofftelfel zoude wenfchen, ftrijdt zoowel tegen het gezond verftand, als tegen verfcheidene daadzaken. Zoodanige denkwijs zoude ook in het geheel niet ftroken met het karakter van een zoo edel, zoo fier en grootmoedig volk. (*) Eene natie, wier fchepen den Oceaan, van kaap *Horn* tot *Kamfchatka*, en van *Nutka-fund* tot *Macao*, bedekken, behoeft immers de niets beteekenende vaart van eenige weinige kleine fchepen in de Middelandfche Zee niet

---

(*) Deze en de volgende tegenbedenkingen doen bitter weinig af en voldingen dus niets. De Engelfche ftaatkunde wil en moet de Barbarijfche roofftaten dulden, en ziet zelfs niet ongaarne, dat andere mogendheden door de Barbarijers beleedigd, gehoond en beroofd worden. Men fcheide toch het Engelfche volkskarakter van de denkwijs van het Engelfche minifterie af! Beftaat er eene helfche ftaatkunde, dan zoeke men haar in het Britfche kabinet. Men wachte flechts, wat, gevolgen de tegenwoordige gang der zaken met *Algiers* voor *Europa* door *Engeland* hebben zal! VERT.

niet met jaloerfche oogen aan te zien. En hebben de
Engelfchen dan niet in den laatften oorlog het tegendeel getoond door allen onderdanen der met hen
in vrede levende mogendheden hunne befcherming
te verleenen? Hebben zij hun niet toegeftaan, zich
bij Engelfche transportfchepen te voegen en onder
konvooi van Engelfche oorlogsfchepen te zeilen?
Hebben zij, wel verre van zich te verheugen, wanneer de volken, die minder magtig ter zee zijn,
dan de Barbarijers, met deze in oorlog geraken,
niet veeleer aan *Portugal* en *Spanje*, aan *Sicilie*
en *Napels*, aan *Sardinie* en den Paus, den vrede
bezorgd? Overigens zijn deze, tegen *Grootbrittanje*
aangehevene klagten flechts een tol, dien men aan
deszelfs edelmoedigheid betaalt. Men handelt omtrent geheele volken even zoo, als omtrent afzonderlijke menfchen; want als men gewoon is, weldaden van hen te ontvangen en telkens grootmoe-
dige trekken van hen te zien, dan gelooft men,
het regt te hebben, om dezelve te v o r d e r e n, en
men rekent hunne grootmoedigheid als eenen pligt
aan. Op die wijs kon men de Engelfchen wel tot
voorvechters van het ganfche menfchdom maken,
wier pligt het zoude zijn, altijd het zwaard te trekken
en nooit op te fteken, ten einde alle onregtvaardigheden, alle beleedigingen te ftraffen, welke andere volken en gouvernementen lafhartig genoeg
waren te dulden. Immers hebben deze volken,
deze gouvernementen, insgelijks manfchappen en

wa-

wapenen, met welke, en een punt van eer, voor
hetwelk zij ftrijden kunnen (*).

De Chriftenvorsten fchijnen dikwijls zoo bereid,
om, wegens eene weinigbeteekenende aanfpraak,
dikwijls zelfs wegens eene nietsbeduidende forma-
liteit, het oorlogsvuur te ontfteken; en zouden
zij dan ledige en werkelooze aanfchouwers zijn en
blijven kunnen bij de onophoudelijke aanvallen,
welke een hoop roovers op den handel, de vrijheid
en het leven hunner onderdanen onderneemt? Zouden zij de gedurige vredebreuken, welke eene
trouwelooze bende zeefchuimers zich veroorlooft,
langer met onverfchilligheid kunnen dulden? Zouden
de belijders van eenen godsdienst, die liefde en
vrede als de eerste pligten aanbeveelt en infcherpt,
welks grootfte weldaad beftaat in menfchen door
broedermin met elkander te vereenigen en de flavernij af te fchaffen, zouden de belijders van het
Christendom kunnen toeftaan, dat *Europa's* befchaafde kinderen al hun leven in fchandelijke kluisters fmachtten; dat de ware geloovigen onder het
jok der aanhangers van eenen leugenprofeet krom-
den? Men heeft de gewelddadige wegvoering der
Negers, die toch flechts Wilden waren en in handen van befchaafde menfchen vielen, afgefchaft,

en

(*) Deze aanmerkingen doen meer eer aan des fchrijvers hart, dan aan zijn verftand. VERT.

en men vergeet, aan de ellende der blanken, welke
in flavernij geraakten; een einde te maken. Twee
derden van elke eeuw fleten de Christenvolken
met elkander te beoorlogen, en zij zouden niet
zamenfpannen, om de Afrikaanfche heerfchers te
tuchtigen, wier handelwijs zoo ftrijdig is tegen
alle beftaande wetten en regten, die den oorlog
een karakter van woestheid en fchandelijkheid geven,
hetwelk zelfs in de ijzeren middeneeuwen het fchrikkelijke regt van den fterkften en van den overwinnaar nooit heeft toegelaten, en die niet flechts een
enkel volk, maar het ganfche menschdom, gedurig
aanvallen en beleedigen?

Of moet men zeggen, dat eene lage eigenbaat,
die zich zelve als het middenpunt befchouwt en
ook overeenkomftig die gezindheid handelt; dat klein-
geestige ijverzucht, ellendige vooroordeelen, armzalige driften, door welke men zijn eigen voordeel
in de fchade van anderen zoekt; dat de afzonderlijke
belangen van eenige weihigen, die te bekrompen
dachten, om grootfche ontwerpen tot vestiging en
handhaving van het algemeene geluk des menschdoms
te ontwerpen en uit te voeren, zulk een groot verbond, zoodanig eene algemeene en opregte vereeniging van wil en kracht niet flechts verhinderd
hebben, maar ook, dat dergelijke baatzuchtigen zich
over de ftremming en fchade, welke den handel
van eene bloeijender, en dus door hen met afgunftige oogen befchouwde natie, benadeelden, ver-
heu-

heugen konden? Moet men zeggen; dat de welvaart en vrijheid van haar eigen volk de mogendheden der aarde zoo weinig ter harte gaat en hare opmerkzaamheid zoo weinig tot zich trekt, dat zij zich inbeelden, dat zij op de duizende ongelukkigen, die, van have en goed beroofd, eindelijk nog als flaven in de Afrikaanfche woestijnen gefleept werden, geene acht behoeven te flaan? Hoe kan men deze werkeloosheid prijzen, hoe deze staatkunde verklaren? De staatkunde gelijkt de *Sphinx* in de fabel: zij verflindt diegene, welke hare raadfels niet kunnen oplosfen.

De wijze, waarop men tot hiertoe met de Barbarijers handelde, was even onbedachtzaam, als beklagenswaardig; want in plaats van den Barbaren het boosaardig verbreken van hun woord duur betaald te zetten, kocht men eenen onzekeren vrede, eene ongewisfe rust van weinige maanden: men gaf den Afrikaanfche roovervorsten gefchenken en betaalde hun fchatting, in plaats dat men voor die fommen zoo vele fchepen bouwde en zoo veel volk wapende, dat zij het ganfche land der Barbaren verwoest en de goddelooze fteden in puinhoopen zouden veranderd hebben. Ieder oogenblik was men genoodzaakt, te klagen of te dreigen, met kanonnen en bomben te verfchijnen en op nieuw oorlog te beginnen of vrede te maken; daar het toch veel eenvoudiger, gemakkelijker en eervoller zoude geweest zijn, eene enkele groote beflisfende

daad

daad te volbrengen, door den vergiftigen boom
met wortel en tak uit te roeijen en op éénen dag
aan de onophoudelijke gevaren van beleediging en
fchade een einde te maken; want, alleen door het
betoon van fterkte, vastberadenheid en eene niet
te verzachten ftrengheid, kan men natien en gouvernementen, die alle gevoel van regt en geregtigheid hebben uitgefchud en geene enkele deugd bezitten, eenigen eerbied en eene foort van ontzag
inboezemen.

De tot hiertoe gevolgde grondbeginfelen waren
derhalve even zoo onverftandig als kleingeestig.
Onze toeftand bleef daardoor zonder beftendigheid,
onze rust zonder veiligheid, en onze vrede zonder
zekerheid, en dus nog erger, dan de oorlog zelf.
Trouwens, niets ftrekt den mensch meer tot fchande, dan zich ongeftraft te laten befchimpen; want
het is eene hatelijke vertooning, eenen onregtvaar-
digen beleediger iemand ongeftraft te zien kwellen;
maar nog hatelijker misfchien is de aanblik van eenen lafhartigen, die kruipend en zwijgend zich
verguizen laat.

Zekerlijk werden de eeuwige verbrekers van het
eenmaal gegeven woord, dat heilig zijn moet, en de
fchenders van de telkens vernieuwde vredesverdragen door de geduchte wraak van een edel volk getroffen; maar men kan toch geenszins ontkennen,
dat het werk niet geheel voleindigd wierd, en dat
hier niets gedaan is, zoo lang er nog iets te doen

over-

overblijft. Ik bemin den vrede zoo zeer, als er iemand zijn kan, ik zoude dus nooit eenen oorlog aanraden, die tot uiterften overfloeg: ik zal ook nooit beweren, dat de misdrijven der volken flechts met hun bloed kunnen uitgewischt worden. Maar ik vraag, welke doelmatige middelen, welke krachtdadige maatregelen heeft men in 't werk gefteld, om zich tegen deze zedelooze, woeste, hebzuchtige en onverbeterlijke Barbaren te beveiligen. Het vuur van eenen wraakademenden haat tegen de Christenen fmeult nog in hunne harten en zal thans minder dan ooit uitdooven: zelfs op dit oogenblik wapenen zij zich in ftilte en maken in het geheim toebereidfelen, om den oorlog te hernieuwen; want wijl zij geenen handel drijven, zich met geene handwerken bezig houden en geenen lust tot werken hebben, zijn zij wel genoodzaakt, weder op roof uit te gaan en zich op onze kosten te verrijken, ten einde hunne gewone en geliefkoosde levenswijs voort te zetten.

Men heeft met de zeeroovers onderhandelingen aangeknoopt op eene wijze, alsof zij een wettig gouvernement uitmaakten: men heeft de militaire opperhoofden, welke de Turkfche Sultan thans nog als muitelingen befchouwt, voor onafhankelijke heerfchers erkend: men heeft verzuimd, de Barbarijfche volken door het nemen van goede maatregelen te beletten, in het toekomende de zee door hunne rooffchepen onveilig te maken. Het ware

II.   S   vrij

vrij wat beter geweest, dat men hun, niet enkel van *Engelands* wege, maar uit naam van geheel *Europa*, op eenen hoogen, plegtigen toon verklaard hadde, dat men, ja, wel vrede met hen maken en dien ook houden wilde, maar dat, bij de geringfte beleediging, welke zij het kleinfte Europefche fchip zouden aandoen; bij de eerste fchending van het gegeven woord en van het bezworen verdrag, de geheele krijgsmagt van *Europa* de wapenen opvatten, *Afrika* aanvallen en de alsdan aangevangen oorlog flechts met hunnen volflagen ondergang eindigen zoude. (*). Had men de drie roofftaten niet kunnen dwingen, al hunne oorlogsfchepen uit te leveren? Had men hen niet kunnen noodzaken, te zweren, dat zij voortaan geene kapers meer in zee zouden zenden? Soortgelijke wetten mogt men zeker aan onafhankelijke volken niet voorfchrijven, maar tegen zulke woeste rooverbenden, wier aard medebrengt, met alle befchaafde vol-

---

(*) Een heerlijk plan in de theorie, maar volftrekt onbruikbaar in de Staatskabinetten, en wel, dewijl de ftaatkunde der onderfcheidene Europefche mogendheden zoo zeer uit een loopt. Wat eenmaal NAPOLEON op zijne zwijmelende hoogte ftaande hield, was juist die eigenbatige, jaloerfche en afgunstige politiek, welke de vorsten en derzelver ministers bezielde, en waaronder *Europa* jaren lang zuchtte. Dit zelfde kwaad verhindert ook de uitroeijing der Barbarijfche roofftaten.   VERT.

volken in vijandfchap te leven, was zoodanig eene
daad van geweld, allezins geoorloofd geweest. Zoo
zouden althans de oude Romeinen gewis gehandeld
hebben; zoo zoude zeker het befluit van den Senaat, dien, CINEAS eene vergadering van koningen
noemde, zijn uitgevallen. Een van *Griekenlands*
wijzen zeide eens: *„ wanneer wij ons bereids jegens*
onze vrienden zoo gedragen moeten, alsof zij een-
maal onze vijanden konden worden; hoeveel meer
moeten wij dan eenen vijand wantrouwen, hoeveel
zorgvuldiger en voorzigtiger maatregelen moeten
wij dan niet nemen tegen eenen vijand, die naau-
welijks met ons verzoend werd, of misfchien flechts
verzoend fchijnt, terwijl hij nog fteeds haat en
wraak in zijn binnanfte koestert."

Zelfs na het bombardement van *Algiers* en het
fluiten van eenen vrede, dien alle Barbarijfche
mogendheden moesten onderteekenen, fchijnt *Eu-*
ropa zich nog niet volkomen veilig te achten en
ook niet te gelooven, dat die vrede lang ftand zal houden. Althans, *Spanje* en de koning der *Nederlanden*
hebben zich verbonden, om gemeenfchappelijk eene
vloot in zee te houden, die jaarlijks aan deze en
gene zijde van de ftraat van *Gibralter* moet kruifen.
De ridder SIDNEY SMITH heeft insgelijks den voorflag gedaan, om eene vloot, die uit fchepen van
al de Europefche Mogendheden moest beftaan, in
de Middellandfche en Adriatifche zee te laten kruifen, om den handel en de fcheepvaart aldaar tegen

S 2   de

de aanvallen en listen der Barbarijſche zeeroovers te beſchermen. Velen wenſchen ook, dat de orde der Malthezer-ridders, wier heilige en krijgshaftige inrigting medebragt, de veiligheid der zeeën tegen de rooverijen der ongeloovigen te handhaven, mogte herſteld worden. Deze wensch is juist zoo kwaad niet; want die orde kon haar verblijf, of in eene havenſtad, of op een eiland, vestigen en misſchien zeer goede diensten bewijzen. Anderen zouden gaarne zien, dat de republiek der Vereenigde Amerikaanſche Staten eene kolonie in de Middellandſche zee vestigde; daar zij, die thans eene plaats onder de voornaamſte mogendheden der aarde bekleedt, bereids hare ſchepen uit een ander werelddeel afgezonden heeft, om de zeeroovers te tuchtigen, en het groote voorbeeld gaf van een volk, dat zijnen handel en zijne ſcheepvaart weet te beſchermen. Bijaldien er tusſchen *Amerika* en *Engeland* een wedſtrijd, met opzigt tot den handel, ontſtaan mogt, zouden de kusten der Middellandſche zee er zeker bij winnen. *Amerika* verheft zich dagelijks meer en meer tot een ſchitterend toppunt van roem en welvaart, zoodat men dit gemeenebest *het land der verwachtingen* kan noemen, gelijk men *Italie* met den naam van *het land der herinneringen* beſtempelt (*).

Ove-

(*) Bekend zijn de welvaart en telkens meer toenemende magt der Vereenigde Amerikaanſche Staten; en ſedert

Overigens blijft het nog de vraag, of men zich op het woord dezer woeste Barbaren, die ons bereids zoo vele jaren bedrogen hebben, en die in den waan verkeeren, dat de naauwgezetheid omtrent het houden eener gedane belofte flechts eene beperking der hoogst losbandige magt is, wel zoude kunnen verlaten? Veel te vertrouwen zijn zij waarlijk niet; althans, een keizer van *Marokko* gaf een' Europeſchen koopman, die hem eene gedane belofte herinnerde, dit befcheid: *„meent gij dan, dat ik een uwer ongeloovigen ben, die een ſlaaf van mijn woord zijn moet? Staat het niet aan mij, van gevoelen te veranderen, wanneer ik wil?"*

Maar gefteld eens, dat een vorst der Barbarijers

wer-

dert het doorluchtig huis van *Braganza* zijnen zetel naar *Zuid-Amerika* heeft verplaatst, heeft dit land insgelijks een belangwekkend ſtaatkundig beſtaan verkregen. Wanneer de koloniën zich niet met het moederland (*Oud-Spanje*) verzoenen, of gewapenderhand onderworpen worden, dan kunnen de oevers van de *Plata* en de kusten der Stille Zee nog wel eens een ijsfelijk oorlogstooneel worden. Misfchien echter zal er eene gelukkige hereeniging met de hoofdſtad tot ſtand komen: misfchien zal het oude rijk der *Inca's* herrijzen: alsdan zal de fchim van GUATIMOZIN gewroken zijn, en de Amerikaanſche vrijheidsſtander zal op de kruinen van den *Pahinca* en den *Chimborasſo* geplant worden.

werkelijk woord en trouw houden wilde, zou hij
dan de van alle rust afkeerige foldaten, die, of oorlog en roof, of het hoofd van den *Deij*, vorderen,
in bedwang kunnen houden? Zou de opvolger zich
wel verpligt achten, om de voorwaarden, waarin
zijn voorganger bewilligde, na te komen? Kan
men wel aan eene vaste ftaatkundige overeenkomst
denken in een land, aan hetwelk gedurige onlusten en onophoudelijke omwentelingen, als ware
het, eigen zijn; waar de oorlog niet flechts eene
gewoonte, maar fchier eene groote noodzakelijkheid
is geworden? Ten minfte geven deszelfs inwoners
de verpligting, om, altijd eene vloot in zee te moeten houden, ten einde de Christenen aan te vallen,
als eene reden op, waarom zij den Grooten Heer
geene fchattingen kunnen opbrengen.

Wel is het waar, dat de vloten en fteden der
Barbarijers meermaals een roof der vlammen zijn
geworden; dat deze zeedwingelanden meermaals
overwonnen en vernederd wierden; maar dan fmeekten
zij om genade en verkregen die. Doch telkens
hebben zij hunne zeemagt herfteld en ook, even
als te voren, misbruikt. Zoo hebben de Engelfche
de Algierfche vloot in de afgelopene eeuw driemaal
vernield; en onder LODEWIJK XIV gaf de admiral
DUQUESNE den toenmaligen *Deij* eene misfchien
nog geduchtere waarfchuwing, dan *lord* EXMOUTH
den tegenwoordigen gaf; want juist tegen *Algiers*
werd

werd van de vreesfelijke uitvinding der bommen
voor de eerfte maal gebruik gemaakt (*).

Maar *Algiers* herftelde zich telkens weder en
deszelfs magt werd telkens grooter. Overigens is
het den gruwzamen Turkfchen regenten tamelijk
onverfchillig, dat de huizen der Joden en Mooren
verwoest worden; zoo als het antwoord bewijst,
hetwelk een *Deij* den afgezant gaf, die hem, in
naam zijns konings, dreigde, geheel *Algiers* plat te
te laten fchieten. Hij vroeg hem, namelijk, aanftonds, hoe veel de koning aan de vloot, waarmede hij de ftad bombarderen wilde, zoude te
koste leggen. „*Zesmaal honderd duizend piasters*," antwoordde de gezant. „*Laat hem aan
mij flechts driemaal honderd duizend geven,*"
hernam de woesteling; „*en ik zal de ftad met eigene hand aan vier hoeken in brand fteken.*"

Daar nu de Barbaren, door geenerlei middelen,
en

(*) Toen de vloot van LODEWIJK XIV, onder het bevel van den admiraal DUQUESNE, *Algiers* aantastte, maakte
men, voor de eerste maal, van de vreesfelijke uitvinding der bommen gebruik. Van dit gefchut was een
jongman, CHATEAU - RENAUD geheeten, de uitvinder.
Deze uitvinding werd eerst ten hove veracht, maar
door COLBERT, den vriend van alle groote en geestvolle
uitvindingen, in befcherming genomen. CHATEAU - RE-
NAUD bevond zich zelf op de Franfche vloot, welker
onderneming den algemeen bekenden gunstigen uitflag had.

S 4

en door geene dankbaarheid, zelfs niet door
vrees, in bedwang kunnen gehouden worden, zullen zij altijd roovers en geesfels der zeelieden zijn
en blijven. Met één woord, het gaat hun even
als MILTON's overfte der duivelen, die tot zijne
onderhoorigen zegt: *„daar alle gelukzaligheid
voor mij verloren is, zoo moge mijne gelukzaligheid beftaan in kwaad te doen!*

Zelfs na het bombardement van *Algiers* werd
nog menig fchip genomen, menige klagten door deze
of gene regering ingebragt, doch met zulk een
flecht gevolg, dat men genoodzaakt was, meer dan
eens admiraäls met bedreigingen naar *Afrika* te
zenden. De Amerikaanfche vloot was almede genoodzaakt, voor *Algiers* te verfchijnen, en de Hollandfche admiraal VAN DE CAPELLEN moest den
keizer van *Marokko* dwingen, de prijs gemaakte
Hollandfche fchepen weder vrij te geven; terwijl
de Engelfche Conful te *Tripoli* gelijke ftrenge maatregelen in het werk moest ftellen, dewijl de Tripolitaanfche rooffchepen een Hanoversch vaartuig hadden
weggenomen. Zelfs op den voor *Algiers* zoo nood-
lottigen dag kruisten verfcheidene van deszelfs
fchepen op goed geluk in zee; terwijl een klein
eskader van *Tunis*, door de tegenwoordigheid van
den Engelfchen admiraal uit de Middellandfche zee
verjaagd, in de Adriatifche golf kruiste. Thans
nemen eenige fchepen, onder zwarte vlag, alle vaar-
tuigen weg en plegen de affchuwelijkfte euveldaden.

den. Misschien waren eenige der drieste zeeroovers, die, zelfs digt bij de straat van *Gibralter*, de Spaansche galjoenen, onder het geschut van *Cadix* wegnamen en voor kapers van *Buénos-Ayres* werden aangezien, niets anders dan zeeroovers van *Salé Tripoli* en *Algiers* onder eene valsche vlag (*).

Den

(*) *Tripoli* is van al de Babarijsche steden de fraaiste en heeft de meeste overéénkomst met eene Europesche stad. Ook hebben de huizen vensters, die op straat uitzien, wat in déze landen iets merkwaardigs is. Zij drijft eenen aanmerkelijken handel, inzonderheid op *Fezzan*, *Darfour* en *Egypte*. De karavanen der bedevaartgangers naar *Mekka* pasferen en rusten daar gewoonlijk uit. Het gouvernement is er minder straf dan te *Algiers*, maar strenger dan te *Tunis*. De regerende *Pacha* is een Turk en uit de Turkfche militie gekozen. Offchoon nu de troon eenigermate erfelijk is geworden, dat is, in eene en dezelfde familie blijft, gaat de verandering van deszelfs bezitters altijd van zamenzweringen in het Serail en van bloedige gevechten tusfchen de foldaten vergezeld. De heer TULLY heeft over den Tripolitaanfchen ftaat en de in dit gedeelte van *Barbarije* regerende familie zeer belangrijke berigten medegedeeld. De tegenwoordige *Pacha* vermoordde zijnen broeder, den toenmaligen *Beij*, dat is, den vermoedelijken erfgenaam der kroon. Hij had met hem eene bijeenkomst bepaald bij beider moeder LEILA HULLAMA, ten einde zich, zoo als hij voorgaf, volkomen met hem te verzoenen. Toen nu de *Beij* in het vertrek zijner moeder

S 5

trad,

Den *Deij* had men nu wel vernederd, maar was
dé magt van de beide andere ftaten en van den keizer van *Marokko* daardoor tevens geknakt geworden? — of laat mij liever vragen: zou de trotfche

Deij

---

trad, waar zijn broeder zich reeds bevond, verzocht
zij hem, zijne wapenen af te leggen, met de verzekering,
dat zijn broeder ook zonder wapenen gekomen was.
De *Beij*, die geen het minfte kwaad vermoeden had,
maakte geene zwarigheid, om zijn zwaard aan zijne
moeder af te geven. LEHLA HULLAMA vatte, daar zij
zag, dat de *Beij* geenen vijandigen toeleg had en zulks
ook van SIDI JOUSSOUF vooronderftelde, beide broeders bij
de handen en plaatfte zich tusfchen hen, terwijl zij
hare zoonen beurtelings met eene ftille vreugde befchouwde,
vermits zij geloofde, beiden door hare moederlijke zorg
en moeite verzoend te hebben. De *Beij* keerde zich
naar zijnen broeder en verklaarde, dat hij gekomen was,
met oogmerk, om zich met hem volkomen te bevredigen, en
verzekerde hem tevens, dat hij zoo ver af was, vijandig
tegen hem gezind te zijn, dat hij veeleer befloten had,
hem, dewijl hij zelf kinderloos was, als zoon en erfgenaam te befchouwen en als zoodanig te behandelen.
SIDI JOUSSOUF betuigde hem zijne tevredenheid daarover,
maar begeerde, dat deze verzoening op den *Koran* zoude
bezworen worden, waartegen de *Beij* volftrekt niets
had. Nu ftond de eerfte op en gaf bevel, het heilige
boek binnen te brengen; doch deze woorden waren de
met zijne Negers afgefprokene leus, die hem, in plaats
van den *Koran*, zijne piftolen overreikten, waarvan hij

de

Deij van *Algiers*, die zoo vele blijken van zijnen gloeijenden haat aan den dag legde, die met zooveel verwoedheid vocht, zoude die *Deij* zelf wel volkomen overwonnen zijn? Hij verloor, voor dat oogen-

---

de eene oogenblikkelijk op zijnen broeder loste; die nog naast de moeder zat, welke den arm ophief, om het schot van haren zoon af te keeren en zelve zwaar gewond werd, terwijl de kogel door des *Beij's* zijde ging, die echter nog zooveel kracht behield, om op te rijzen, naar de fabel te grijpen en op zijnen broeder af te gaan. Maar in hetzelfde oogenblik loste deze de tweede pistool, welkers kogel den *Beij* in het hart trof. Om dit ijsselijke gezigt voor de moeder nog ijsselijker te maken, moest zij van den zieltogenden *Beij* nog hooren, dat hij haar verdacht hield van medepligtig aan zijnen moord te zijn; want zoodra het schot hem trof, riep hij: „o moeder! hebt gij mij daarom laten komen!" Toen SIDI JOUSSOUF zijnen broeder zag vallen, riep hij zijnen Negers toe: „daar ligt hij, maakt hem verder af!" Hierop sleepten zij hem uit de zaal en bragten hem, dewijl hij nog eenige teekenen van leven gaf, met hunne dolken elk nog eene wonde toe. Intusschen wierp de moeder zich op het lijk neder en verzocht SIDI JOUSSOUF, hetzelve niet te laten mishandelen, waarna zij van droefheid en pijn, die hare eigene wonde haar veroorzaakte, in onmagt viel. Inmiddels was LEILA AISHER, de gemalin van den *Beij*, op het geluid der pistoolschoten toegesneld en wierp zich, bij het zien van dit bloedtooneel, op het lijk van haren gemaal neder, hetwelk

de

oogenblik, wel zijne magt en zijn geweld, maar niet zijnen baat, niet zijne hoop, om zich nog eens te wreken. Thans heeft hij de stadsvesten doen herftellen en nieuwe fchepen laten bouwen: hij

heeft

---

de Negers, alvorens hetzelve te laten liggen, nog met vele dolkfteken doorboord hadden. LEILA AISHER gaf zich geheel aan de wanhoop over en verfcheurde haren fluijer, voorts rukte zij haren opfchik van het lijf en wierp alles in het bloed van haren gemaal: vervolgens trok zij de kleederen van eene harer flavinnen aan, en zich met asch beftrooid hebbende, ijlde zij naar den *Pacha* en verklaarde, dat zij zich met vergif van kant wilde maken, bijaldien hij niet aanftonds bevel gaf, haar uit een paleis te doen vertrekken, waar het bloed van haren gemaal was vergoten geworden. Middelerwijl had joussour zelf het paleis verlaten en ontmoette, buiten hetzelve gekomen, ABDALLAH, den aangenomen en tevens fchoonzoon van HAMET, *den grooten.* ABDALLAH bekleedde een' der voornaamfte posten aan het hof en was, zoo wel wegens zijn karakter, als ook wegens zijne godsdienftige grondbeginfelen, zeer geacht. De eerwaardige grijsaard vermoedde, zoodra hij den vorst geheel met bloed befpat zag, terftond, dat er een groot ongeluk gebeurd was, en betuigde daarover zijne ongerustheid. Dewijl SIDI joussour vooruitzag, wat nadeeligen indruk het voorgevallene op ABDALLAH maken zoude, vatte hij oogenblikkelijk een gruwelijk voornemen op, hetwelk hij ook terftond uitvoerde. Hij ftiet, namelijk, den grijsaard den dolk in het hart. De Zwarten, die in het gevolg van

dit

heeft een naauw verbond gefloten met den keizer
van *Marokko*, endiegene zijner onderdanen, welke,
zijns oordeels, aan lafhartigheid en verraderij fchuldig waren, heeft hij doen ombrengen, terwijl hij
de

---

dit wangedrogt waren, fleepten ABDALLAHS lijk voor de
deur van het paleis, van waar het fpoedig weggebaald
en tegelijk met dat van den *Beij* begraven werd. Soort,
gelijke gruweldaden zijn echter in de Barbarijfche ftaten
zoo gewoon, dat zij te *Tripoli* in het geheel geen op-
zien verwekten. Aldra gingen de openbare uitroepers,
op ·bevel van den *Pacha*, door alle ftraten, met deze
bekendmaking: „*God fchenke den overleden Beij eene zalige opflanding: zijne dienaars hebben niets te vreezen.*"
In weerwil echter der gegevene verzekering, deed SIDI
JOUSSOUF alle dienaars van den vorigen *Beij* door de me-
depligtigen van zijne fchanddaden vermoorden. Naauwelijks was de *Beij* begraven, of zijn moordenaar gaf een
groot gastmaal, met vreugdevuren, muzijk en danferesfen, alsof er een bruilofsfeest werd gevierd. Eenige
dagen daarna werd SIDI HAMET, de andere broeder, tot
Beij uitgeroepen, maar hij beleefde den aanvang zijner
regering niet. Thans is SIDI JOUSSOUF *Pacha* van *Tripoli*,
tot welken hoogen post hij zich door het vermoorden
zijner broeders den weg baande.

Het eerste bezoek, hetwelk de gemalin van den *Beij*
bij het graf van haren echtgenoot aflegde, wordt door
TULLY aldus befchreven.

Het graf was bedekt met bloemen, welke op dezen
dag bereids tweemaal verfch geplukt waren. Om den
graf-

de gruwzaamfte wraakzucht tegen de Christenen
aan den dag legt. Hij verbood, dat men met het
volk van een Engelsch fchip, hetwelk zich nog
in de haven bevond, eenige gemeenfchap, of zelfs
een

---

graffteen waren kranfen van jasmijn en palmbladen gevlochten, en rondom denzelven brandde, een aantal lichten, die de lucht met welriekende geuren vervulden.
De fchoone ZENOBIA, oudfte dochter der vorstin-we-
duwe, boezeer nog ten diepfte bedroefd over den fchrikkelijken dood van haren vader, verfcheen echter insgelijks bij deze fmartvolle plegtigheid en werd door hare
zesjarige zuster gevolgd. Terwijl nu de moeder zich wee-
nende over het graf des vaders boog, hield het arme kind
haar bij de kleederen vast en riep, dat zij haar niet wilde
loslaten, alvorens den vader gezien te hebben. Het roerende
van dit tooneel, dat door het klaaggefchrei der aanwezige
vrouwen werd vermeerderd, deed LEILA AISHER in onmagt
vallen, waarop men haar naar het paleis terugdroeg. Hier
gaven de dames van des heeren TULLY's familie haar een
bezoek en vonden haar in de diepfte fmart verzonken;
terwijl zij geen den minften opfchik aan had, behalve
het fieraad, dat zij, in plaats van eene amulet, om den
hals droeg. Op het zien der Engelfche dames fmolt zij
in tranen, en reeds maakte eene flavin zich klaar, om het
woulliahwoo, of het gewone rouwgeklag, aan te heffen,
toen hare meesteres haar zulks verbood, dewijl de ganfche
harem hetzelve zou herhaald hebben. Gedurende dit
bezoek, kwam LEILA HULLAMA, de moeder van den vermoorden Beij, insgelijks in het vertrek, die den gewonden

een gefprek houden, of van eenige levensmiddelen voorzien zoude. Ja, de vloot van *lord* EXMOUTH was nog in het gezigt der haven, toen reeds de onbuigzame OMAR-AGA, van de tinne van zijn paleis, tegen het volk, hetwelk hem met bewondering aanftaarde, op eenen trotfchen toon zeide: „ *wij zijn niet overwonnen geworden; en al ware dit zoo, dan gefchiedde zulks door wapenen, welke wij niet kenden, dat is, door omkooping en verraderij. Wij ftreden evenwel als echte Muzelmannen, en ver verwijderde kusten weergalmen van den door ons behaalden roem. Lafhartigen fneuvelen, en hunne namen zijn met hunnen dood vergeten; maar dapperen fneuvelen, en hunne namen leven altijd voort,*

---

den arm nog in eenen band droeg. De Moorfche vrouwen fchenen, in plaats van hare fmart te doen bedaren, of zich te verftrooijen, alles te verzinnen, om dezelve regt levendig te houden. Althans, de ongelukkige moeder begeerde de vreemdelingen naar het vertrek te geleiden, waar het bloedige tooneel was voorgevallen; en, offchoon niemand van haar daartoe grooten lust gevoelde, durfden zij echter zulks niet afflaan. Behalve dat de muren van het ongelukkige vertrek met een mengfel van vet en asch beftreken waren, bevond zich alles nog in denzelfden ftaat, als op het oogenblik van den gepleegden moord, waarvan de fporen nog zigtbaar waren. LEILA HULLAMA zeide, dat haar oogmerk was, al, wat zich in dat vertrek bevond, onaangeroerd te laten, tot het in ftof zoude vergaan zijn

*voort, terwijl de roem en glorie van hun vaderland
met eenen vernieuwden glans fchitteren* (*).

Vergeefsch zouden de pogingen zijn, welke de
Europefche mogendheden en het edele genootfchap,
ter bevrijding van flaven opgerigt, wilden aanwenden,
om deze woeste Afrikaanfche regenten te doen begrijpen, dat het beter met hun belang zoude ftroken,
dat zij vrede hielden en liever met *Europa* eenen
vriend-

(*) De *Deij* van *Algiers* doet in het geheel geene
moeite, om zijne vijandige gezindheid en zijnen haat
tegen het Engelfche volk en deszelfs gouvernement te
verbergen. Hij heeft allen zijnen onderdanen verboden,
naar de havens, waar zich Engelfche ambtenaren ophouden, koren te voeren, zoo als te voren gefchiedde:
zelfs mogen zij den Engelfchen niet een enkel ei verkoopen. Reeds heeft hij nieuwe oorlogfchepen uitge-
rust, en verwacht drie fregatten, benevens een groot
aantal andere krijgsbehoeften, als een gefchenk, van
den Grooten Heer. Deze omftandigheid verdient inderdaad opmerking. Te voren fcheen de *Porte* met de
Barbarijers geheel over hoop te leggen, en zelfs maakte
de beroemde MEHEMET-*Pacha*, Vice-koning van *Egypte*
alvorens hij zijne troepen tegen de fekte der Wechabiten
liet uitrukken, groote toebereidfelen, om door de woeftijn van *Barca*, en voorts langs de zeekust, in *Barbarije* te dringen, ten einde hen door geweld van wapenen
te noodzaken, onder de gehoorzaamheid van den Grooten Heer terug te keeren... Thans echter fchijnt de
Turk-

vriendfchappelijken handel dreven, dan denzelven belemmerden; dat wanneer volken welvaart genieten willen, zij aan het groote bondgenootfchap van befchaafde natien deel nemen en zich, even als deze, aan de wetten van het heilige regt der volken onderwerpen moeten. Maar de rede laat zich niet hooren, voordat de hartstogten zwijgen. Bij deze, door toomelooze driften beheerschte, volken is de ondeugd eene tweede natuur geworden, en deswege zou men vergeeffche moeite doen, wanneer men hun fchoone en nuttige waarheden wilde aan het verftand brengen. Voor bedorvene zielen is de waarheid een donderflag, die wel door de graven klinkt, maar geene dooden opwekt.

De betrekking, waarin wij tot de Barbarijers ftaan, is thans bedenkelijker, dan zij nog ooit geweest is. Zij zullen het wel niet meer wagen, met talrijke vloten uit te loopen en de zee met hunne rooffchepen te bedekken; maar zij zullen met kleine fchepen rondkruifen en achter iedere klip op de loer liggen. Men zal hun wel geene fchatting meer betalen; maar het aannemen van gefchenken is hun niet

ver-

Turkfche Sultan niet alleen met de Barbarijers weder verzoend te zijn, maar die vriendfchappelijke gezindheid fchijnt ook een gevolg te wezen van de gefchenken, welke de regerende *Deij* van *Algiers* hem gezonden, en van het onderdanige gedrag, hetwelk deze jegens hem aangenomen heeft.

II.   T

vetboden. Intusfchen waren de fchattingen vast-
bepaalde fommen, maar thans, daar gefchenken
derzelver plaats vervangen, zal eene zoo geldzuch-
tige regering maar noch regel houden.

Het heeft den naam wel, dat de Barbarijers geene
flaven meer mogen maken; maar toch wel gevangenen van de volken, tegen welke zij oorlog
voeren. Doch weet men wel, wat het is, in
Afrika krijgegevangen te zijn? Weet men wel, dat
deze weinige woorden alles bevatten, wat het grootfte
ongeluk hards en ontzettends kan opleveren. Eenen
flaaf zullen de Barbaren misfchien nu en dan tamelijk
zacht behandelen, dewijl zij, in geval hij fterft,
altijd een gedeelte van hunnen eigendom door
zijnen dood verliezen; maar eenen gevangenen,
dien zij toch eenmaal moeten uitleveren, zullen
zij in geenerlei opzigt verfchoonen. Ik zelf ben
ooggetuige geweest van de behandeling, welke den
armen Grieken van de prijsgemaakte fchepen dezer
natie, die fluikhandel dreven, door deze Barbaren
werd aangedaan. Zij waren aan dubbele ketenen
geklonken en moesten dubbelen zwaren arbeid verrigten. Jaren lang vorderde de *Divan* te *Konftan-*
tinopel hunne uitlevering te vergeefs, en toen de *Porte*
eindelijk eene uitdrukkelijke order daartoe afvaardig-
de, gaf men voor, dat de gevangenen geftorven waren.
Met één woord, wanneer ik in het ongelukkige geval geraakte, om uit beiderlei toeftand eene keus te
moeten doen, dan zoude ik geen oogenblik aarzelen,
dien van flaaf te kiezen.   De

De Afrikanen zullen misschien niet meer wagen, openbare zeerooverij te plegen; maar zij zullen hunne schanddaden in de diepte der zee begraven; zij zullen rijke ladingen wegnemen, de schepen in brand steken en de ongelukkige Europeanen over boord werpen, even als de struikroovers, die, overtuigd, dat zij den strop verdiend hebben, al degenen, welke door hen uitgeplunderd zijn, vermoorden, om het gevaar, van ontdekt te worden, voor te komen.

Bovendien, hoe zal men gewaar worden, dat deze, of gene personen, welke vermist worden, juist in slavernij geraakt zijn, daar alle slaven niet altijd in de steden, welke aan de zeekusten liggen, blijven. Ik althans heb hen in alle gedeelten van het rijk *Algiers* gezien. In het toekomende zullen zij, met opzet en uit listige voorzorg, van de zeekusten verwijderd en, of naar de schier ontoegankelijke bergstreken gebragt, of den Arabieren verkocht, of der hebzucht van de *Tegorarijners* opgeofferd worden, die hen naar het binnenste van *Afrika* zullen slepen. Een Fransche matroos, die onlangs uit de Algiersche slavernij verlost was geworden, verhaalde mij, dat hij vier en dertig jaren, van de geheele wereld afgescheiden en zonder te weten, wat op aarde voorviel, in het gebergte had doorgebragt en alle dagen den ploeg had moeten trekken, terwijl hij zich des nachts met honderd lotgenooten in eene tent moest behelpen. Zoo hoorde ik van eenen Engelsch-

T 2   man,

man, die, na bij de *Berrebers* flaaf geweeft te
zijn, te *Brigthon* was teruggekomen, dat men
hem bereids federt vele jaren vergeten en, dewijl hij voor dood was gehouden, zijn ftukje land
reeds federt lang verkocht had. Het onlangs ge-
drukte verhaal der flavernij van den Amerikaanfchen
zeeman JOHN ADAMS waarfchuwt ons, aan welke
gevaren men is blootgefteld, wanneer men de zeeën
bevaart, waar deze zeeroovers gewoonlijk kruifen,
of wanneer men door ftorm op hunne onherbergzame kusten geworpen wordt. Het meldt ons,
welke vernederingen en mishandelingen de ongelukkige flaven onder deze woeste volkftammen moeten
uitftaan. (*) De zeelieden zullen, in het vervolg,
onze

(*) Deze ADAMS geraakte in het jaar 1810 bij de
Barbarijers in flavernij en kwam, na vele avontuurlijke
lotgevallen, welke hij uitvoerig befchrijft, ondervonden
te hebben, eindelijk te *Mogadore*, waar hij door den gouverneur der plaats naar den Conful DUPUIS gezonden
werd, die hem met véel menschlievendheid behandelde
en door twee Moorfche foldaten naar *Fez* en van daar
naar *Mequinez* liet brengen. Hier werd hij door den
lijfarts van den keizer van *Marokko*, eenen geboren Por-
tugees, zeer gulhartig ontvangen, die ook bewerkte,
dat de keizer hem zelven zien wilde, en vervolgens zorg
droeg, dat hij veilig *Tanger* bereikte, van waar hij
naar *Cadix* en voorts naar *Engeland* vertrok, waar hij,
na eene afwezigheid van drie jaren en zeven maanden,
terugkwam.

onze havens uitzeilen, maar wij zullen hen niet
zien terugkomen: wij zullen naar onze vrienden
vernemen, maar nooit eenig narigt van hen ontvangen. Trouwens, nooit is het gevaar grooter,
dan wanneer het voor ons verborgen blijft.

Maar gesteld ook, dat er niemand meer in slavernij geraakte; kan men dan daarom verzekerd
zijn, dat er geene zeerooverij meer zal gepleegd
worden? Is er nu, naast den dood en de slavernij,
wel een grooter ongeluk, dan zijn vermogen en de
middelen tot zijn levensonderhoud, dan de vruchten
van zijnen arbeid en van zijn nadenken, te verliezen en geheel verarmd in de wereld te leven?
Juist, omdat de Barbarijers geene Europeanen meer
tot slaven mogen maken, zullen zij zich er des te
meer op toeleggen, hen te berooven en uit te plunderen.

Daar nu, na zoo vele ontvangene geschenken,
na zoo dikwijls geslotene vredesverdragen en zoo
menigvuldige vergeving van het aan ons gepleegde
onregt, de trouwelooze, wispelturige Barbaren nog
onze vriendschap verachten, mogen en moeten zij de
kracht onzer wapenen ondervinden.

Men behoorde eene algemeene oproeping ten oorlog te laten doen en alle dapperheid ter bescher-
ming van vreedzame burgers in het werk te stellen.
Maar bijaldien de vorsten van *Europa* hunne onderdanen niet voor altijd aan de rooverijen dezer
zeeschuimers willen bloot gesteld zien, moeten zij

T 3

in

in de woeftijnen van *Afrika* zelve het oorlogsvuur ontfteken, gelijk men aldaar het dorre gras
aanfteekt, om door lichtelaaije vlammen tegen de
gevaarlijke aanvallen en den doodelijken beet der
groote *Boa*-flang, dier vreesfelijke beheerschter der
woeftijnen, beveiligd te zijn.

Het is zekerlijk prijzenswaardig, dat men den
weg van goedheid en zachtheid inflaat, eer men tot
het uiterfte overgaat; maar heeft men te doen met
volken, die altijd trouweloos en onverbeterlijk
blijven, dan is de oorlog het laatfte hulpmiddel,
hetwelk koningen en natien kunnen en moeten te
baat nemen: dan wordt de oorlog voor hen, welke
geene andere toevlugt meer hebben, dan de fcherpte
van hun zwaard, eene volftrekte noodzakelijkheid.
Gelijk het nu niet alleen regtvaardig, maar ook
pligtmatig is, dat heerfchers het onregt, hetwelk
hunnen onderdanen gefchiedt, wreken, zoo is het
insgelijks de pligt van magtige mogendheden, de
zwakkere te befchermen. In oude tijden trokken
diegene, welke naderhand den eerenaam van *Heroën*
ontvingen, de wereld rond, om haar van wange-
drochten en fchandelijke dwingelanden te zuiveren.
Men heeft aan BUONAPARTE's rijk en regering een
einde gemaakt, dewijl hij den vrijen handel der
volken door zijne trotfche dekreten belemmerde (*)

en

_____

(*) Dus enkel *daarom ?* VERT.

en men zou de Barbaren verſchoonen, die de oude, ja natuurlijke vijanden van handel en ſcheepvaart zijn? Vele landen, die toenmaals het groote Franſche rijk waren ingelijfd, hadden vrede met de Barbaren; thans zijn deze landen weder van *Frankrijk* afgeſcheiden: maar is het nu met de billijkheid overeenkomſtig, dat zij op nieuw aan de geweldenarijen dier Barbaren, welke naar deze afſcheiding alleen verlangden, om hunne rooverijen telkens meer uit te breiden, wederom worden prijs gegeven? BUONAPARTE, die groote ontwerpen vormde en zijnen wil tevens krachtdadig wist door te zetten, BUONAPARTE had reeds de verovering van *Afrika's* noordelijke kusten bij zich-zelven beſloten, en ik heb zelf de Mooren, bij deze voor hen ſchrikverwekkende gedachte zien ſidderen: dus zijn diegene, welke den kolos van *Frankrijks* toenmalige magt ter neder wierpen, eenigermate verpligt, dat goede te doen, wat BUONAPARTE voornemens was, uit te voeren. Waartoe onderhoudt men in vredestijden zulke groote legers en ſtaande armeën, die zoo veel geld kosten en daardoor beletten, dat de volken al de weldaden genieten, welke de zoo wenſchelijke vrede moest aanbrengen. Moeten zij misſchien enkel dienen, om den veldheeren, door ſchitterende wapenoefeningen, een vermaak te verſchaffen, of in de groote rijken de meester te ſpelen; of moeten zoo vele ſoldaten eenmaal worden, wat de Prætoriaanſche cohorten te *Rome*, wat de Janit-

fa-

faren te *Konftantinopel*, de Mammelukken in *Egypte*,
de keizerlijke garde te *Parijs*, de Tartaarfche foldaten in *Sina* en de Strelitzen voormaals in *Rusland* waren? Moet geheel *Europa* dan niets anders
zijn, dan eene groote armée, en moet, in de nog
weinige landen, waar de zon der befchaving en der
verlichting is opgegaan, de krijgsmagt misfchien
dien trap van fterkte en invloed bereiken, dat de
troepen eindelijk eene militaire despotieke heerfchappij beginnen te voeren, hoedanige die der *Beij's*
en der Afrikaanfchen vorften is? O neen, deze
armeën beftaan flechts voor eenen zekeren tijd:
zij zijn enkel beftemd, om de kortdurende onlusten, welke na ftaatsorkanen nog eenen tijd
lang aanhouden, te fmoren: zij moeten, bij wei-
felende onderhandelingen, den ftaten dat overwigt
en dien nadruk bijzetten, welke men, zonder uitwendige groote phyfifche en morele krachten, niet
verkrijgen kan. Tot andere doeleinden, dan deze,
hebben regtgeaarde regenten en wettige gouvernementen deze armeën, in de tegenwoordige tijdsomftandigheden, niet noodig. Maar kon nu van deze
drie millioen gewapende manfchappen, van welke
men wel de bezwaren, maar geenszins den roem en
het nut des oorlogs ondervindt, niet een klein gedeelte op eene goed uitgeruste vloot ingefcheept en
gebruikt worden, om *Bona* in te nemen of *Oran*
te veroveren? Het kan immers den volken minder
fchelen, wien deze of die provincie toebehoort;

hoe

hoe deze of die vorst zijn land vergroot; hoe menfchen weggegeven of verruild worden; maar er
is hun wel degelijk aan gelegen, dat zij veilig en
ongedeerd in zee kunnen gaan en niet gedurig aan
de rooverijen van woeste Barbaren blootgefteld zijn;
dat de handel en het vrije verkeer der kooplieden,
de eerfte gelukkige vruchten van de terugkomst
des vredes en der goede orde, verzekerd en onbe-
lemmerd zijn. Immers hebben niet flechts vorsten,
maar ook geheele volken, door het heilige vuur van
menfchenliefde ontftoken en door eenen edelen
toorn ontvlamd, zelfs van het, aan enkele burgers
gepleegde, onregt eene nationale zaak gemaakt en
hetzelve gewroken op eene wijs, waarvan het treffende nog in de gefchiedboeken ftaat opgeteekend.
Zoo werden de bloedige ftukken van het lijk der
gefchondene en mishandelde vrouw van den *Leviet*
naar al de ftammen *Israëls* gezonden, waarop het
ganfche volk den oorlogskreet aanhief en den fchuldigen ftam *Benjamin* fchier tot den laatften man uit-
roeide. Zoo vatten de Spartanen, vergramd door
de beleedigingen, welke eenige hunner vrouwen,
bij de heilige feesten van *Limna*, waren aangedaan,
de wapenen op, maakten het trotfche *Ithome* met
den grond gelijk en verwoestten de fchoone velden
van *Mesfenie*. Zoo trad, in het jaar 1745, een oud
zeeman, JENKINS geheeten, zonder neus, zonder
ooren en met een affchuwelijk gefchonden gelaat,
in de vergadering van het Britfche parlement en

zeide

zeide op den, zijner natie en zijner hantering eigen
rondborstigen toon: „*ik ben een geboren Engelsch-
man en zeevaarder. Ik dreef eenen geoorloofden
handel tusschen Jamaika en Caraccas, maar werd
gevangen genomen door de Spanjaarden, die mij
neus en ooren affneden en mij zoo gruwzaam mis-
handelden, als gij thans ziet. Vervolgens wierpen
zij mij in een duister kerkerhol, waar ik alles
uitstaan moest, wat verachting en onmeedoogend-
heid flechts bedenken kunnen. Op zekeren dag
werd ik uit mijne gevangenis gehaald, om voor
mijne regters te verfchijnen: nu achtte ik mij verloren en geloofde, dat mijne beulen mij het leven
wilden benemen. In dit fchrikkelijk oogenblik beval
ik mijne ziel aan God en mijne wraak aan het
vaderland.*" Op deze woorden verhief zich een
luide kreet van ontzetting, toorn en afgrijzen in de
eerbiedwaardige vergadering, terwijl het, voor het
parlementshuis zamengefchoolde volk, „*oorlog!
oorlog!*" riep, welke dan ook op ftaanden voet aan
Spanje verklaard werd. Duizende ongelukkigen,
die uit *Afrika* terugkeerden, zouden de fchrikkelijke litteekenen nog kunnen aantoonen van de wonden, welke de ketenen en flagen hun veroorzaakten,
waarmede zij gemarteld werden, en welke de zoo
grievend beleedigde menschheid om wraak aanroepen.
Eene koele onverfchilligheid van de beerfchers dezer
wereld zou der nakomelingfchap regtvaardige redenen tot klagen geven en hun tot oneer en fchande

in

in de gefchiedenis verftrekken. De aarde heeft hare
onweders, hare ftormwinden en hare volkanen, de
mensch heeft den oorlog, het krachtdadigfte werk-
tuig van Gods geduchte wraak.

Bijaldiengnu echter eer, regtvaardigheid en noodzakelijkheid geene voldoende beweegredenen tot dezen oorlog mogten zijn, dan zouden het nut en
voordeel, welke daaruit voortfpruiten konden en
reeds zoo dikwijls de drijfveren van menfchelijke
daden en ontwerpen waren, alleen eene genoegzame
oorzaak zijn, om zoodanigen oorlog aan te vangen.
Wat eigenaardigere en gemakkelijkere verovering kan
er ook voor *Europa* zijn, dan *Afrika's* naburige
kusten, die flechts door eenen fmallen zeearm, om
zoo te fpreken, van dat werelddeel zijn gefcheiden
en hetzelve veel belangrijker en wezenlijker voordeelen zouden aanbrengen, dan *Nova Zembla*,
Nieuw-Holland en misfchien ook de Philippijnfche
en Karaïbifche Eilanden ooit gedaan hebben? Wat
fchoonere verovering kan er zijn, dan dit vruchtbare land, hetwelk reeds oudtijds de tuin der natuur
en de korenfchuur van *Karthago's* overwinnaars
genoemd werd en met de drievuldige oogften van
Cyrene prijkte? Daar tieren alle Europefche en
Afrikaanfche gewasfen, en de Aziatifche en Amerikaanfche voortbrengfelen uit het plantenrijk zonden
zeker ook daar wel voortkomen, waar indigo en
fuikerriet van zelf groeijen.

In *Barbarije* is bijna nooit gebrek aan koren;
in

íntegendeel is er dikwijls de grootfte overvloed van graanen, wanneer in Europa het droevigfte misgewas plaats heeft. Zulks is een uitwerkfel der verfchillende winden en faizoenen; een verfchijnfel, dat zich tot eene nog mindere uitgeftrektheid gronds d. i. tot Egypte, tot de provincien van Sais en de landftreken bepaalt, welke beneden de Piramiden liggen. Wanneer nu de Europeanen deze, op zich zelve zoo vruchtbare oorden bezaten; wanneer zij dezelve door eenen zorgvuldigen akkerbouw nog vruchtbaarder maakten, zou de hongersnood hun fpoedig geheel onbekend zijn, en velen klagers zou de mond geftopt worden; want men zegt niet ten onregte, dat hongerlijders de meestgewone onrustmakers zijn. Van de zoo nabij liggende Moorfche kusten konden wij, bewoners van het zuidelijke Europa, vroeger rijke ladingen van koren hebben, dan uit de Zwarte Zee en uit de verder afgelegene havens van de Oostzee. Om nu niet eens van de olijfolie te fpreken, welke men daar in eene ongeloofelijke hoeveelheid perst, en van de merino-fchapen, die van daar komen; van de wijnen, welke beter zijn dan de Italiaanfche en Spaanfche, en van de bananen en zoete dadels, welke men daar in overvloed aantreft.

Wilde men voorwerpen van weelde en vermaak, dan kon ook deze neiging door het bezit van Barbarije genoegzaam bevredigd worden. Zonder twist en zonder gevaar zouden wij de fchoonfte

ko-

koraalvisfchers hebben en ftruisvederen in menigte kunnen bekomen. Uit *Barbarije* kan men gemakkelijk in het binnenfte van *Afrika* dringen, waar de olifantstanden en de goudkleurige vederen van den fraaijen keerkringvogel verzameld worden. In de onafmetelijke wouden aan den oever der *Joliba* vindt' men kostelijke gommen, de kruidnagels van *Banda*, de muskaatnoten van *Amboina* en de kokosnoten van *Ceilon*. De koffij is er even goed, als in *Arabie*, en de broodvruchtboom', dien de Europeanen van *Otaheite* medebragten, tiert er welig. Wilde men, door den glans van het goud bekoord, dit kostbare metaal bezitten, dan zouden de *akkabach*, of groote karavanen, die met de Negers handel drijven, ons ftofgoud verfchaffen, hetwelk zij voor even zoo veel zout intuilen. Maar zonder eerst naar *Wangarra*, *Housfa*, of het beroemde *Tombuktoo* te gaan, zou de *hafena*, of de fchatten der *Beij's*, of de paleizen van den grooten *Sherif* voor *Europa* zijn, wat de met goud gedekte' paleizen in de ftad van de zonen der zon voor de Spanjaarden, en wat de ftad *Delhy* en de troon van SHAH GEAN voor de armee van den beroemden *Schah* NADIR waren (*). Wij zouden meester worden van

(*) De troon van den Grooten *Mogol*, SHAH GEAN, wordt door de reizigers als een der kostbaarfte en prachtigfte kunstwerken van de wereld befchreven. De benaar

van fchatten, welke de onverzadelijke gouddorst der Barbaren, federt zoo vele jaren, roofde en opftapelde, en welke afgwaan en gierigheid in de diepte der aarde, uit afgunst, verbergen. Wij zouden meester worden van de rijkdommen van *Tetuan*, *Mequinez* en *Mogadore* en van de groote klooten, welke de prachtige moskee van *Marokko's* keizer verfieren (*). „*Vrienden*!" zeide FERDINAND COR-

roemde THAMAR KOULIKAN, die ook onder den naam van *Schach* NADIR bekend is, maakte zich daarvan meester.

(†) Een keizer van *Marokko*, die de grenzen van zijn gebied tot gene zijde *Tombuktoo* en van vele andere aan de Nigeroevers gelegene ftreken uitgebreid had, trok met ééne armee door de zandwoeftijn, om den koning van *Gogo* tot onderwerping te dwingen. Maar hij leed er met zijn leger fpoedig zulk een gebrek aan water en levensmiddelen, dat hij gevaar liep, om met al zijne manfchap van dorst en honger om te komen. In dezen wanhoopigen toestand gaf hem een zijner hovelingen den raad, met den koning van *Gogo* onderhandelingen aan te vangen en eene van deszelfs dochters ten huwelijk te verzoeken. De koning van *Gogo* vond zich met dit aanbod van eenen zoo magtigen monarch dermate vereerd, dat hij oogenblikkelijk vrede maakte en der Marokkaaanfche armee de noodige levensbehoeften toezond. Met dit nog niet tevreden, gaf hij den keizer bovendien vier gouden klooten tot een gefchenk, welke men nog heden op de vier hoeken der groote Moskee te *Marokko* kan zien.

TES tot zijne togtgenooten, toen hij hen tegen
Mexico aanvoerde: „*volgt mij! wij zullen vinden,
wat wij zoeken, roem en groote gevaren, maar
ook groote fchatten!*"

Bovendien zou een oorlog tegen de Afrikaanfche
roovers geenszins beneden de waardigheid zijn van het
groote vorstenverbond, hetwelk aan *Europa* de rust
en orde wedergaf; geenszins onwaardig der dappere
infpanningen van heldhaftige krijgslieden, hoedanige
bij *Salamanca, Leipzig* en *Waterloo* ftreden. Zelfs
Rome ftond immers aan CAECILIUS METELLUS, die
bij de Baleärifche Eilanden de zeeroovers overwon en
hunne laatfte fluipholen vernielde, het hoogfte eer-
bewijs, eene zegepraal, toe: de Senaat achtte het
zijnen pligt, eene magtige vloot tegen de roovers,
die de Adriatifche zee onveilig maakten, en tegen
de barbaarfche koningin van het kleine eiland *Lissa*
af te zenden. Het gelukkig ten einde brengen van
den oorlog tegen de roovers in de Middellandfche
zee verwierf POMPEJUS *den Grooten* de eer van
zijnen eersten triomf en was de grondflag zoowel
van de magt dezes grooten mans, als van de edele
liefde, welke het Romeinfche volk voor hem koesterde.

Bovendien zou een zoodanige oorlog te roemrij-
ker zijn, dewijl menfchenliefde en regtvaardigheid
daarbij met ftaatkunde gepaard zouden gaan: hij zou,
als ware het, eene vergoeding zijn voor zoo vele
oorlogen, die uit eigenzinnigheid, uit fchadelijke

roem-

roem- en heerschzucht gevoerd worden; hij zou te
lofwaardiger zijn, dewijl zelfs de overwonnene
volken daaruit nut en voordeel konden trekken.
Immers zouden zij kunften en handel, goede wetten
en befchaafde zeden van ons ontvangen: hunne
landen zouden niet meer woest liggen, en hunne
producten niet meer nutteloos blijven: hun vaderland zou niet meer geteisterd worden door gedurige
onlusten, en het zou niet wegkwijnen onder het
juk van woeste foldaten. Immers, waren wij meester
van deze landen, dan zouden wij de dubbele muren
der *harems* omverhalen en der fchoone fekfe hare natuurlijke vrijheid wedergeven: dan kon eene goed-
haitige MENCIA, of eene fchoone ZORAÏDE, de liefde
van eenen dapperen krijgsman beloonen. Dan zouden deze overheerlijke ftreken, waar eens zulke
magtige rijken, zulke fraaije fteden bloeiden, tot
een nieuw leven ontwaken; dan zou men misfchien
onder de ruïnen van *Byrfa* fporen van *Karthago's*
taal en kunften ontdekken, en aan *Afrika's* kusten de
verwaarloosde gedenkftukken der Arabifche geleerdheid verzamelen; dan zou men misfchien uit *Bar-*
barije, dat de ware weg is, dien men nemen moet,
en dien de Moorfche ftammen en de karavanen der
Mogrebynen ook volgen, om in het binnenfte van
Afrika te komen, tot het beroemde *Tombuktoo* en
de bronnen van den *Niger* doordringen (*) en de
kost-

(*) Ik herhaal het hier nog eens, dat men door
Bar-

kostbaarfte en zeldzaamfte boeken in het bewonde-
rens-

Barbarije naaar *Tombuktou* moet gaan, en, wanneer men
wil, kan men door *Egypte*, *Abyfinie* en *Nubie* in de
binnenfte rijkfte provincien van *Afrika* komen. De
ongelukkige reis van kapitein TUCKEY fchijnt bewezen
te hebben, dat men onoverkomelijke gevaren ontmoet,
wanneer men de reis van de rivier *Senegal* aanvangt.
Ook vindt men aan de kusten enkel woeste volkstammen
en landstreken, waar men niets van eenige waarde,
niets, wat zeldzaam is, aantreft. Men wenscht, de bronnen van den *Niger*, die door de inwoners *Joliba*, of
het groote water, maar door de reizigers de *Nijl* van
Nigritie genoemd wordt, te leeren kennen: men beweert,
dat een arm dezer rivier in den *Nijl* uitloopt, en dat
men, langs dezen arm, door *Nigritie* in *Egypte* kan komen; maar dat is nog zoo zeker niet.

In de befchrijving van de reis en flavernij van den
Amerikaan ADAMS wordt melding gemaakt van eene
zwarte flavin, welke door ADAMS te *Tombuktou* gezien
werd en van *Kanno*, dat nog zeer ver aan gene zijde
der zandwoeftijn ligt, was gekomen. Deze verhaalde,
dat zij daar menfchen had gezien, die zoo wit waren
als een muur, en een groot fchip hadden, in hetwelk
zich twee overeind ftaande ftaken bevonden. Deze witte
menfchen waren op eene geheel andere wijze, dan de
Negers, met dat fchip voortgeroeid. Terwijl de flavin
dit verhaalde, bootfte zij de beweging der riemen na,
zoodat men wel merken konde, dat zij Europeanen gezien had. Misfchien zijn de door haar bedoelde perfonen wel MUNGO PARK en zijne matrozen geweest.

II.   V

renswaardige *Fas* kunnen verzamelen (*). Misfchien zoude men op de ruïnen van JUPITER AMMONS tempel de geheimzinnige cijfers van het beeld-fchrift ontdekken en veelligt de zetels van SYPHAX JUBA en MASSINISSA uit derzelver puinhoopen doen verrijzen; terwijl HANNIBALS fchim vrolijk rondom de herbouwde muren van DIDO's ftad zoude zweven. Ook het Christendom zou weder bloeijen in die-

zelfde

(*) In de bibliotheek te *Fes* moeten zich nog vele belangrijke boeken bevinden. Deze ftad, aan welke de Afrikanen den eernaam van bewonderenswaardig geven, was het middenpunt der Arabifche letterkunde; terwijl ook de uit *Spanje* verdrevene Mooren hunne kunsten en fchatten derwaarts medebragten. De groote rijkdom dezer bibliotheek is inzonderheid toe te fchrijven aan de gewoonte der Marokkaanfche keizers, om al de boeken, welke hunne kapers op de prijsgemaakte Europefche fchepen vonden, daaraan weg te fchenken. Deswege moeten er kostbare en zeldzame werken onder zijn. Men wil zelfs, dat, onder anderen, de volledige *Decades* van TITUS LIVIUS zich onder dezelve zouden bevinden. Overigens merkte ALI BEIJ in zijne Reis van *Marokko* naar *Fes* aan, dat hij naar de fchriften van TITUS LIVIUS gezocht, maar ze niet gevonden heeft. Maar hij voegt er tevens bij, dat hij niet veel tijds tot een naauwkeurig onderzoek had gehad, dewijl hij, offchoon zelf een Muzelman, door oneindig vele zwarigheden was verhinderd geworden, in de bibliotheek te komen, ik laat ftaan, daarin eenigen tijd te vertoeven.

zelfde ftreken, waar men, in voormalige gelukkigere
tijden, bijna zeshonderd bisdommen telde, en het
kruis des Verlosfers zou weder op die torens fchitteren, waar thans de halve maan flikkert. Met
één woord, deze verovering zou ons tot roem en
den Afrikanen tot geluk gedijen; want in plaats
van een hoop lage flaven en eene bende fchandelijke roovers te blijven, zouden zij vlijtige, brave
landlieden, zouden zij menfchen worden.

Ik wil niet ontkennen, dat een veldtogt tegen de
Barbarijers veel bloed en moeite zoude kosten;
want zulke Barbaarfche woeste volken, met welke
men door godsdienst noch zeden in aanraking
komen, of eenftemmig denken kan, zijn moeijelijker
te overwinnen, bezwaarlijker in bedwang te houden
en ongemakkelijker voor eene nieuwe opperheerfchappij in te nemen, dan volken, die reeds door
weelde, kunsten en gezellige vermaken eenigermate
weekelijk geworden en, als ware het, daartoe voorbereid zijn. De koelbloedige, loome, wellustige
Afrikanen kunnen zich zelve in één oogenblik
zoodanig opwinden, dat zij tot de onftuimigfte daden overgaan en tot de buitenfporigfte woede uit-
fpatten, dewijl zij, in weerwil van hunne verwijfde
levenswijs, den dood volftrekt niet vreezen. Nu,
zij zijn afftammelingen der uit *Spanje* verdrevene
Mooren, gelijken in velerlei opzigten den trotfchen zonen van *Iberie*, en zouden dus misfchien
met dezelfde hardnekkigheid en volharding ftrijden.

V 2   Zij

Zij bezitten wel geene krijgskunde, doch het gemis
daarvan wordt door eenen onverzoenlijken haat tegen
de Christenen vergoed; terwijl hunne vaste hoop,
dat zij, in den oorlog sneuvelende, de zaligheden
van het paradijs deelachtig zullen worden, gepaard
met een onwrikbaar geloof aan eene onvermijdelijke
voorbeschikking, hun eene aan woede grenzende
onverschrokkenheid bijzetten. Wie herinnert zich
niet, wat de Mooren, wat de Saracenen voormaals
onder het bevel van eenen ABDÉRAHMEN en eenen
JUOSSOUF, van eenen ALMOHADIS en van de FATE-
MIRS waren? Wie kent niet de gevangenschap
van den prins CONSTANS (*), en den dood van
ko-

_____

(§) Een Portugesche prins, die, in de oorlogen tegen
de Afrikanen, door groote dapperheid had uitgemunt,
werd eindelijk door de Mooren gevangen genomen,
wier Sultan hem tusschen de vrijkooping en den dood
de keus gaf, doch, als eenen prijs voor zijne bewilliging tot deszelfs vrijheid vorderde, dat de prins
den koning, zijnen vader, zoude bewegen, om de Mooren de vesting *Tanger* in te ruimen. Maar de heldhaftige prins schreef naar *Portugal*, dat men zich om zijn
lot niet behoefde te bekommeren en nooit den onbe-
dachtzamen stap moest doen, dat men *Tanger*, den
sleutel van *Afrika*, in handen der Mooren overlever-
de. Geschiedschrijvers en dichters hebben den naam
van dezen prins, naar verdienste, vereeuwigd; want in
het uitstaan van allerlei beschimpingen en mishandelingen,

                                              on-

koning SEBASTIAAN (*)? Wie ziet de daden van
BARBAROSSA, van SINAN en van den *Pacha* ULUG-
CI-

---

onderging hij den dood met eene heldhaftige grootheid
van ziel en eene standvastigheid, die hem den bijnaam
van CONSTANS verwierf.

(*) SEBASTIAAN, koning van *Portugal*, meer aan de
edele gevoelens van zijn hart, dan aan eene wijze staatkunde, gehoor gevende, wilde eenen jongen Moorschen
vorst, die hem om hulp verzocht tegen eenen gruwzamen oom, welke hem van kroon en troon beroofd
had, den verzochten bijstand bieden en stak, tegen den
raad van al zijne staatsdienaars, met eene armee naar
Barbarije over. De overweldiger HASEM, die een oud
en zeer ervaren krijgsman was, trok met zijn leger in
diervoege terug, dat hij zulks uit vrees scheen te doen.
Door deze krijgslist lokte hij de Portugezen in de vlakte,
waar hij hen met eene bijna ontelbare ruiterij insloot,
die de Christenarmee met de grootste hevigheid aanviel en
volkomen vernielde. De koning SEBASTIAAN vond op
deze vlakte eenen ongelukkigen, maar roemvollen hel-
dendood, doch zijn lijk geraakte onder eenen hoop ge-
sneuvelden krijgslieden verloren, (*) HASEM liet zich
zoo

(*) Er zijn er echter, die willen, dat hij zwaar gewond en
voor dood liggen bleef, maar, na verloop van eenige jaren, zich
in *Europa* vertoond heeft. Zoo veel is althans zeker, dat iemand die zich voor dezen vorst uitgaf en hem ook zeer geleek,
na veel opsiens in *Europa* gemaakt te hebben, eindelijk in *Spanje*
op de galeijen gestorven is.   VERT.

V 3

CIALI (*) Wie niet de herovering van *Oran* en
Gigeri, benevens de heerschappij der Mooren
aan

---

ziek, als hij was, in eene rustbaar door de geleeren
dragen; maar zich op dezen zoo gewigtigen en belis-
senden dag te zeer hebbende ingespannen, gevoelde hij
zijne krachten dermate verminderen, dat hij overtuigd
was, nog maar weinige minuten te kunnen leven. Hierop
liet hij zijne generaals bij zich komen en beval hun, het
gevecht voort te zetten en de overwinning te vervolgen;
terwijl hij hun tevens gelastte, zijnen dood, wanneer
hij stierf, voor de armee verborgen te houden en de
rustbaar steeds door de geleederen te laten dragen, om
den soldaten te doen gelooven, dat hij nog leefde en
bevelen uitdeelde. De jonge vorst, die den koning van
Portugal om hulp was komen verzoeken, sneuvelde
insgelijks in dezen bloedigen slag, waarin ook al de
de Portugezen gedood of gevangen genomen werden.

(*) De naam van den zeeroover BARBAROSSA is berucht genoeg. SINAN was een renegaat en voerde, in
BARBAROSSA's plaats, te *Algiers* het bevel, toen KAREL V
die stad met den bekenden ongelukkigen uitslag belegerde.
Hij beantwoordde des keizers opeisching met verdeid,
deed, toen de keizerlijke armee, in eenen der schrikke-
lijkste nachten onder een ijsselijk onweder, halverlijf in
het water stond, zonder in tenten te kunnen schuilen,
verscheidende woedende uitvallen, en bragt der Christenarmee zeer aanmerkelijke verliezen toe. *Rachs* PIAO-
CIALI was insgelijks een renegaat, die te voren GALEN
heette en te *Castro* in de baai van *Squillace* geboren
werd.

aan gene zijde der straat van *Gibralter* en der groote overwinning bij *Xeres?*

Offchoon nu een zoodanige oorlog, aan den eenen kant, veel voor zich heeft, kan er evenwel, aan den anderen kant, ook veel tegen denzelven worden ingebragt. Het plan van zulk eenen, inderdaad algemeene belangſtelling waardigen veldtogt kon door onvoorziene toevallen en plaatſelijke hinderpalen niet flechts belemmerd, maar ook verijdeld worden. De vloten konden door ſtormen en tegenwinden, of op de langs de kusten liggende klippen en zandbanken geworpen, of in de dikwijls onſtuimige zeeſtreken verſtrooid worden : de land-armee kon door onverhoedſche en in die oorden meermaals plaats hebbende overſtroomingen in denzelfden fchrikkelijken toeſtand geraken, waarin KAREL V zich met zijne troepen bevond. Daarenboven is het

werd. Bevelhebber der Turkſche vloot en naderhand vice-koning van *Algiers* en *Tunis* geworden, was hij, in de zestiende eeuw, een van de grootſte geesſels der Christenheid. Toen hij het hoogſte toppunt van magt bereikt en zich onmetelijke fchatten verworven had, wilde hij zijne vermogen met zijn moeder deelen; maar de godsdienstige vrouw weigerde, het geringſte aan te nemen van eenen zoon, die het geloof zijner vaderen had verloochend en zijnen roem ſtelde in een vijand der Christenen zijn.

marcheren en manoeuvreren in eenen diepen zand-
grond uiterst moeijelijk, en het fourageren in
woeste ftreken hoogst bezwaarlijk, wanneer de bewoners, alvorens de wijk te nemen, alles verbranden
of verwoesten. De fnelle ftrooperijen en onverhoedfche aanvallen der, aan lange togten door de
woeftijnen gewende Mooren en Arabieren konden
eener armee allezins vreesfelijke nadeelen toebrengen: eindelijk kon een leger plotfeling door eene
tallooze menigte bijgeloovige dweepers omfingeld
worden, die zulk eenen oorlog als eenen religie-
oorlog zouden befchouwen, en de groote van
van MAHOMED; als het fein tot eenen algemeenen
opftand, voor zich uit zouden laten dragen.

Wanneer men echter, al deze hinderpalen voor-
uitziende, ze met eene daaraan geëvenredigde kracht
en eenen gelijkmatigen nadruk tracht uit den weg te
ruimen en, dien ten gevolge, met de vereischte
voorzigtigheid en het noodige beleid deze groote
onderneming aanvangt, zal het overwinnen dier
zwarigheden den, bij eenen zoo belangrijken en ge-
denkwaardigen aanflag te behalen roem nog uitnemend vermeerderen. Doch, hoe groot de godsdienstige dweeperij en woede der Afrikaanfche
Muzelmannen ook zijn moge, zullen zij echter
voor den koelbloedigen moed en de meerdere krijgskunde der Europeanen moeten zwichten; daar blinde
aanklevers van een noodlot (fatalisme) zich toch
met werkelijke krijgslieden niet meten, of tegen

hen

ben beftand zijn kunnen. De zoo ongelukkig
uitgevallen togt van KAREL V. tegen *Algiers* moet
hier de mogendheden niet afschrikken, dewijl dezelve
in een ongunstig jaargetijde ondernomen en daarom
ook door DORIA afgekeurd werd, (*) terwijl het
noodlot en de elementen insgelijks tegen den keizer
zamenspanden. De ongelukkige uitslag van de
latere onderneming der Spanjaarden was aan de on-
eenigheid hunner generaals toe te schrijven. *Por-
tugals* koning SEBASTIAAN ging met meer ijver,
dan overleg en beleid, te werk; den *heiligen* LO-
DEWIJK trof het ongeluk, dat de pest onder zijne
soldaten uitborst. Alle armeën, die naderhand naar
Afrika overstaken, waren, of niet talrijk genoeg,
of niet van genoegzame hulpmiddelen voorzien. Ook
door

(*) Toen KAREL V. het plan tot den aanslag op *Algiers*
ontwierp, bragt de beroemde ANDREAS DORIA hem eer-
biedig, doch tevens rondborstig, onder het oog, dat het
onvoorzigtig zoude zijn, zich, in een zoo ongunstig
jaargetij, met eene vloot op eene zee te wagen, waar
men zeker gevaar liep, om door stormen op de zandbanken van *Barbarije* geworpen te worden. Maar de
keizer gaf hem, zonder na dezen welmeenenden raad te
luisteren, ten antwoord: *„een roemvol leven van zeventig
jaren moet u en eene regering van twintig jaren moet mij
voldoende schijnen, om niet meer zoo sterk aan het leven
gehecht te zijn."* Hierop werd er order gegeven, om
alles tot het uitloopen der vloot gereed te houden. jid

door den ongelukkigen uitslag der kruistogten moet
men zich niet laten afschrikken; want de armee
der Christenheid was te ver verwijderd van haar
Vaderland en van de noodwendigfte levensbehoeften.
Bovendien kende men de gefteldheid van het land,
het terrein van den oorlog niet, en het ontbrak
der Christenarmee aan een wel doordacht en goed
ingerigt krijgsplan en aan behoorlijke krijgstucht.
Voeg hierbij, dat de bevelhebbers geduurig door de
trouwelooze ftaatkunde der Oostersch-Griekſchekei-
zers om den tuin werden geleid en ook geene kunde
en beleid genoeg bezaten, om met goed gevolg tegen
eenen NOURADDIN, eenen SALADIN of eenen MALEK
ADHEL te kunnen ftrijden. Met betrekking tot ons
is echter het geval juist omgekeerd. Onze kusten
liggen niet ver van de Afrikaanſche: de landarmeën
zouden dus door onze, van de zee meester zijnde
vlooten geduurig van levensmiddelen, en verſche man-
ſchappen kunnen worden voorzien en wij zouden
veldheeren aan het hoofd onzer troepen kunnen ftellen, die zich reeds aan den *Ebro* en den *Rhijn*,
aan de *Berefina* en de *Tanaïs*, door hun beleid en
dapperheid onderſcheiden hebben, terwijl de koningen en vorsten met eenen zuiveren, edelen geest,
met eenen vasten, eenſtemmigen wil bezield zouden
zijn. Waarſchijnlijk zou er tusſchen de Afrikaanſche
regenten eene zoo naauwe vereeniging, eene zoo
groote eensgezindheid, niet plaats hebben; want
bij de laatſte nederlaag der Algerijnen bleven zij

werwelooze aanfchouwers. Ook ftaat het niet te
denken, dad de in het gebergte wonende *Berrebers*
en de in tenten wonende Nomaden-ftammen voor
de Turkfche militie, aan welke zij zich toch on-
willig onderwerpen, met ijver en verkleefdheid
vechten zouden; en daar de ongelukkige Mooren
aan dagelijkfche veranderingen en omwentelingen
gewoon zijn, zouden zij veiligt niet zeer verbaasd
ftaan, wanneer ook de Europeänen eenmaal eene
nieuwe en groote verandering van zaken onder hen
tot ftand bragten. Daarbij hebben de Turken zich
nooit met de Mooren door huwelijksverbindteniffen
vereenigd, gelijkerwijs de Romeinen wijfelijk met
de overwonnene volken van *Italie*, of de over-
winnende Tartaren in *Sina* deden; en dus kan 'er
tusfchen die tirannen en hunne flaven geene naauwe
verbinding of groote overeenftemming plaats hebben; en misfchien zouden de gebieders der roofftaten zich, even als eens den vorsten uit het huis
der OMMIADEN wedervoer, in het nijpendfte der
gevaren van het volk verlaten zien. Immers hebben
de Mooren eigenlijk geen vaderland, dat eenige de
minfte liefde waardig is; zij hebben geene koningen, voor welke goede burgers gaarne goed en
bloed opzetten, daar hunne regenten hen veel te
ongelukkig maken, dan dat zij lijf en leven voor
dezelve zouden willen wagen. Ik geloof althans
vast, dat het wel mogelijk zoude zijn, tusfchen de
Bedouinen de Berbers en Suskers, die elkander
eenen

eenen doodelijken haat toedragen, twist en tweedragt te zaaijen en de ftamhoofden der Kabilen naar
onze zijde over te halen, door hun hoop te geven
van onafhankelijke vorsten te zullen worden; die
echter tevens van de Europefche goevernemen-
ten afhankelijk konden blijven, even als voormaals de *Atabeks* in het Oosten onder de regering
der ALIDEN uit het tweede ftamhuis der *Kalifen*
van *Bagdad*, of als de *Ameers* en de *Sirdars* bij
de *Bellochoos* en andere Indiaanfche volken, en de
eerste hertogen van *Italie* onder de regering der
Longobardifche vorsten waren. Mijns oordeels,
zoude het ook niet moeijelijk zijn, in *Afrika* Chris-
tenkoningen aan te ftellen, gelijk de kruisvaarders
eens te *Jeruzalem*, te *Antiochie* en te *Ptolemais*
deden, of cijnsbare vorsten, hoedanige eens op de
Barbarijfche kusten zelve de voormalige koningen van
Tunis en *Tripoli* waren, die den Duitfchen keizer en
den koning van *Sicilie* fchatting betaalden. Eindelijk
zou het niet ondoenlijk zijn, aldaar eene inrigting te
bewerkftelligen, die nog de wijste en doelmatigfte
van alle zijn zoude, namelijk, kolonien te doen
ftichten. De zeemogendheden zouden zich in deze
landen kunnen verdeelen, gelijkerwijs zulks op de
Antilles en te *Malabaar*, te *Coromandel* en langs
de oevers van den *Senegal*, voorheen gefchiedde.
Ook zouden handeldrijvende natien aldaar kolonien kunnen vormen, zoo als de Engelfche kompag-
nie in *Bengalen*, de Venetianen op *Morea*, en de
Ge-

Genuezen te *Galata* en *Pera* gedaan hebben.
Zelfs zoude het, geloof ik, tot eenen gelukkigen
uitflag toereikend zijn, wanneer flechts de onderneming met opregte eenftemmigheid en groote kracht-
dadigheid werd aangevangen; wanneer men op verfcheidene punten gelijk landde, om de Barbaren
daardoor geheel in verwarring te brengen; wanneer men, van eenen ruimen voorraad van water en
levensmiddelen voorzien, dieper in de binnenlanden
drong; wanneer men dezen oorlog midden in den
winter voerde, welks ftrengheid in dat klimaat voor
den Europeër gemakkelijk is uit te ftaan, daar integendeel de Muzelmannen in dit jaargetijde gewoonlijk de wapenen afleggen en naar hunne
woningen terugkeeren. Voorts moest men met den
meest mogelijken fpoed naar den kant van den
Atlas marcheren, ten einde de Mooren te beletten,
zich aldaar te verfchanfen, en hen te dwingen, om
met hunne grootfte magt naar den zeekant te trekken. Men moest zich niet inlaten met kleine gevechten en fchermutfelingen, waarin de fnelle ruiterij
der Mooren en Bedouinen veel voordeel op den
vijand zoude hebben; maar men moest het er op
toeleggen, om hen in hunne vlakten tot groote,
méer beflisfende veldflagen uit te lokken of te
noodzaken, waarbij de artillerie het meeste afdoet,
en waar de kunst der zwenkingen, in welke de Europeanen de Lybifche volken zoo ver overtreffen,
op het voordeeligfte kan worden in het werk gefteld.

Men

Men moest den oorlog met onvermoeide volharding in de lengte rekken; dewijl de Muzelmannen, afschoon zij in een hardnekkig gevecht misschien zeer dapper zijn, echter tegen langdurige krijgsoperatien niet bestand blijven, en deze operatien konden zeer gelukkig uitvallen, wanneer zij door eene verstandige staatkunde beraamd, gewijzigd en bestuurd werden; want niet zelden werd in de kabinetten de grondslag tot de heerlijkste overwinningen der veldheeren gelegd. Bovendien is het ook niet geheel onmogelijk, dat de gemoedsstemming en gezindheid der Afrikanen eens veranderd, dat is, jegens ons vriendschappelijker worde: dat wij het eenmaal zoover brengen, dat zij onzen godsdienst, onze wetten en onze zeden aannemen. Men moet echter tusschen wilde en woeste volken wel degelijk onderscheid maken. Wilde volken zijn voor elke verfijning onvatbaar: zij blijven hardnekkig aan hunne ruwe gebruiken verkleefd; maar woeste, dat is, enkel onbeschaafde, volken gaan ligt uit hunnen vorigen toestand en nemen zekeren beschaafden staat over. Nu zijn de inwoners van *Mauritania* en *Numidie* zekerlijk onbeschaafde, maar toch geene wilde volken. Zij waren eens beschaafd, maar werden naderhand verbasterd. In tusschen zijn er nog sporen van hunne krachtige, rijk begaafde natuur overgebleven. Bij eene zeer levendige verbeeldingskracht, bij eene groote prikkelbaarheid van gestel, beminnen zij al, wat nieuw is.

is. Zij zouden dus wel te leiden en misschien
ligtelijk zoo ver te brengen zijn, dat zij andere
wetten, andere gewoonten en ook eenen anderen
godsdienst aannamen. Dit alles deden zij ten minste,
toen hun naauwelijks de leer van MAHOMED gepre-
dikt was, en de wapenen der Saracenen zich in
hun land ter naauwernood vertoond hadden. Immers namen zij steeds elke leer aan, die met hun
vurig karakter strookte. Eerst waren zij ijverige
Christenen, naderhand even ijverige Muzelmannen:
in *Fez* werden zij met liefde voor de wetenschap-
pen bezield: aan de schoone oevers van den *Gua-*
dalquivir kenmerkten zij zich door teederheid,
heldenmoed en zucht tot romantische togten, hoedanige slechts in de bloeijendste riddertijden ondernomen werden. Hierbij komt nog eene omstandigheid,
die op volken, welke der leer van eene blinde
voorbeschikking aankleven, eenen niet geringen
zedelijken invloed zoude kunnen hebben. Er bestaat onder de Mooren eene soort van overlevering,
niet minder schrikverwekkend, dan diegene, welke
den Peruanen allen moed benam, de verwoesting
van het goudrijke *Cusco* te weeg bragt en den
ouden troon der *Inca's* omverwierp. Zij gelooven, namelijk, dat in het boek des noodlots ge-
schreven staat en ook door hunne heilige *Imans*
voorspeld is, dat hunne landen eens door Christenen,
en wel door in het rood gekleede soldaten, zullen
heroverd worden, en dat deze ontzettende gebeur-
te-

tenis op eenen vrijdag zal plaats hebben. Deswege
worden alle vrijdagen, van het aanbreken van den dag
tot het einde van het groote gebed in de moskee,
de ftadspoorten gefloten gehouden; terwijl de bijgeloovige en kleinmoedige dweepers op dien dag al
fidderende naar de zee uitkijken. Die verftandiger
zijn, lagchen om deze voorfpelling; maar in een
gewigtig en beflisfend oogenblik zou zij op den
grooten hoop indruk kunnen maken, terwijl zij,
bij de eene of andere voor hen noodlottige omftandigheid, veel moedeloosheid veroorzaken en, in de
handen van eenen loozen en beleidrijken veroveraar, een tot zijne oogmerken zeer dienftig en bruik-
baar middel zou kunnen worden. Eindelijk zou
het de eerste maal niet zijn, dat *Europa* tegen
Afrika te velde trok, en dat de Mooren door de
Christenen overwonnen wierden. Men denke flechts
aan de veroveringen van *Tunis*, *Tripoli* en *Bona*,
van *Oran* en *Ceuta*; aan de overwinning van den
kardinaal XIMENES en den graaf MONTEMAR, aan de
herftelling van den koning van *Tremise*, aan de nederlaag en den dood van den vreesfelijken BARBAROSSA
en aan de uitroeijing der Mooren op de bergen van *Al-
pujarra.* En waarom zouden de Barbarijfche rijken geene groote verandering ondergaan, waarom onder geene
nieuwe heerfchappij kunnen gebragt worden, rijken,
welke, bij voortduring, aan zoo vele verfchillende
regeringen, als die der *Fatemirs*, der *Abasfiden*
en *Almohadis*, der *Emirs* der, door *Kalifen*

aan-

aangeftelde gouverneurs en der, door Turkfche keizers benoemde *Pacha's*, of ftadhouders, zijn onderworpen geweest? Wat zou toch de tegenwoordige Europëanen beletten, eene verovering te maken, welke reeds al diegene maakten, die van de Europefche kusten naar *Afrika* overftaken, zoo als de oude Roméinen, de Grieken en Vandalen, de Saracenen en Turken gedaan hebben? Nog eens, wat zou ons beletten, volken, die door een hand vol Oosterfche foldaten, door eenen hoop Turkfche Janitfaren in bedwang gehouden worden, niet flechts te onderwerpen, maar ook tot eene voortdurende gehoorzaamheid te verpligten en te noodzaken.

Al de ondernemingen, die, van tijd tot tijd, op de kusten van *Barbarije* zijn in 't werk gefteld geworden, liepen op het veroveren van eene enkele vesting, of op het in brand fteken van eenige fchepen, of het innemen en behouden van eene haven aan de zandige kusten, uit; en toch was men telkens genoodzaakt, deze plaatfen, deels wegens gebrek aan water en levensbehoeften, deels wegens de onophoudelijke aanvallen van eene ontelbare menigte Mooren, te verlaten. Zoo ging het althans met *Oran* en ook met *Tanger*. Wat *Ceuta* betreft, de eenige plaats, die houdbaar is, deszelfs verdediging heeft altijd veel geld en bloed gekost. Maar wat wil nu ééne vesting toch beteekenen? De zeeroovers nestelen zich op eenen kleinen afftand vast, naderen tot onder het gefchut

II.   X   der

der ftad en drijven den fpot met het garnizoen.
Vernielt men hunne vloot, dan rusten zij terftond
eene andere uit, en aan het bombardement eener
ftad ftoren hunne militaire regenten zich volftrekt niet;
want hunne fchatten brengen zij landwaarts in veiligheid, en om de fchade en het ongeluk van hun
volk bekommeren zij zich volftrekt niet. Wordt
een der drie roofnesten geftraft, dan zijn er de beide andere nog: zij leenen elkander hunne vlaggen;
en geraakt een hunner met eene Christenmogendheid
in oorlog, dan fcharen al de andere Afrikaanfche
roovers zich aanftonds onder deszelfs vaandel.

Zal eene onderneming van dien aard gelukken,
dan moet zij naar een groot en veel omvattend plan
worden in 't werk gefteld; doch waartoe twintig
of vierentwintig duizend man, met welke KAREL V,
en naderhand de generaal OREILLY, op last van het
Spaanfche gouvernement, den aanflag beproefde,
niet toereikend zijn. Men behoorde vijfmaal zoo
veel daartoe te gebruiken. Men moest echter tevens
op de krijgskunde der Europeanen en op de regtvaardigheid eener edele, der menschheid heilige zaak
eenigen ftaat maken; offchoon FREDERIK de Groote
plagt te zeggen: „God is bijna altijd op de zijde
der fterkfte bataillons."

Tot zulk eenen oorlog van algemeene verdediging en wraak, welke de ganfche menschheid aangaat, moesten alle Europefche mogendheden hare
legers vereenigen: zij moesten een groot en zoo
be-

belangeloos verbond fluiten, dat het blijkbaar was,
dat niemand bij de verovering der Afrikaanfche
ftaten eenig bijzonder voordeel bedoelde, en dan
zou gewis niemand bij eene zaak van dat gewigt,
onverfchillig blijven, daar de Afrikaanfche roovers
geheel *Europa* beleedigen.

Engeland moet aan het hoofd van het groote
verbond ftaan en het werk voleindigen. Eene
natie, die de vrijheid en de heilige regten van den
mensch 't beste kent en 't hoogfte acht; (??) die
den fchandelijken, aan Negers begaanen menfchen-
roof 't eerst zelve affchafte en anderen noodzaakte
af te fchaffen, moest ook de flavernij met naam
en al van den aardbodem verbannen. Eene natie,
welke men *de koningin der zee* mag noemen, en wier
koopvaardijfchepen dat element bedekken, moest
deze affchuwelijke gouvernementen, deze natuurlijke vijanden van fcheepvaart en handel, niet langer
dulden. *Engeland*, dat van alle volken de aanzienlijkfte zeemagt bezit, moest toch niet met goede
oogen aanzien, dat lage rooversbenden den Oceaan,
die zoo dikwijls getuige van deszelfs roemrijke wapen-
feiten was, beroeren, veel minder onveilig en eenzaam maakten. *Grootbrittanje* vernielde de zeeroovers
van *Formofa* en *Makaffar*, die de Indifche Zee
verontrustten, benevens degene, welke in de Perzifche
Golf en in de Roode Zee de fchrik der zeevaarders
waren: het befchermde, door kracht van wapenen,
den handel van *Sina* en van den *Imaum* van *Mos-*

X 2   *ka-*

kate, en is dus zijnen bondgenooten, die op de
Middellandfche Zee met elkander handel drijven,
eene nog krachtdadigere befcherming verfchuldigd.
Engeland is in het bezit van *Malta*, dat, ten
tijde der, voor de ongeloovigen zoo geduchte ridders,
het bolwerk des Christenheid werd genoemd, en
nam dus, daar het dit gewigtige eiland voor zich
behield, eenigermate de verpligting op zich, om dat
goede te doen, wat de dappere ridders voorheen
deden.   De tweede, zoo niet de eerste plaats, in
dit verbond zou der Franfche natie toekomen.
Zij is levendig en vurig; zij bemint ftoute onder-
neemingen en vormt gaarne groote, buitengemeene
plannen; ook was zij bij verhevene en heldhaftige
daden altijd de eerste.   Zoo redden de Franfchen,
onder KAREL MARTEL, het door de Afrikaanfche
Saraceenen overftroomde *Europa:* zoo waren zij de
predikers, die de volken tot de kruistogten aanmoe-
digden, en de krijgslieden, die zich in dezelve door
hunne dapperheid onderfcheidden.   Het was een
koning van *Frankrijk*, die de eerste bommen in eene
Afrikaanfche ftad wierp.   De fchrijver van *den
Geest des Christendoms* verhief, in de kamer der
Pairs van *Frankrijk*, 't eerst zijne welfprekende
ftem voor de ongelukkige Christenen, die als flaven
in *Afrika* zuchtten.   Het edele genootfchap ter bevrijding der flaven vestigde te *Parijs* zijnen zetel
en maakte deze ftad tot het middenpunt zijner werkzaamheden.   LODEWIJK XVIII deze was een der
eerfte,

eerste, die tot dit edele verbond toetrad. Onder
het vaandel der witte lelien en in naam des allerchris-
telijksten konings, trokken de Franschen heen, om
den dood van hunnen goeden koning, den Heiligen
Lodewijk, te wreken en de schimmen hunner, op de
muren van *Gigeri* wreed geslagte broeders te verzoenen. Ook de Italianen moesten zich van dat
groote verbond niet uitsluiten. *Italie* ligt 't naast
aan de hoofdplaatsen van *Barbarije*, en zijne eilanden roeren, als ware het, aan de Afrikaansche
kusten. Uit *Italie* vertrokken de eerste aanzienlijke
vloten, om de Barbaren in hun eigen land te be-
stoken, terwijl *Tripoli* en *Bona* door Italianen ver-
overd werden. De torens van *Sufa* en *Sfax* herinneren den naam van den ridder EMO, en *Algiers*
roept dien van den generaal ACTON in het geheugen terug. Langs de geheele kust van *Barbarije* wordt de Italiaansche taal verstaan, terwijl het
Frankisch niets dan een mengsel van Italiaansch,
Arabisch en Spaansch is: eindelijk zijn het de Ital-
anen, die van de onderdrukking der Barbaren 't
meest geleden hebben; deswege hebben zij bij
eenen oorlog tegen de zeeroovers het grootste belang,
en zouden daarvan de meeste vergoeding en het
meeste voordeel trekken. De groote republiek der
nieuwe wereld moest almede een voornaam lid van
dat verbond kunnen zijn; want de Amerikanen
kwamen uit een ander werelddeel opdagen, om de
roovers, die de zeeën met moord en plundering

ver-

vervulden en alle vredesverdragen meineedig fchonden,
te tuchtigen. Zij waren de eerste, die *Algiers*
fchrik aanjoegen, die deszelfs krijgsmagt eene nederlaag toebragten, welke den Europefchen vorsten en
volken nadrukkelijk toonde, hoe eene edele natie
zich verdedigt, en op welk eene wijze zij herhaalde
bloedige beleedigingen wreekt. Men wil ook, dat
de republiek der Vereenigde Staten om het kleine
onbewoonde eiland *Lampedufa* zoude verzocht
hebben, ten einde daarvan eene ftapelplaats voor
haren handel en eene bergplaats voor hare fchepen
in de Middellandfche Zee te maken.

Op dit eiland, de aloude woonftede der beroemde
tovergodin CIRCE, had, volgens de fraaije dichterlijke verfiering van ARIOSTO, het kampgevecht
tufchen eenige Christenen en een gelijk getal Sara-
ceenfche ridders plaats, een kampgevecht, hetwelk
den grooten ftrijd tufchen *Europa* en *Afrika* be-
flifte. Daar nu dit eiland onmiddellijk tegenover de
Lybifche kust ligt, zou het in de handen van
een moedig volk een even zoo groote fteun en bolwerk voor den handel der aan de Middellandfche
Zee wonende volken worden, als *Malta* voormaals
in de handen der van *Rhodus* gekomene ridders is
geweest.

Bij de fchildering van het lijden der Christenen in
Palestina, door PIETER *den kluizenaar* en GERBERT,
aartsbisfchop van *Ravenna*, werd gansch *Europa*
geroerd en opgewekt; eene algemeene beweging

ont-

ontſtond in de Christenrijken door de welſprekend-
heid van den heiligen abt van *Clairvaux* en in het
Concilie te *Clermont* ſtond, bij de redevoering van
URBANUS II, de ganſche vergadering op en riep:
„ *God wil het! God gebied het!*

Men roeije ſlechts, eens voor altijd, den boom
met wortel en al uit; men onderhandele met de
rooverhorden enkel door kanonſchoten en zende
haar geene andere geſchenken, dan gloeijende kogels,
zoo zal men van den grooten oorlog der Europeërs
tegen de Afrikaanſche kustbewoners kunnen zeggen,
wat ANNA COMNENA, ten tijde der kruistogten,
zeide: „ *Europa ſchijnt uit zijne grondvesten ge-*
ligt en gereed te zijn, om zich met zijne ganſche
zwaarte op Azie te ſtorten."

Dat ik intuſſchen zoo zeer op eenen algemeenen
oorlog tegen deze Barbaren aandringe, komt van
daar, dewijl ik als zeker vooronderſtel, dat zij de
gemaakte vredesverdragen telken reize weder ſchenden
en hunne vreeſſelijke ſtrooptogten op nieuw zullen
aanvangen. Ik acht het echter zeer lofwaardig,
dat men de pogingen tot vrede herhale, dat men
een zoo ſchoon bewijs van billijkheid, gematigdheid
en menſchelijkheid geve. Maar! — — —

Ook wensch ik niet, dat men enkel uit gruwzame veroveringszucht eenen oorlog aanvange, eenen
oorlog, die den verwonnelingen duizende tranen
kost, en welks glans met den flikkerglans van den
vreeſſelijken blikſem is te vergelijken. Men moest

X 4   de

de vijandelijke fteden tot geene puinhoopen en de
velden van *Barbarije* tot geene zandwoeftijnen
maken. Immers, wat roem, wat voordeel zou het
den overwinnaar aanbrengen; over eenzame en woeste
landftreken te heerfchen? O neen! met een' zoodanigen oorlog zou men geene ftichting van nieuwe
rijken, maar alleenlijk de vernietiging der oude be-
oogen.

Reeds drie dagen en drie nachten had het leger
van den gruwzamen KOULIKAN in de groote ftad
Delhy geplunderd, gemoord en gebrand, toen een
fakir waagde, voor den woesten veroveraar te treden
en hem te zeggen: „ *zijt gij een koopman, verkoop
ons; zijt gij een flagter, dood ons; dooh zijt gij
een koning, zoo vergeef ons en maak ons gelukkig.*"
Schoon was ook het zeggen van den hertog VAN
BOURGOONE: „ *wat is er aan gelegen, als men
van eenen vorst of een' groot veldheer zegt: hij
fchrijft der wereld wetten voor; wanneer men niet
tevens zeggen kan: hij heeft de wereld gelukkig
gemaakt?*" Men moest het geweld der wapenen
tot geen ander doel gebruiken, dan om die onheb-
belijke volken te noodzaken, menfchen en, langs
dien weg, gelukkig te worden: men moest geene
vijanden anders 't onderbrengen, dan door hen in vrienden te veranderen. Roem kan zeer wel met regtvaardigheid, en ware grootheid met goedheid, gepaard
gaan. De Mooren hebben ons zeker lang en grievend
beleedigd, maar zij deden zulks, dewijl zij door

. blin-

blinde dweeperij en bittere herinneringen daartoe
werden aangehitst, en wij moeten niet ontkennen,
dat zij de wreedaardigheid, waarmede hunne voorvaderen uit de landen aan gene zijde der straat
verdreven werden, niet zoo ligt vergeten konden,
en dat zij de Europeërs hard behandelden, dewijl zij
wisten, hoe onbarmhartig deze met de ongelukkige
Negers, inboorlingen van *Afrika*, omsprongen.
Wanneer wij den Mooren te laste leggen, dat zij
de Europeanen met flavenkluisters beladen, wenden
zij smartvolle en toornige blikken naar de, tegen
het zuiden liggende rijken en wijzen met den vinger
naar de streek aan gene zijde van den *Atlas*, welke
door de wateren der *Joliba* befpoeld wordt.

Misfchien was het wel eene straf van God, misfchien wel eene regtvaardige wedervergelding, dat
in een gedeelte van *Afrika* diegene in flavernij geraakten, welke in een ander gedeelte hunne medemen-
fchen tot flaven vernederden. Behandelen ons derhalve
de Turken en Mooren flecht uit blinden godsdienstijver en uit grondbeginfelen, welke hunne dwaalleer
aanbeveelt, dan moet daarom de geest der wraakzucht eigenlijk niet de harten der Christenen bezielen.

Best ware het, te beproeven, onzen godsdienst in
die landen in te voeren, doch met zachtheid, door
overtuiging en door middel van vredelievende zendelingen, gelijk zulks op de *Vriendfchapseilanden*,
in de *Circars* van *Indie* en bij die volken gefchiedt,
welke van de Engelfche regering te *Calcutta* af-

X 5

han-

·hankelijk zijn. Desgelijks moesten de noodzakelijk ·in te voeren ftaatsveranderingen enkel het werk van den tijd en der wijsheid wezen; want dwalingen en voóroordeelen laten zich flechts met vóorzigtigheid en onvermoeid geduld uitroeijen, even als de ver- ftandige landbouwer het onkruid op eenen akker, welke lang onbebouwd heeft gelegen, met eene behoedzame hand tusfchen het goede plantgewas uitwiedt. Het licht der waarheid moet geenen ver- blindenden en door den ftrijd der elementen voort- gebragten bliksemftraal, maar wel het licht der zon gelijken, dat enkel bij eenen onbewolkten hemel in deszelfs zuiverheid gezien wordt. In het vak van ftaatkunde en regt moet men veel leeren, maar ook veel vergeten: men moet de levende menfchen niet laten boeten voor het on- regt, wat geftorvene in hunnen tijd pleegden. Wan- neer dus de Barbaren zich verbeterden, moeft men hun niet verwijten, dat zij vier eeuwen lang rooyers waren geweest. Toepasfelijk zijn hier de woorden, welke eene, door haren geest niet minder, dan door haar juist gevoel, beroemde vrouw eenen ftaatsman toe- voegde, die beweerde, dat een groot land voor be- gane misdrijven en voor de onderdrukking van fchier de ganfche wereld moeft geftraft worden: *„wilt gij eenen ftroom ftraffen, dewijl hij eens de velden verwoestte? de droppelen, die buiten de oevers traden, zijn voorbij, en de opvolgende zijn onfchuldig.*

·Wanneer echter de vorsten, de ftaatsdienaars en

de

de volken zelve mogten wankelen, verkoelen en
verflaauwen, zullen toch de filozofen en welfprekende fchrijvers, die beftemd zijn, om het menfchelijke geflacht te onderwijzen en eervol te leiden,
nooit in eenen vadfigen fluimer vallen. De aanblik
der beleedigingen, der gewelddadigheden en onregtvaardigheden wekt in hunne harten droefheid en
affchuw op: al, wat de zedelijke harmonie ftoort,
is hun tegen de borst, even als wanklanken het
fijne, aan welluidendheid gewone oor beleedigen.
Deze — ik zoude mogen zeggen — heilige haat,
dit onuitwisbaar aandenken, opent den welfprekenden
mond der grootfte redenaars en zet aan hunne
mannentaal kracht en klem, vuur en leven bij: zij
bezitten die geestdrift, zonder welke niets groots,
niets verhevens gezegd of gedaan wordt: zij zijn
bezield met die heilige menfchenliefde, welke de
bron van heilrijke ontwerpen en derzelver gelukkigen uitflag is: uit hunne harten wellen enkel grootfche gedachten en verhevene gevoelens op. Dezen
mannen, wier gezindheid edel en wier roem fchitterend is, aan welke de Hemel eene wegflepende
welfprekendheid, of den overtuigendften fchrijfftijl,
verleende, dezen mannen komt het toe, de verde-
digers en voorftanders der billijkheid, van het gezonde verftand en der heilige regten van den menfch
te worden. Hunne ftem klinkt van de eene pool
tot de andere; hunne welfprekendheid verwarmt
het hart en verlicht den geest: zij bevorderen de

ze-

zegepraal eener goede zaak, en hunne afkeuring brandmerkt de misdaad. Zoo deed de krachtdadige ijver van een SHARP en eenen CLARKSON, en inzonderheid de levendige welfprekendheid van eenen WILBERFORCE, gepaard met eene verhevene volharding, de menfchelijkheid, de filozofie en den godsdienst over de lage hartstogten, over de hardvochtige berekeningen der hebzucht en eigenbaat zegevieren, en de fchandelijke flavenhandel werd afgefchaft. Lof en eer zij derhalve eenen BROUGHAM, den grooten redenaar in het Britfche parlement; lof en eer den edelen CHATEAUBRIANT, den grooten redenaar in de kamer der *Pairs* van *Frankrijk*; want zij waren de eerfte, die, in de eerbiedwaardigfte vergaderingen edelmoedig hunne ftem ten beste der Europeërs verhieven, welke door de woeste bewoners van *Barbarije* van have en goed beroofd en tot flaven gemaakt werden. Mogten *Engelands* groote ftaatsmannen, vaderlandsvrienden en edele burgers: GREY, LANSDOWNE, HOLLAND, SPENCER, TIERNEY, PONSONBY, WARD, HORNER en DOUGLAS hunne welfprekende en overredende ftem verheffen, dan zou eene lage en onedelmoedige ftaatkunde eindelijk moeten zwijgen. De fchrijvers der dagbladen konden insgelijks eenen veel vermogenden en gelukkigen invloed op de bevordering der goede zaak uitoefenen. De kundige en fcherpzinnige fchrijver der *Morning Chronicle* deelde voorheen verfcheidene belangwekkende opftellen tegen de zeeroovers van

Bar-

Barbarije mede. Hij moest dus uit het medelijden
met het menschelijke geflacht een levendig gevoel
van affchuw tegen hen opwekken: hij is de man,
die zulks kan doen, uit hoofde van de diepe
wonde, welke die Barbaren zijn hart in het bijzonder toebragten; want zijne geliefde gade viel in de
handen der Algerijnen; en de fchrik, welken dit ongeluk haar veroorzaakte, gepaard met de flechte,
behandeling, welke zij van de roovers lijden moest,
was zoo groot, dat zij daardoor in eene ziekte
ftortte, die een einde van haar leven maakte. Het
hart van den beroemden fchrijver gevoelt zeker nog
de fmarten dier wond: hij drukke dus deze fmart,
ten beste der menschheid, openlijk uit; want een
fraai vers van SOUTHEY zegt: „*het lijden van
groote mannen is de bron van het geluk der
menschheid.*"

De grootfte lof van allen komt echter den groot-
moedigen, den edelen man toe, die de maatfchappij
ter bevrijding van Europeanen uit de Afrikaanfche
flavernij heeft gefticht. Hij was de grondlegger
van eene der fchoonfte inrigtingen, welke het menschdom tot eer verftrekken; eene inrigting, die zich
door den echt edelen en ouden geest der voormaals
beroemde ridderorden kenmerkt. Groote vorsten en
groote mannen achtten het eene eer, in deze maatfchappij
aangenomen te worden; onder de eerste waren althans koning LODEWIJK XVIII en keizer ALEXANDER.
Deze edele monarch was altijd een der eersten, als

er

er plannen uit te voeren waren, die het kenmerk van grootheid droegen, in den geest van volkomene billijkheid ontworpen waren en bewijzen van edele en verhevene gevoelens opleverden. Deze edele maatschappij heeft moeite noch kosten ontzien, om hare betrekkingen naar alle kanten uit te breiden en om niet alleen bij alle Europefche hoven, maar ook te *Konftantinopel* en in *Barabrije* zelve, bij de Arabieren, die in de groote Woestijn en bij de volkftammen, die in de wijduitgeftrekte landftreken aan deze en gene zijde van den *Atlas* omzwerven, eenen gewenschten invloed te bekomen. Den ridder SIDNEY SMITH heeft men zeker de krachtdadige befluiten, welke tegen de Barbarijfche zeeroovers genomen zijn, grootftendeels te danken: hem zeker is men de nog krachtdadigere maatregels, welke, in geval van nood, bewerkftelligd kunnen worden, meerendeels verfchuldigd. Zoo veel vermag de kracht van eenen enkelen man, wanneer hij van groote ontwerpen zwanger gaat en deze kracht ter bereiking van een groot en edel doel befteedt. Wel zal de wakkere ridder nog menige zwarigheid overwinnen, nog menigen bindenpaal uit den weg ruimen moeten, eer hij zijn begonnen werk voleindigd ziet. Maar al deze hindernisfen zullen een hart, vervuld met geestdrift voor het goede, een hart, vol menfchenliefde, flechts te meer ontvlammen, en *Sir* SIDNEY SMITH zal even zeker zegevieren, als zulks aan WILBERFORCE, hoewel eerst na eenen moeitevollen

ftrijd

ftrijd van twintig jaren, gebeuren mogt. „Voor de
waarheid verdwijnen verouderde vooroordeelen, gelijk moerasdampen voor de ftralen der zon, en het
gezonde verftand verkrijgt altijd eindelijk de over-
hand.

GÖTHE noemde zijne denkbeelden, eer zij verwe-
zenlijkd werden, *droombeelden:* mijne wenfchen en verwachtingen zullen vooreerst misfchien ook wel droomen blijven. Intusfchen maak ik ftaat op den tijd, op
de veranderlijkheid der wereldfche zaken, op den
naauwelijks te verbeteren aard der Afrikaanfche tirannen en op de noodzakelijkheid, om hen voor
hunne voortdurende beledigingen en volftandige hardnekkigheid op nieuw en met grootere geftrengheid
te ftraffen. Ik hoop althans, dat mijn voorflag tot
eenen oorlog in *Afrika,* even als het ontwerp van
den abt DE ST. PIERRE tot eenen eeuwigen vrede,
ten minste de droom van een' welmeenend man
zal genoemd worden. Ik ben echter verre van mij
in te beelden, dat mijne zwakke ftem op de befluiten der kabinetten of volken eenigen invloed heeft,
of zoude kunnen hebben; maar ik heb toch veel
geleden, ik heb veel gezien en geleerd, en dus kan
in datgene, wat ik verhaalde, misfchien iets nieuws
en leerzaams zijn; want onder zoo vele duizende
ongelukkigen, welke in de Barbarijfche flavernij geraakten, ben ik een der weinige, die van dit fmaad-
volle leven een duidelijk en omftandig berigt geven
konden, omdat het lot der flavernij toen bijna alleen
arme

arme matrozen, of ook onkundige menfchen, trof,
die geen verftands genoeg bezaten, om behoorlijk
alles waar te nemen en geen moeds genoeg, om den
druk des jammers te wederftaan. Wanneer mijne
vrienden, wanneer menfchen van edele, verhevene
gevoelens, mijnen arbeid en mijn lot eenige deelneming fchenken, dan zal ik mij aangenaam beloond
achten; want op hun verzoek vatte ik de pen op,
en in hun gezelfchap en uit hunne grondige gefprekken verzamelde ik vele bruikbare bouwftoffen.

Misfchien kan ook eene zwakke, uit het verborgene voortkomende ftem, juist omdat zij de eerste
is, aanleiding tot groote gebeurtenisfen geven. Immers glimmen kleine vonken dikwijls tot lichtelaaije
vlammen op, en een ligte moerasdamp ftijgt dikwijls
omhoog en vormt zich tot eenen verpletterenden
blikfemftraal. Mogt ik eenmaal de zoo onophoudelijk verdrukte menschheid door de krachtdadige
en regtvaardige zamenwerking van groote en edel-
denkende mogendheden aan hare beleedigers gewroken zien, dan zou ik over mijne geledene verliezen
en mijn uitgeftaan lijden nooit meer klagen, maar
er mijne eer en mijnen roem in ftellen. En kan
dit gefchrift, welks innerlijke waarde zoo groot of
zoo klein moge zijn, als zij wille, hier of daar eenig
nut doen, dan zal ik de daaraan beftede moeite genoeg beloond achten.

Einde van het tweede en laatfte deel.

Milton Keynes UK
Ingram Content Group UK Ltd.
UKHW032044010124
435297UK00010B/566